Nas tramas da "escassez"

Nas tramas da "escassez"

O comércio e a política de abastecimento de
carnes verdes em Belém – 1897-1909

Fabrício Herbeth Teixeira da Silva

Copyright© 2013 Fabrício Herbeth Teixeira da Silva

Grafia atualizada segundo o Acordo Ortográfico da Língua Portuguesa de 1990, que entrou em vigor no Brasil em 2009.

Publishers: Joana Monteleone/Haroldo Ceravolo Sereza/Roberto Cosso
Edição: Joana Monteleone
Editor assistente: Vitor Rodrigo Donofrio Arruda
Projeto gráfico, capa e diagramação: Ana Lígia Martins
Revisão: Leonardo Porto Passos
Assistente de produção: Felipe Lima Bernardino
Imagem da capa: Gado da Fazenda Theresina do Dez Joanas Montenegro. Marajó: PARÁ. Governo do Estado, 1901-1909 (Augusto Montenegro). Álbum do Estado do Pará: oito annos de Governo. Paris: Chaponet, 1908, p. 199.

CIP-BRASIL. CATALOGAÇÃO NA PUBLICAÇÃO
SINDICATO NACIONAL DOS EDITORES DE LIVROS, RJ

S58t

Silva, Fabrício Herbeth Teixeira da
NAS TRAMAS DA 'ESCASSEZ': O COMÉRCIO E A POLÍTICA
DE ABASTECIMENTO DE CARNES VERDES EM BELÉM (1897-1909)
Fabrício Herbeth Teixeira da Silva. - 1. ed.
São Paulo: Alameda, 2013
324p.

Inclui bibliografia
ISBN 978-85-7939-223-8

1. Desenvolvimento econômico - Belém (PA). 2. Produtos agrícolas - Comércio - Belém (PA). 3. Alimentos - Comércio - Belém (PA). 4. Abastecimento de alimentos - Belém (PA). I. Título.

13-03841   CDD: 306.3
                 CDU: 316.74:330.567.2

ALAMEDA CASA EDITORIAL
Rua Conselheiro Ramalho, 694 – Bela Vista
CEP: 01325-000 – São Paulo, SP
Tel: (11) 3012-2400
www.alamedaeditorial.com.br

Para meu pai, Francisco Antonio Alves da Silva,
"quando penso em você fechos os olhos de saudade",
minha mãe, Heloiza do Socorro Teixeira da Silva,
alegria e razão da minha vida,
minha avó, Raimunda da Silva Teixeira,
exemplo e amor

"[...] Enfrentamos a realidade: nossa vida é miserável, trabalhosa e curta. Nascemos, recebemos o mínimo de alimento necessário para continuar respirando, e os que podem trabalhar são forçados a fazê-lo até a última parcela de suas forças; no instante que nossa utilidade acaba, trucidam-nos com hedionda crueldade."

George Orwel – *A revolução dos bichos*, p. 8.

SUMÁRIO

PREFÁCIO 17

INTRODUÇÃO 25

CAPÍTULO I. A produção e o abastecimento de carne 45
verde na perspectiva do declínio da indústria
pastoril amazônica

1.1 *"Aos nossos olhos europeus"*: alimentação dos paraenses 48
nas crônicas de viajantes do século XIX

1.2 A produção de carne verde e o mercado interno de 85
Belém: do apogeu ao declínio da produção paraense

CAPÍTULO II. Estratégias intervencionistas das 127
autoridades no mercado das carnes em Belém

2.1 Alternativas para a crise no abastecimento de carne: 130
escassez e carestia em Belém

2.2 A imprensa paraense e a questão das carnes verdes 142

2.3 Os editais e os concorrentes 166
para o abastecimento de gado platino

CAPÍTULO III. Os açougueiros e açougues da 213
cidade: transformações urbanas, normas de conduta
e a higienização dos alimentos

3.1 A disciplina e as suas normas: a higienização da carne e dos 253
estabelecimentos e a atuação dos açougueiros

CONCLUSÃO 285

BIBLIOGRAFIA 291

AGRADECIMENTOS 317

LISTA DE ILUSTRAÇÕES

Imagem I – Mapa da Ilha do Marajó 87

Imagem II – Mapa da Amazônia Legal 98

Imagem III – Planta geométrica da cidade de Belém do Gram Pará em 1753 220

Imagem IV – Plano do Pará em 1800 228

Imagem V – Planta da cidade de Belém, ano de 1905 242

Imagem VI – Intervenções na área urbana de Belém de 1905 244

Imagem VII – Mercado de Ferro do Ver-o-Peso 249

Imagem VIII – Casa para alugar 253

Imagem IX – Distribuição dos açougues no perímetro urbano 275

LISTAS DE TABELAS

Tabela I – 1862   99

Tabela II – 1880   112

Tabela III – 1881   113

Tabela IV – Marajó – 1883   115

Tabela V – Baixo Amazonas – 1883   115

Tabela VI – Diferente – 1883   116

Tabela VII – 1903   119

Tabela VIII – Comparação entre os salários e o valor da carne   282

LISTA DE SIGLAS

APEP – Arquivo Público do Estado do Pará

Centur – Fundação Cultural do Pará Tancredo Neves

FBN – Fundação Biblioteca Nacional do Rio de Janeiro

FFLCH/USP – Biblioteca da Faculdade de Filosofia e Ciências Humanas da USP / USP – Universidade de São Paulo

IBGE – Instituto Brasileiro de Geografia e Estatística

IHGB/RJ – Instituto Histórico e Geográfico Brasileiro

Imazon – Instituto do Homem e Meio Ambiente da Amazônia

MPEG – Museu Paraense Emílio Goeldi

NAEA – Núcleo de Altos Estudos da Amazônia

PUC-SP – Pontifícia Universidade Católica de São Paulo

UFPA – Biblioteca do Instituto de Filosofia e Ciências Humanas da Universidade Federal do Pará

PREFÁCIO

Em que Apollo de Belvedere, nutrido, forte e modelado me transformou a carne barata!

Carne a mil e quinhentos! Mas isto é o desequilíbrio de todos os lares, a volta á magreza, outra vez os dias maus, a paciente e resignada expectativa diaria do badalar do meio-dia para ir ao açougue ver se a carne já baixou!

Diógenes, cronista da *Folha do Norte*, em 15 de junho de 1902, publica o irônico protesto, sob o título *A volta à magreza*, contra o controle do comércio de carnes verdes pelos marchantes e a rivalidade entre eles, que fazia oscilar o preço do produto no mercado de Belém. As disputas entre comerciantes para o controle do comércio de carne verde conduzem a pesquisa e imprimem um movimento tenso à trama desenvolvida ao longo do texto.

A pesquisa *Nas tramas da "escassez": o comércio a política de abastecimento de carnes verdes em Belém (1897-1909)* foi originalmente apresentada sob minha orientação como dissertação de mestrado ao Programa de Estudos Pós-Graduados da PUC-SP, e agora oportunamente publicada sob o mesmo título, que, de modo pertinente, sinaliza o foco da investigação. O termo "escassez", ao ser deliberadamente colocado entre aspas, indica a problemática central do estudo e orienta o processo da pesquisa, que desvenda a constituição de uma trama tecida pelos interesses de negociantes envolvidos no comércio da carne verde.

Nos jornais, notícias sobre o problema aparecem diariamente e constituem matéria que alimenta as críticas dos cronistas à administração municipal, mas, sobretudo, denunciam as práticas monopolistas no comércio de carnes praticado por marchantes e o resultado das disputas, entre eles. O preço do quilo da carne é afetado por essas disputas e o trecho acima, assinado pelo cronista da *Folha do Norte*, é um exemplo, de como o autor traduz, no texto, a situação de um consumidor, refém das oscilações do preço do produto.

Nessa linha de reflexão, a pesquisa de Fabrício Herbeth subverte os termos da equação, ao perceber que o discurso da escassez, presente nos documentos oficiais, nos jornais e na perspectiva de viajantes estrangeiros que passaram pela capital paraense, vai além dos argumentos que atribuem à falta e à oscilação de preços da carne, por exemplo, a problemas climáticos e a precariedade do transporte do gado de Marajó (principal mercado fornecedor).

A perspicácia investigativa e a segurança teórica de Fabrício Herbeth percebe que um dos termos do enunciado – os interesses políticos e comerciais que tensamente se movem e se enlaçam na constituição da trama dos negócios da carne verde – não se sustentam como base de justificativa ou fundamento de argumentação para o problema, sobretudo na documentação oficial. É esse o foco que projeta e conduz a pesquisa, inscrevendo o autor no esforço coletivo de alguns pesquisadores paraenses, que mais recentemente têm se debruçado sobre a temática e problematizado essa perspectiva de análise, presente até pouco tempo na historiografia paraense, como tradição explicativa para a questão.

Sem se deixar convencer pelo "dizer verdadeiro" – termo que empresto de Paul Veyne[1] – e reconhecendo na documentação a produção de discursos como "aquários falsamente transparentes" – e novamente

---

[1] As referências ao autor foram retiradas do livro *Foucault. Seu pensamento e sua pessoa* {Tradução de Marcelo Jacques de Morais}. Rio de Janeiro, Civilização Brasileira, 2011, p. 25.

recorro a Veyne – que se inscreveram na historiografia da região, Fabrício Herbeth encontra os fios "perdidos" da trama ao reconhecer a dimensão política da questão, no jogo conflituoso dos interesses dos marchantes e as suas relações com as autoridades municipais, e a dimensão social, ao trazer para o foco da pesquisa o cotidiano da população belenense, sobretudo as camadas populares da cidade, que mais fortemente foram atingidas pelo jogo e pela disputa de interesses envolvendo o comércio de carne verde em Belém.

Transitando pelas duas esferas e entrelaçando-as, Fabrício Herbeth imprime à sua pesquisa um movimento inédito e, pelos resultados que alcançou, contribui para imprimir expressivos avanços aos esforços de pesquisadores que, a partir dos anos 90 do século XX, têm abordado o tema.

Nessa perspectiva de trabalho, Fabrício Herbeth se inscreve competentemente no debate, sobretudo ao enfrentar o trabalho de pesquisar e de questionar os argumentos oficiais ("aquários falsamente transparentes", Veyne) – que, quase como um paradigma historiográfico, se insinuou como tradição explicativa na produção de textos de história da alimentação no Pará – para justificar a falta ou a oscilação de preços do produto no mercado.

Como resultado de um extenso levantamento documental, o pesquisador constitui as suas fontes trabalhando textos de viajantes, publicações da imprensa paraense, documentos oficiais, álbuns, apenas para citar algumas fontes, e apesar da extensa base documental, sem perder o foco da pesquisa.

Ao focar, no primeiro capítulo, as impressões dos viajantes estrangeiros que passaram por Belém – uma fonte bastante utilizada por historiadores –, Fabrício Herbeth busca indícios sobre a alimentação da população belenense, sobretudo produtos consumidos pelas camadas mais pobres da cidade, e também faz a leitura das observações dos viajantes sobre o problema do abastecimento de carne verde no mercado da cidade.

Reconhecendo no olhar europeu – sobretudo dos cientistas, portanto, dos intelectuais formados nos ideais de progresso – a inclinação para avaliar criticamente o lugar do "outro" no processo civilizatório, Fabrício Herbeth filtra as informações nos registros e constitui esse material como fonte possível de indicar os hábitos alimentares e forma de fabricação de certos produtos, como a manteiga de tartaruga, que, aliás, não causou boa impressão ao paladar do etnólogo Henry Walter Bates.

Nos textos dos viajantes que passaram pela região ao longo do século XIX, o pesquisador encontra reclamações e até conselhos às autoridades locais sobre como resolver o problema de abastecimento de carne na cidade. De um modo geral, os entraves são apontados como o transporte precário do gado para Belém, o mau estado dos pastos da Ilha de Marajó – de onde provinha a maior parte do produto – e, informação que importa muito ao pesquisador, a atuação de comerciantes em práticas de especulação para interferir no preço da carne vendida no mercado belenense, explicação que foi, repetimos, questionada apenas recentemente pela historiografia paraense. Aliás, nesse particular, é oportuno salientar que Fabrício Herbeth, procedendo a um extenso levantamento das pesquisas sobre o tema da alimentação e do abastecimento em Belém, estabelece um competente diálogo com aqueles pesquisadores, reconhecendo a contribuição que imprimiram à historiografia sobre o tema ao questionar o viés explicativo da historiografia tradicional, que muito se valeu das informações de viajantes europeus que visitaram a região. Contudo, nesse trabalho cuidadoso com leituras da produção bibliográfica sobre o tema, e colocando as conclusões daqueles autores em diálogo com as questões temáticas que ele constituiu no processo da pesquisa com extenso material documental, constrói a problemática do seu denso estudo. Assim, ao longo da pesquisa, argumenta, com sólida base documental, sobre como a crise do abastecimento de carne verde em Belém foi, às suas palavras, "uma criação política e fruto da ação dos marchantes".

Nas tramas da "escassez" 23

Ao se percorrer o segundo capítulo do livro, reconhece-se um dos pontos altos da pesquisa empreendida por Fabrício Herbeth: a produção de tabelas a partir de documentação oficial, embora outros materiais tenham sido consultados. Ainda que se possa argumentar que as informações, sobretudo as oficiais, são, muitas vezes, falhas ou mesmo manipuladas conforme interesse das autoridades, é preciso reconhecer que as aproximações que os dados sugerem, quando expressos em números, podem ser, para o pesquisador atento e crítico das fontes, indícios (e não certezas, que isto não é a função, muito menos a pretensão, do historiador) sobre dados que expressem numericamente (e aproximadamente) uma situação descrita na forma de tabelas.

Mas não posso também deixar de registrar o último capítulo do livro, "açougueiros e o açougue da cidade: transformações urbanas, normas de conduta e a higienização dos alimentos". Nesse capítulo, a cidade de Belém se apresenta como texto, como lugar onde experiências cotidianas da população podem ser lidas. O foco da análise empreendida pelo autor se dirige para a relação da população com o problema da falta ou do encarecimento da carne verde, e nesse sentido, estabelece a articulação com os demais capítulos, permitindo que a problemática de estudo sobre o abastecimento do produto derive para a experiência da população ao lidar com o problema. Cronistas que escreveram em jornais – como Diógenes (possivelmente um pseudônimo), que citamos no início deste texto – foram também produtores do *dizer verdadeiro*. Entretanto, se inventaram personagens, como recurso literário para narrar a situação, não se inventou o viver da população face aos problemas. Nos cronistas, também se leem indícios que, para o pesquisador atento, podem ser frestas para se olhar e se conhecer as faces da cidade. "Urbanização e higiene" é uma importante relação presente na análise, para nos apresentar a demanda por produtos alimentícios em função do aumento demográfico no perímetro urbano da cidade, e que se tornou possibilidade de sobrevivência para os moradores, que se dedicaram ao comércio ambulante ou que estabeleceram pequenos negócios, como armazéns de secos e molhados.

A legislação municipal em relação ao comércio de alimentos é particularmente estudada por Fabrício Silva nesse capítulo, com ênfase nas leis e resoluções municipais que dispunham sobre os mercados e os açougues. As obrigações dos donos desses estabelecimentos são minuciosamente regulamentadas, visando ao asseio e ao comprometimento com a higiene do local e com a qualidade dos produtos vendidos, o que não significa que tenham sido rigorosamente cumpridos.

Sendo impossível destacar ou comentar no espaço do prefácio sequer parte da riqueza de informações que surge da notável pesquisa de Fabrício Herbeth, e que está presente em todo o texto, apenas se pontuam, nesse último capítulo, as tabelas que permitem que tenhamos noção da comparação entre os salários dos trabalhadores e o preço da carne, permitindo ao leitor conhecer o acesso da população das camadas populares a esse gênero alimentício, além de demonstrar a possibilidade de aprofundar a investigação sobre os registros de sua presença no cotidiano da cidade. Merece destaque também o mapa – construído pelo pesquisador a partir de dados obtidos nas fontes – que localiza, na planta da cidade da época, os estabelecimentos comerciais que vendiam a carne.

Tenho certeza de que a historiografia paraense e todos os pesquisadores que têm como objeto de estudo o abastecimento de alimentos, encontrarão na pesquisa empreendida por Fabrício Herbeth a contribuição relevante e inovadora para avançar em seus estudos, abrindo para a historiografia paraense novos e promissores caminhos de pesquisa.

Estefania Knotz C. Fraga
Docente do Programa de Estudos Pós-Graduados
em História da PUC-SP

INTRODUÇÃO

Belém, segunda-feira, 1º de janeiro de 1900. O jornal *Folha do Norte*, na secção Gazetilha, denunciava à população o problema da escassez de carne verde nos açougues da cidade:

> Hontem[1] não houve carne senão para os que amanheceram à porta dos açougues ou para os privilegiados.
> O povo, na sua maioria, ficou a ver navios, ou teve que comel-a de péssima qualidade, langanhenta e indigesta, se foi ver surdir a aurora para a beira dos talhos...
> Valha-nos Deus! Começamos a luctar com a escassez do nosso primeiro genero de alimentação que, alem de caro e máo, só já se obtem por favor.[2]

Notícias como essa foram recorrentes, para a ideia da realização do levantamento documental, na confecção do projeto de pesquisa à seleção de Mestrado dos Programas de História da UFPA e PUC-SP. Naquela altura, o objetivo era pesquisar a produção e o abastecimento de alimentos, voltados para Belém, através da Zona Bragantina. Mas essa proposta teve que ser repensada a partir da constatação da existência da dissertação intitulada: "Daquilo que se come: uma história do abastecimento e da alimentação em Belém (1850-1900)", defendida em agosto de 2009.

---

1   Optou-se neste livro por manter a escrita na transcrição dos documentos consultados da época.
2   "A carne". *Folha do Norte*. Belém, p. 1. Segunda-feira, 8 de janeiro de 1899.

Essa descoberta exigiu uma nova visita às fontes, à procura de um novo tema na seara da história da alimentação. Assim, notícias sobre um problema no abastecimento de carne verde, também chamada de fresca, na Belém do último quartel do século XIX e princípio do XX, saltavam a cada leitura do material transcrito. Os jornais consultados noticiavam os valores da carne, à escassez e à carestia, a atuação dos marchantes[3] e dos açougueiros nesse mercado.

A frequência desses temas exigiu uma reflexão sobre os possíveis significados dessas questões, perpassando pelos campos do comércio e da política. Em virtude disso, ocorreu a proposta de se verificarem, nas fontes levantadas, as estratégias de controle do mercado da carne, a formação de monopólios, os jogos e as negociações políticas, como também as tensões e contradições em torno do abastecimento da carne entre os anos de 1897 a 1909.

Diante desses acontecimentos, algumas inquietações surgiram e despertaram as seguintes questões: qual o significado da escassez, da carestia e da crise no abastecimento de carne verde para a população, viajantes, jornalistas e poder público nesse contexto? Qual foi a atuação dos grupos políticos, dos intelectuais, dos jornalistas e da população em relação ao problema do abastecimento? Houve relação entre as crises alimentares, as intervenções das autoridades políticas e o monopólio dos marchantes?

Desse modo, este livro analisa o abastecimento de carne verde para o consumo da população de Belém, tendo como objetivo investigar as estratégias intervencionistas das autoridades, a formação do monopólio sobre o comércio das carnes, os discursos de escassez e a atuação de marchantes e açougueiros na transição do século XIX para o princípio do XX. Este estudo se torna relevante na medida em que possibilita a compreensão dos mecanismos de controle do mercado, da

---

3 Negociantes envolvidos no comércio da carne.

produção e da circulação da carne e seus impactos sobre a população no contexto da *belle-époque* paraense.

Na construção deste trabalho, optou-se pelo estudo de questões referentes ao abastecimento urbano da carne verde, por ser a cidade de Belém a capital do Pará e principal centro urbano da Amazônia no período selecionado, porta de entrada da região e sede de um dos principais portos de escoamento da produção gomífera do Norte do Brasil, o que tornou a capital um importante centro de redistribuição de alimentos. Tal fato possibilita perceber e analisar o desenvolvimento das suas atividades comerciais e o fornecimento de gado para consumo da população. Ao se analisarem as políticas dos governos municipal e estadual na estrutura do comércio das carnes, pretende-se apresentar a outra face da *belle-époque* paraense, superando-se aquela visão bem aceita dos estudos sobre a cidade, que priorizam as questões relacionadas à civilização, à modernidade e à ideia de progresso.

O interesse pelo estudo do abastecimento foi despertado também pelo fato de se observarem nos dias atuais a frequente elevação do preço do quilo da carne, a constante ameaça de doenças aos rebanhos, a ação de atravessadores e a ausência de higiene na distribuição à população. Assim, a problemática que se levantou para o estudo emerge no instante em que são as interrogações do presente que justificam a existência do passado, dando sentido às inquietações anteriormente apresentadas.

Foi eleita, nesta pesquisa, a história da alimentação como campo de investigação, por considerá-la um palco onde se desenrolam tensões, sociabilidades, saberes, distinções e poder. É necessário acrescentar que tal tema não é interpretado aqui apenas como a luta pela sobrevivência, concordando com Carlos Roberto Antunes dos Santos, ao afirmar que "alimentar-se é um ato nutricional, comer um ato social, pois constitui atitudes ligadas aos usos, costumes, protocolos, condutas e situações".[4] Entre suas múltiplas faces, o estudo da alimentação pode ser um complexo sistema de significados sociais, econômicos, culturais, políticos, religiosos, sexuais, estéticos e éticos escritos sob o domínio do poder.[5]

É visível que o tema da alimentação tenha despertado interesse nas áreas das ciências humanas como a Antropologia, a Sociologia e a História. Contudo, em relação ao enfoque da história econômica utilizado nessa pesquisa, Ulpiano Meneses e Henrique Carneiro escrevem que o abastecimento, as safras, os preços, o mercado e as flutuações merecem atenção por parte da historiografia.[6] No rastro dessa problemática, verificou-se que os estudos produzidos sobre o abastecimento concentram suas pesquisas no período colonial brasileiro. Questões como o fornecimento de alimentos, escassez, carestia, transportes inadequados, preços dos gêneros, oferta/demanda, circulação e sua produção, carecem de pesquisas que revelem as implicações sociais, políticas e econômicas relacionadas à subsistência alimentar na transição do século XIX-XX.

É preciso refletir sobre a história da alimentação e do abastecimento em toda a sua pluralidade e diversidade, pois a "história do abastecimento e suas crises não deixa de ser a história – social, econômica e política – do campo e da cidade."[7] Nessa perspectiva, Pedro Henrique destaca que a história do abastecimento deve refletir sobre a produção,

---

4   SANTOS, Carlos Roberto Antunes. Alimentação e seu lugar na história: Os tempos da memória gustativa. In: *Revista História:* Questões & Debates. Curitiba: UFPR, 2005, n. 42, p. 12.

5   CARNEIRO, Henrique. Introdução. In: *Comida e Sociedade:* Uma história da alimentação. 4ª reimpressão. Rio de Janeiro: Elsevier, 2003, p. 1.

6   MENESES, Ulpiano T. Bezerra de; CARNEIRO, Henrique. A História da Alimentação: balizas historiográficas. In: *Anais do Museu Paulista*. Nova Série. Vol. 5, jan./dez. 1997, p. 15.

7   LINHARES, Maria Yedda; SILVA, Francisco Carlos Teixeira da. A problemática da produção de alimentos e das crises numa economia colonial. In: *História da Agricultura brasileira:* combates e controvérsias. São Paulo: Brasiliense, 1981, p. 170.

circulação e o consumo, incluindo sua distribuição social.[8] Apesar disso, essa problemática, em uma perspectiva histórica, ainda é incipiente não apenas para a região Amazônica.

Este livro tem como fio condutor a História Social, e procura dialogar com os recentes estudos da alimentação pelo fato de acreditar que nenhum aspecto da vida social pode ser analisado de forma isolada, uma vez que a História Social estuda o homem inserido na sociedade. A história é eminentemente social.[9] Déa Fenelon afirma que a História Social trouxe à tona diversas questões referentes à variedade dos registros documentais e dos temas antes inexplorados pela historiografia.[10] Segue-se a reflexão de Henrique Carneiro de que a História Social oferece inúmeras possibilidades de enfoques sobre a alimentação, inclusive no que se refere à história do abastecimento alimentar.[11]

Notou-se que o abastecimento de alimentos é abordado pela historiografia paraense a partir da ideia de deficiência na produção e na escassez de alimentos no mercado, ou seja, de um permanente estado de decadência e insuficiência para suprir as necessidades da capital. Tal situação é justificada pela alta cotação da borracha no mercado internacional no período e sua capacidade de absorver toda a força de trabalho que deveria ser empregada em outras atividades econômicas. Não obstante, é significativo pensar que os agricultores e pecuaristas também poderiam recrutar uma parcela desses trabalhadores na medida em que a demanda do produto agropecuário crescia junto com a cidade. Desse modo, criar gado e plantar para o provimento da

---

8 CAMPOS, Pedro Henrique Pedreira. Introdução. In: *Nos caminhos da acumulação*: negócios e poder no abastecimento de carnes verdes para a cidade do Rio de Janeiro (1808-1835). São Paulo: Editora Alameda. 2010, p. 14.

9 CASTRO, Hebe. História Social. In: CARDOSO, Ciro Flamarion; VAIFAS, Ronaldo (Org.). *Domínios da História*: ensaios de teoria e metodologia. Rio de Janeiro: Elsevier, 1997, p. 46.

10 FENELON, Déa Ribeiro. Cultura e história social: historiografia e pesquisa. In: *Revista Projeto História*, nº 10. São Paulo: EDUC, dez. 1993, p. 76.

11 CARNEIRO, 2003. *Op. cit.*, p. 18.

população de Belém se tornava um negócio lucrativo e poderia garantir o controle do mercado.

Mafalda P. Zemella escreve que o abastecimento das Minas Gerais foi, em alguns momentos, um problema quase insolúvel, que ocasionou crises de fome, em função da falta de gêneros básicos. Conforme a autora, o abastecimento se tornou um problema de difícil solução devido à distância dos centros produtores, à pouca produção de gêneros na região, à inexistência de uma tradição de comércio no Brasil, à falta de moeda, às péssimas condições ou ausência de comunicação, à precariedade dos meios de transporte, à fragilidade dos elementos técnicos para a conservação dos víveres, às dificuldades de importação de artigos estrangeiros e às taxas e impostos. No entanto, esses problemas foram solucionados no momento em que foram divulgadas notícias de que os mineiros pagavam bem aos fornecedores. Desse modo, muitos mineiros desistiram de lavrar o ouro por concluírem ser mais fácil e vantajoso obtê-lo através do comércio, tornando-se negociantes, mascates, comboieiros e tropeiros.[12] No decorrer deste estudo, percebeu-se que os problemas vivenciados naquele contexto serviu de mero pretexto para justificar a importação de carne na cidade de Belém ao longo do século XIX e início do XX.

Assim, acredita-se que houve no Pará, mesmo diante dos discursos de "vocação" extrativista para a Amazônia, uma complexa estrutura produtiva voltada para o mercado interno, localizado na Ilha do Marajó e nas povoações da porção ocidental da região Bragantina, onde foram criados projetos de colonização dirigida, iniciados em 1875, acompanhando, a partir de 1883, a construção da Estrada de Ferro

---

12   ZEMELLA, Mafalda P. Crítica do abastecimento da Gerais. In: *O abastecimento da capitania das Minas Gerais no século XVIII*. 2 ed. São Paulo: Hucitec; Editora da Universidade de São Paulo, 1990. p. 191/192-207.

Belém-Bragança,[13] que serviria para integrar a região e escoar os produtos das colônias.

Em relação ao estudo do abastecimento e do comércio de carne verde, percebeu-se que esse gênero era pontuado em alguns trabalhos acadêmicos geralmente em função de sua crise na indústria pastoril. Entretanto, não se atêm à complexidade do tema, às relações entre as autoridades e os marchantes, à questão da circulação e das rotas de abastecimento, à sua produção interna e às formas de comércio e negociação.

Ainda na Capitania das Minas Gerais, do século XVIII, Flávio Marcus da Silva apresenta que as autoridades passaram a intervir no mercado interno dos víveres, tendo em vista garantir o abastecimento de alimentos a preços justos. Tal iniciativa era vista pela população como uma obrigação das autoridades administrativas.[14] Na Belém do XIX e XX, as intervenções políticas das autoridades foram aceitas nesta pesquisa como a tentativa de controle do mercado da alimentação.

É interessante observar que os estudos historiográficos sobre o abastecimento têm como característica a análise regional. Portanto, os principais trabalhos sobre esse tema elegeram o Rio de Janeiro, as Minas Gerais e a Bahia, em um recorte que perpassa o período colonial, com a febre do ouro nas Minas Gerais, até o século XIX, com a transferência da família real para o Brasil e as transformações na capital da Coroa.[15]

---

13 Consultar a tese de doutorado de ANDRADE, Fabiano Homobono Paes de. *De São Braz ao jardim público – 1887-1931*: um ramal da estrada de ferro de Bragança em Belém do Pará. Tese de doutorado em História. São Paulo: Pontifícia Universidade Católica de São Paulo – PUC-SP, 2010.

14 SILVA, Flávio Marcus da. Negociação. In: *Subsistência e poder*: a política do abastecimento alimentar nas Minas setecentistas. Belo Horizonte: Editora UFMG. 2008, p, 54.

15 Dentre eles, pode-se destacar: SAMPAIO, Antonio Carlos Jucá de. *Magé na crise do escravismo*: sistema agrário e evolução econômica na produção de alimentos. (1850-1888). Universidade Federal Fluminense-UFF/Niterói. Dissertação em História. 1994; SANTUCCI, Jane. 1902 – A revolta das carnes verdes. In: *Cidade rebelde*: As revoltas populares no Rio de Janeiro no início do século XX. Rio de Janeiro: Casa da Palavra, 2008; GONÇALVES, Aurelio Restier. "Carnes verdes em São Sebastião do Rio de Janeiro". In: *Revista do Arquivo do Distrito Federal*, Rio de Janeiro, volume II, 1952; MARCONDES, Renato Leite. *O abastecimento de gado do Rio de*

O tema do abastecimento na cidade de Belém ao longo do século XIX foi estudado por Eli de Fátima Napoleão de Lima em sua dissertação, intitulada *Produção de alimentos e extrativismo:* Belém e seus núcleos subsidiários (Ilha de Marajó e Zona Bragantina) – 1850-1920, em 1987, junto ao Programa de Pós-Graduação em Desenvolvimento Agrícola da UFRRJ.[16] Dois anos depois, em 1989, Nedaulino Viana da Silveira dissertou sobre o tema: *Santa Maria de Belém do Grão-Pará*: problemática do abastecimento alimentício durante o período áureo da borracha (1850-1920), no Departamento de História da Universidade Federal de Pernambuco.[17]

Janeiro: 1801-1810. Ribeirão Preto, SP. USP/FEA, 2000; MENESES, José Newton Coelho. *O continente rústico:* abastecimento alimentar nas Minas Gerais setecentistas. Diamantina/MG: Maria Fumaça, 2000; ELLIS, Myriam. Contribuição ao estudo do abastecimento das zonas mineradoras do Brasil no século XVIII. In: *Revista de História*. São Paulo, n. 36, p. 429-467, 1958; CARRARA, Angelo Alves. *Agricultora e pecuária na capitania de Minas Gerais (1674-1807)*. Tese (Doutorado em História). Universidade Federal do Rio de Janeiro, 1997; FILHO, Afonso de Alencastro Graça. *A princesa do Oeste e o mito da decadência de Minas*. São Paulo: Annablume, 2003; MATOSO, Kátia. *Bahia, a cidade de Salvador e o seu mercado no século XIX*. São Paulo: Hucitec, 1978; SILVA, Francisco Carlos Teixeira da. *A morfologia da escassez:* crises de subsistência e política econômica no Brasil colônia (Salvador e Rio de Janeiro, 1680-1790). Tese (Doutorado em História). Universidade Federal Fluminense, Niterói, 1990; LOPES, Rodrigo Freitas. *Nos currais do Matadouro Público:* O abastecimento de carne verde em Salvador no século XIX. (1830-1873). Universidade Federal da Bahia-UFBA/Salvador. Dissertação em História. 2009. Há alguns trabalhos pontuais para além dessas regiões: SILVA, Francisco Alves da. *Abastecimento em São Paulo (1835-1877):* estudo histórico do aprovisionamento da província via Barreira de Cubatão. Dissertação de mestrado. São Paulo, FFLCH-USP, 1985; MARCONDES, Renato Leite. Formação da rede regional de abastecimento do Rio de Janeiro: a presença dos negociantes de gado. In: *Revista Topoi*. 02 jan-jun, vol. 2, 2001; GUTIÉRREZ, Horacio. Fazendas de gado no Paraná escravista. In: *Revista Topoi*. 09 jul--dez, vol. 5, 2004.

16 LIMA, Eli de Fátima Napoleão de. *Produção de alimentos e extrativismo*: Belém e seus núcleos subsidiários (Ilha do Marajó e Zona Bragantina) – 1850/1920. Universidade Federal Rural do Rio de Janeiro. Instituto de Ciências Humanas e Sociais – Departamento de Letras e Ciências Sociais – Curso de Pós-Graduação em Desenvolvimento Agrícola, 1987.

17 SILVEIRA, Nedaulino Viana da. *Santa Maria de Belém do Grão-Pará*: Problemática do abastecimento alimentício durante o período áureo da borracha (1850-1920). Dissertação em História. Universidade Federal de Pernambuco, Recife, 1989.

Nedaulino Silveira foi orientador, na Universidade Federal do Pará – UFPA, entre os anos de 1987 e 1990, de dois trabalhos monográficos sobre o abastecimento de carne em Belém. O primeiro foi o de Claudia do Socorro C. Cardoso, intitulado *O abastecimento de carne verde em Belém na década de 1870-1880*;[18] e o segundo, de Leonila Teixeira Barbosa: *O abastecimento de carne verde em Belém (1902-1908)*.[19]

A pesquisa de Leonila Barbosa, em relação à de Claudia Cardoso, trouxe muitas contribuições para o estudo do abastecimento na historiografia paraense. A sua pesquisa, com fontes sobre a questão do abastecimento, contribuiu para o questionamento sobre a escassez de carne verde, a possível existência de ligações entre os marchantes e os políticos e a crítica da proposta de decadência da produção de alimentos local em função da economia da borracha, tema esse ainda atual.

A dissertação de Eli de Fátima Napoleão foi, para a época, uma pesquisa pioneira no estudo do abastecimento de Belém entre os anos de 1850-1920. A autora analisou o fornecimento de alimentos para a capital, vindos da Ilha do Marajó e da Zona Bragantina. Contudo, seu trabalho apresenta uma leitura tradicional, ao considerar a existência de um antagonismo entre a agricultura e o extrativismo. Na visão de Lima, a Amazônia tinha uma vocação natural para o extrativismo, gerando problemas na produção de alimentos. Discorda-se da autora quando ela atribui a má qualidade da carne e a decadência da indústria pastoril somente às enchentes, ao furto de animais, às doenças, ao crescimento desordenado do gado cavalar e ao transporte dos animais. Esses fatores certamente afetaram a produção, mas não a aniquilaram. Lima traça toda sua argumentação fundamentada em pesquisas sobre os discursos presidenciais, sem contudo perceber a presença dos marchantes nesse negócio e a formação de monopólios.

---

18   CARDOSO, Claudia do Socorro C. *O abastecimento de carne verde em Belém na década de 1870-1880*. Universidade Federal do Pará – Trabalho de Conclusão de Curso. 1987.

19   BARBOSA, Leonila Teixeira. *A política de abastecimento de carne verde em Belém 1902-1908*. Universidade Federal do Pará – Trabalho de Conclusão de Curso. Caixa 10, nº 163. 1990.

Por outro lado, Nedaulino Viana escreve que os estudos do abastecimento urbano da Amazônia são escassos, representando uma lacuna na historiografia local.[20] Muito embora Nedaulino e Eli de Fátima utilizem as mesmas fontes e a baliza cronológica seja a mesma, há pontos de divergência. Nedaulino discorda das análises propostas por essa autora, pois a dependência econômica para com o extrativismo da borracha e o apoio do governo a essa atividade deixaram em plano secundário a produção de gêneros alimentícios, em especial o agrícola, ocasionando, em consequência, uma crise no abastecimento.

Ao longo dos quatro capítulos que compõem a dissertação, o autor dedica apenas um para a questão do problema do abastecimento. Os outros três exploram os aspectos socioeconômicos e políticos, no período de florescimento da economia do látex e as transformações decorrentes dessa atividade econômica até a sua decadência. O que interessa no estudo é a reflexão do autor sobre as tentativas das autoridades em regularizar o abastecimento de carne, de peixe e de farinha.

Aprofundado o debate realizado sobre a história do abastecimento, em 1951, por Mafalda Zemella, Maria Yedda Linhares, na época, influenciada pelos ensinamentos da teoria de Fernand Braudel sobre a história da longa duração, estuda o problema do abastecimento em um contexto macro (Brasil), lançando luz sobre a questão da produção, do mercado interno e da escassez de alimentos em Belém. De acordo com Linhares:

> Somente em meados do século XVII começam a aparecer problemas de abastecimento, com a presença holandesa em Recife, caracterizando uma situação crítica que não foi solucionada a contento pelos administradores da Companhia das Índias Ocidentais. Daí por diante, constata-se que esses problemas passaram a ocorrer periodicamente nos portos, tais como Recife, Salvador, Rio de Janeiro, Belém, até o século XIX. Eles se tornam cada vez mais freqüentes,

---

20 NEDAULINO, 1989. *Op. cit.*, p. 1.

chegando mesmo a traduzir um estado de crise crônica. São problemas que dizem respeito à irregularidade da oferta de gêneros alimentícios e às condições do consumo nos centros urbanos.[21]

Embora o tema do abastecimento de alimentos seja foco de preocupações de alguns historiadores, desde os anos 1950 observa-se uma ausência de pesquisas sobre a produção agrícola, a pecuária, o mercado interno, a estrutura socioeconômica e as intervenções políticas no mercado de víveres.

Nessa perspectiva, Alcir Lenharo, ao estudar as relações entre a produção e o comércio na formação do mercado interno da Região Centro-Sul, considera que "Ao se referir à economia de subsistência em geral, a historiografia sempre a tem relegado a um plano apenas subsidiário da economia de exportação, constituindo, portanto, e apenas, um pólo complementar à economia de exportação".[22] Ainda que o autor estude as implicações sociais e políticas dos interesses ligados ao abastecimento da Corte, a sua pesquisa contribui especialmente para uma reflexão a respeito das estratégias intervencionistas do poder público paraense nos negócios do abastecimento.

Alcir Lenharo, em seu estudo sobre o abastecimento da Corte, durante a primeira metade do século XIX, verificou que inicialmente ele foi pautado em uma política paternalista, isto é, através das doações de animais pelos colonos, bem como de outros gêneros, para o provimento urbano. Contudo, essa organização não proporcionava a regularização do mercado que se expandia. Essa política não resistiu às novas condições do abastecimento, devido a inúmeros problemas que se impunham para a época, além de os atravessadores firmarem o seu espaço nesse negócio. Assim sendo, concorda-se com o autor que o problema

---

21 LINHARES, Maria Yedda Leite. As crises coloniais e sua dinâmica. In: *História do abastecimento:* uma problemática em questão (1530-1918). Brasília: BINAGRI, 1979, p. 123.

22 LENHARO, Alcir. Introdução. In: *Tropas da moderação:* o abastecimento da Corte na formação política do Brasil – 1808-1842. São Paulo: Símbolo, 1979, p. 33.

do abastecimento entre os anos de 1808-1842, não resultou somente da ganância dos negociantes, sugerindo uma visão "moralista" do problema, pois, como menciona Lenharo em seu texto, diversas foram as causas que propiciaram o problema da carestia e da escassez da carne verde.[23] Porém, diferentemente dessa realidade apresentada, o que caracteriza o mercado da carne em Belém é a formação de monopólios por marchantes e de alianças políticas, que se cruzavam e se sobrepunham ao universo do abastecimento.

Seguindo os preceitos de Alcir Lenharo, Carlos Roberto Antunes dos Santos menciona que a

> [...] historiografia brasileira, ao analisar a agricultura, privilegiou os produtos de exportação, sendo que na História do Brasil nós temos a história do açúcar, do café, do algodão, do soja, do cacau etc. Entretanto, produtos básicos como o feijão, o arroz, a mandioca, a carne verde, o milho passaram despercebidos pelos historiadores. Nesse sentido, a história da produção dos alimentos, dos camponeses, da organização da produção, das rotas de abastecimento etc., ficou em plano secundário em relação aos produtos de exportação. A mudança de eixo permitirá levar em conta que a agricultura brasileira deve ser olhada mais para dentro, para o seu umbigo, considerando os hábitos alimentares, de cultivo, as causas crônicas da carestia, a ação das câmaras municipais, e outros.[24]

Assim, é interessante analisar, diante das contribuições de Carlos Roberto, as implicações sociais e políticas do comércio das carnes e a questão da oferta e da demanda desse gênero e sua escassez no mercado da capital paraense no contexto da economia da borracha.

O recorte eleito para este livro circunscreve os anos de 1897-1909. Entre esses anos, constatou-se a existência de um problema no

---

23 Ibidem, p. 45.
24 SANTOS, Carlos Roberto Antunes dos. Introdução. In: História da alimentação no Paraná. Curitiba: Fundação Cultural, 1995, p. 13.

abastecimento de carne verde, a partir da publicação de diversas notícias sobre essa questão na imprensa e nas fontes oficiais. Também foram os anos da administração de Antônio Lemos[25] e do chamado período da *belle époque* paraense.

Embora esse recorte temporal seja definido, não tem um caráter rígido, o que permite certa mobilidade temporal no encaminhamento do livro.[26]

As fontes utilizadas para a pesquisa foram: os álbuns de Belém: Antonio Lemos (1898-1911); álbum do Pará: José Paes de Carvalho

---

25 Antonio José de Lemos esteve à frente da Intendência Municipal de Belém entre 1897 a 1911. O Intendente exerceu a função de político, jornalista e administrador. Para um estudo acerca da memória política de Antônio Lemos, ver: SARGES, Maria de Nazaré. *Memórias do "Velho Intendente" Antonio Lemos (1869-1973)*. Belém: Paka-Tatu, 2002.

26 Sobre a relação do historiador com os seus materiais de pesquisa, percebe-se que ela é alterada de tempos em tempos e que essa prática está condicionada aos interesses políticos do pesquisador e da sociedade. Nessa perspectiva, não há documentos ou fontes neutras e objetivas. Toda e qualquer forma de documentação possui interesses políticos, como bem observou Marc Bloch no segundo quartel do século XX. Diante dessa reflexão, Maria do Pilar *et al.* afirmam que o "[...] documento já não fala por si mesmo mas necessita de perguntas adequadas". VIEIRA, Maria do Pilar *et al*. O documento – atos e testemunhos da História. In: *A pesquisa em História*. São Paulo: Editora Ática, 1989, p. 15. Em detrimento dessas circunstâncias, não há dúvida de que um dos grandes obstáculos na produção historiográfica diz respeito aos instrumentos de análise histórica. É importante reconhecer o caminho aberto por Marc Bloch a respeito da crítica documental e do questionamento da imparcialidade documental, sua fidelidade, neutralidade e objetividade. Cabe ao pesquisador saber argui-lo, cotejando-o com outras fontes, caso contrário, reproduzirá os discursos contidos no material. BLOCH, Marc. A observação histórica. In: *Apologia da história ou ofício do historiador*. Rio de Janeiro: Jorge Zahar, 2001, p. 79. Também é oportuno observar o que Thompson apresenta sobre a relação entre o conhecimento histórico e os objetivos. Para o autor, a "interrogação e a resposta são mutuamente determinantes, e a relação só pode ser compreendida como um diálogo". THOMPSON, E. P. Intervalo: A lógica Histórica. In: *A miséria da teoria ou um planetário de erros*. Rio de Janeiro: Jorge Zahar, 1981, p. 50. Quanto à discussão sobre a objetividade dos documentos, Ginzburg ressalta que nenhuma fonte é objetiva, no entanto, não quer dizer que ela seja inutilizável. GINZBURG, Carlo. *O queijo e os vermes*: o cotidiano e as ideias de um moleiro perseguido pela inquisição. São Paulo: Companhia das Letras, 1997, p. 21. Outrora, os registros privilegiados pelo historiador foram os documentos escritos, em especial o oficial. VIEIRA, 1989. *Op. cit.*, p. 13. Essa exclusividade e o peso do documento escrito foram sendo superadas ao longo do tempo. Marc Bloch assinala que toda produção humana é uma forma de registro para o historiador. BLOCH, 2001. *Op. cit.*, p. 79.

(1897-1901); Augusto Montenegro (1901-1908). Além das leis e resoluções municipais (1898-1899), (1900-1901), (1903-1904), foram consultados os seguintes periódicos: a *Folha do Norte* (1897 até 1899); *O Holophote* (1897), *O Binoculo* (1898) e a *Província do Pará* (1899 e 1900). Utilizaram-se também os relatos de viajantes do XIX. Por fim, recorreu-se à literatura paraense como suporte documental para apreender o cotidiano da população urbana de Belém.[27]

Os documentos e as referências bibliográficas consultadas para a pesquisa estão disponíveis no Arquivo Público do Pará – APEP, na Biblioteca Artur Vianna – Centur, na Fundação Biblioteca Nacional do Rio de Janeiro, no site da Universidade de Chicago,[28] no Núcleo de Altos Estudos da Amazônia – NAEA, na Biblioteca da Pontifícia Universidade Católica de São Paulo/PUC-SP e na Biblioteca do Instituto de Filosofia e Ciências Humanas da Universidade Federal do Pará – UFPA. No geral, foi efetuado o cruzamento das fontes que constituem o corpus documental desta pesquisa. Como são fontes de natureza diversa, ficou clara a necessidade de metodologia específica no trabalho com esse material documental, permitindo observar, a partir do cruzamento de informações e de dados obtidos, as contradições.

Ao levantar e arrolar as fontes, especificamente os relatórios, as mensagens e as falas dos presidentes da província, tentou-se compreender os projetos voltados para a produção e para a distribuição de carne verde, as imagens construídas e divulgadas para justificar as crises de abastecimento e a necessidade de importação desse gênero.

---

27 A relação entre história e literatura parece estar na ordem do dia dos debates historiográficos. Para alguns pesquisadores, o historiador se ocupa da realidade, da verdade e dos fatos, enquanto ao escritor caberia a ficção. Para além desses territórios demarcados, a literatura é pensada aqui como uma possibilidade de conhecimento das estratégias de sobrevivência da população de Belém do século XIX-XX. Isso influenciado por: JÚNIOR, Durval Muniz de Albuquerque. A hora da estrela: história e literatura, uma questão de gênero? In: *História: a arte de inventar o passado – ensaios de teoria da história*. Bauru, SP: EDUSC, 2007, p. 43.

28 Disponível em: <http://brazil.crl.edu>. Acesso em: 28 ago. 2006.

Já os relatos e as impressões dos viajantes estrangeiros, que estiveram em Belém, ao longo do século XIX, indicam que os seus escritos refletem o imaginário da sociedade europeia sobre o Brasil. Sob esse prisma, descreviam, denunciavam e criticavam os hábitos e as práticas alimentares da população de Belém. Através desses registros, foi possível encontrar indícios sobre os hábitos alimentares dos habitantes e as referências à procedência do gado consumido na capital. Ao trabalhar os textos de viajantes do século XIX que estiveram no Brasil, José Carlos Barreiro escreve que:

> É possível apreender as representações sociais construídas pelos viajantes mediante as observações que eles faziam em relação a vários aspectos das cidades brasileiras do século XIX. Não escapavam a seus olhares, por exemplo, aspectos como ritmos, o traçado das ruas, as pessoas, a movimentação dos portos, as operações manuais de carga e descarga, os vendedores ambulantes, o som da música que acompanha o trabalho dos negros, inscrevendo-se aí um confronto de valores que é traduzido na necessidade de destruição de práticas ligadas ao "primitivismo" e à "barbárie", para que se assente na modernidade em seus aspectos sociais e culturais.[29]

Em relação ao trabalho com a imprensa paraense, foi de suma importância a leitura e a orientação metodológica encontrada no artigo de Heloisa F. Cruz e Maria do Rosário Peixoto, intitulado "Na oficina do historiador: conversas sobre história e imprensa".[30]

---

29 BARREIRO, José Carlos. As representações. In: *Imaginário e viajantes no Brasil do século XIX*: cultura e cotidiano, tradição e resistência. São Paulo: Editora da Unesp, 2002, p. 69.

30 De acordo com as autoras, a imprensa é utilizada nas pesquisas como mera fonte de informações, isto é, "'Manancial fértil para o conhecimento do passado', 'fonte de informação cotidiana', são alguns das qualitativas sobre a utilidade da imprensa para a pesquisa histórica, que se espalham pelos trabalhos e que de certo modo, tem concluído para naturalizar certas formas de uso". CRUZ, Heloiza; CUNHA PEIXOTO, Maria do Rosário. Na oficina do historiador: conversas sobre história e imprensa. In: História e imprensa – *Revista Projeto História*. n° 35. São Paulo, EDUC, dez. 2007, p. 258.

Analisaram-se os anúncios publicados nos jornais paraenses para a obtenção informações referentes aos preços da carne, à sua procedência, aos importadores, aos locais de comercialização e aos discursos sobre a escassez e a carestia.

Consultaram-se as leis e as resoluções municipais com o intuito de encontrar as propostas disciplinadoras e higienizadoras da administração em prol de uma cidade civilizada, reprimindo e punindo os açougueiros que desrespeitassem as regras a partir da cobrança de multas. Nos álbuns de Belém e do Estado, encontraram-se informações sobre os núcleos produtores de carne, o número de fazendas e a importação de produtos de outras regiões.

Convém salientar que o interesse pelo tema do abastecimento em Belém foi também alvo de antenção da pesquisa empreendida para o trabalho de conclusão do curso de graduação em História, na Escola Superior Madre Celeste – Esmac, intitulado: *Escassez e Carestia:* a política de abastecimento alimentar em Belém nos anos de 1880 e 1890. A monografia estudou o problema de abastecimento de produtos alimentícios para a população urbana da capital da província do Grão-Pará entre os anos de 1880 e 1890, a partir de uma perspectiva política e econômica das elites paraenses. Portanto, conclui-se que a política de abastecimento, projetada para superar o problema de abastecimento foi na realidade um instrumento legal de defesa dos interesses das autoridades, como também para a implantação de projetos de imigração e colonização com força de trabalho estrangeira.[31]

O objetivo do presente estudo é lançar luz sobre o tema do abastecimento, suscitar novas reflexões e dar visibilidade ao tema, que ainda se encontra negligenciado pela produção intelectual nacional, acreditando-se que esse estudo possibilite a visão da outra face da Belém da

---

31 SILVA, Fabrício Herbeth Teixeira da. *Escassez e Carestia:* política de abastecimento de alimentos em Belém nos anos de 1880-1890. Ananindeua. Monografia de Conclusão de Curso. Escola Superior Madre Celeste – ESMAC. Belém, PA, 2008.

belle époque e suas contradições. Desta forma, este trabalho possui a seguinte estrutura:

No primeiro capítulo, intitulado "A produção e o abastecimento de carne verde na perspectiva do declínio da indústria pastoril amazônica", analisa-se a produção, a expansão e o declínio da indústria pastoril marajoara, tendo em vista o estudo sobre a importância da produção interna, ressaltada pelo olhar dos viajantes que estiveram na região ao longo do século XIX em Belém.

No segundo capítulo, "Estratégias intervencionistas das autoridades no mercado das carnes em Belém", discorre-se sobre o papel e os significados das intervenções do poder público no abastecimento de carne e seus discursos, publicados nos relatórios, e as críticas dos jornais *Folha do Norte*, o *Holophote* e o *Binoculo*, sobre essa questão. Os artigos publicados nesses periódicos, geralmente na primeira página e com títulos como "Carne e pobreza" e a "Questão das carnes", indicam ênfase nesse tema, pretensões editoriais e formação de opinião. Havia também colunas fixas como a Gazetilha e colunas assinadas, indicando a importância que a questão assumia, na época, e também a relação do abastecimento com os interesses comerciais.

No terceiro capítulo, "Os açougueiros e açougues da cidade: transformações urbanas, normas de conduta e higienização dos alimentos", foram analisados o processo de expansão do núcleo urbano da cidade de Belém e seus impactos nos hábitos e nas práticas alimentares da população, em especial questões relacionadas ao comércio e ao consumo de carne, a partir das regulamentações sanitárias. Verificou-se que os açougueiros, para obterem lucro no comércio da carne controlado pelos marchantes, ao recorrer a alternativas ilícitas para extrair lucro, penalizavam a população.

CAPÍTULO I

A PRODUÇÃO E O ABASTECIMENTO DE CARNE VERDE NA PERSPECTIVA DO DECLÍNIO DA INDÚSTRIA PASTORIL AMAZÔNICA

Partindo do princípio de que a carne verde "persistiu no passado brasileiro como um problema de abastecimento dos centros urbanos a desafiar leis, instituições, regimes políticos, doutrinas econômicas, governantes, consumidores e soluções",[1] o presente capítulo objetiva estudar a produção, o desenvolvimento e o "declínio da pecuária" local, destinada ao abastecimento interno, e as questões que o envolveram entre os anos de 1897 a 1909.

Para isso, recorreu-se aos escritos de viajantes, aos relatórios, às mensagens oficiais e à produção historiográfica sobre o tema. É preciso reforçar a ideia de que os discursos contidos nesses documentos refletem claramente os interesses e as articulações dos seus autores, indicando os objetivos das autoridades na direção de suas aspirações.[2]

---

[1] LINHARES, Maria Yedda. Da colônia à sociedade nacional. In: *História do Abastecimento:* uma problemática em questão (1500-1918). Brasília: Binagri, 1979, p. 191-192.

[2] Nesse sentido, é essencial para a pesquisa questionar a ingenuidade dos documentos e as suas intencionalidades, já que "os textos ou os documentos [...], mesmo os aparentemente mais claros e mais complacentes, não falam senão quando sabemos interrogá-los". BLOCH, Marc. A observação histórica. In: *Apologia da História ou o ofício do historiador*. Rio de Janeiro: Zahar, 2001, p. 79. Nessa perspectiva, Carlo Ginzburg discorre ainda que: "Para decifrá-los, devemos aprender a captar por trás da superfície lisa do texto um sutil jogo de ameaças e medos, de ataques e retiradas. Devemos aprender a desembaraçar os fios multicolores que constituíam o emaranhado desses diálogos". GINZBURG, Carlo. O inquisidor como antropólogo. In: GINZBURG, Carlo (org.). *O fio e os rastros:* verdadeiro, falso, fictício. São Paulo: Companhia das Letras, 2007, p. 287.

1.1 "Aos nossos olhos europeus": alimentação dos paraenses nas crônicas de viajantes do século XIX

Após a chegada da Corte no Brasil,[3] desembarcaram inúmeros viajantes estrangeiros, uns buscando conhecer esse "novo mundo", outros ocupados em missões científicas, como Carl Friedrich von Martius, Johann Baptist von Spix e Auguste Saint-Hilaire. Vieram também pintores, dentre os quais se destacam o pintor Jean-Baptist Debret, da Missão Artística Francesa, em 1816, e o pintor alemão Johann Moritz Rugendas, integrante da Missão Científica do Barão de Langsdorff, em 1821. Muitos viajantes se fixaram na cidade do Rio de Janeiro, ocupados na formação dos primeiros centros de pesquisa e de produção de obras de artes, encomendadas por D. Pedro I. Além disso, o monarca estava preocupado com o conhecimento e com a proteção territorial, e desse modo, financiou uma série de expedições científicas e exploratórias para diversas regiões do Brasil.[4]

Assim, os viajantes que estiveram no Norte do Brasil[5] registraram suas observações sobre diversos temas, tais como alimentação, fauna e

---

3   Muito embora não seja preocupação deste livro, é interessante observar que "A vinda da Corte com o enraizamento do Estado português no Centro-Sul daria início à transformação da colônia em metrópole interiorizada. Seria esta a única solução aceitável para as classes dominantes em meio à insegurança que lhes inspiravam as contradições da sociedade colonial, agravadas pelas agitações do constitucionalismo português e pela fermentação mais generalizada no mundo inteiro na época, que a Santa Aliança e a ideologia da contra-revolução na Europa não chegavam a dominar". DIAS, Maria Odila Leite da Silva. A interiorização da metrópole. In: *A interiorização da metrópole e outros estudos*. São Paulo: Alameda, 2005, p. 19.

4   Ver: LIMA, Carolline Carvalho Ramos de. *Os viajantes estrangeiros nos periódicos cariocas (1808-1836)*. São Paulo. Universidade Estadual Paulista Julio de Mesquita Filho – Unesp-Franca. Dissertação em História. 2010.

5   Dentre os principais viajantes, naturalistas, cientistas e pesquisadores que estiveram na Amazônia ao longo do século XIX, destacam-se: John Mawe, Carl Friedrich von Martius, Johann Baptist von Spix, Johann Moritz Rugendas, Hercule Forence, Adam de Bauve, Senhora Langlet-Dufresnoy, Émile Carrey, Auguste-François Biard, Aléxis de Cadoine Gabriac, Georges e Louis Verbrugghe, Charles Wiener, Olivier Ordinaire, Henri-Anatole Coudreau, Albert Vieillerobe, Auguste Plane, Daniel P. Kidder, Alcide D'Orbgny, Henry

flora, população, riquezas naturais e economia de cada região visitada da Amazônia. As descrições são unânimes, ao criticar a alimentação dos moradores de Belém, a importação de víveres e o consumo de gêneros alimentícios da população pobre e da elite paraense.

Compreende-se que esses registros são imprescindíveis para a realização da pesquisa pelo fato de revelarem os alimentos consumidos pelos habitantes da época e a produção de gado no Marajó. E mesmo que suas impressões a respeito da alimentação estivessem condicionadas ao olhar eurocêntrico, os seus registros são importantes para se conhecerem os vários aspectos que se referem ao cotidiano da população belenense.

Sônia Magalhães considera que os registros dos viajantes fornecem importantes descrições na questão dos costumes, dos hábitos e dos comportamentos à mesa dos brasileiros. Mesmo tecendo críticas às práticas alimentares da população, a autora enfatiza que, para os viajantes, "estava bem e era bom o que era igual ou parecido, e o diferente, aquilo que identificava nossa cultura, era sempre depreciado".[6] Certamente eles "cartografaram constantemente os hábitos dos povos na escala da Europa."[7]

Maria Yedda Linhares sugere que os primeiros europeus que estiveram no Brasil na época da colonização foram unânimes em relação à "bondade da terra, a doçura de suas águas, a robustez de seus habitantes e a reinante fartura em peixes, frutas silvestres, legumes, aves, animais e raízes comestíveis que por toda parte se encontravam".[8] Esse fascínio certamente se diluiu a partir das impressões dos viajantes, quase dois

---

Walter Bates, Alfred Russel Wallace, Robert Avé-Lallemant, Luiz Agassiz e Elizabeth Carry Agassiz.

[6] MAGALHÃES, Sônia de. O olhar dos viajantes: os modos dos mineiros à mesa. In: *A mesa com Mariana: produção e consumo de alimentos em Minas Gerais (1750-1850)*. São Paulo: Annablume; Fapesp, 2004, p. 113.

[7] ROCHE, Daniel. O pão, o vinho, o paladar. In: *História das coisas banais:* nascimento do consumo séc. XVII-XIX. Rio de Janeiro: Rocco, 2000, p. 293.

[8] LINHARES, Maria Yedda Leite. A limitação do mercado interno: colônia e metrópole. In: *História do abastecimento: uma problemática em questão (1530-1918)*. Brasília: BINAGRE, 1979, p. 32.

séculos depois da conquista. Em suma, a autora considera que aquelas descrições são fundamentais para o conhecimento físico e cultural da região conquistada pelos portugueses. Apesar disso, deixa claro que:

> são os depoimentos de uma época e da mentalidade de seus homens, reflexos de mitos e fantasias, aspirações satisfeitas e ambições frustradas, revelação de um mundo estranho e desconhecido para onde deveriam convergir as esperanças de enriquecimento de reis e de súditos.[9]

Logo, tais considerações compõem aquilo que Mauro Coelho chamou de imaginário europeu em relação ao Novo Mundo. Para o autor, as impressões e as leituras desses viajantes sofreram alterações com o passar dos séculos, e assim suas colocações convergem para as reflexões de Maria Yedda Linhares. Então,

> No decorrer dos séculos XVII e XVIII, boa parte do que hoje conhecemos como a Amazônia brasileira foi objeto de preocupação e percurso de viajantes europeus. As viagens ocorridas nesse período distinguiam-se das do século XVI. Essas últimas estiveram marcadas pelas primeiras impressões que a América despertou no Velho Mundo. Os relatos formulados durante esses contatos iniciais estão marcados pelo recurso ao maravilhoso, ao lendário, enfim, por aquilo que podemos denominar de imaginário europeu em relação ao Novo Mundo. Algo bem diverso percebe-se nos séculos que se seguem. Ainda que aquele imaginário sobreviva, as viagens concretizadas abandonaram o recurso lendário, ao mítico, ao fantástico, para conhecer a natureza e o homem local, através de critérios e métodos que guardassem cientificidade.[10]

---

9 Op. cit.
10 COELHO, Mauro Cezar. Diários sobre o Cabo Norte: interesses de Estado e relatos de viajantes. In: QUEIROZ, Jonas Marçal de; COELHO, Mauro Cezar. Amazônia: modernização e conflito (séculos XVIII e XIX). Belém: UFPA/NAEA; Macapá: UNIFAP, 2001, p. 23.

Nessa direção, compreende-se que a alimentação da população amazônica passou a ser vista pelos estrangeiros como selvagem e exótica, pois, de acordo com Isabel Braga, a comida dos índios e, posteriormente, a dos recém-chegados negros na região, passou a ser vista com grande desconfiança e até mesmo com aversão por parte da população branca que visitava o Brasil ou aqui se fixava.[11]

Ainda em relação à resistência dos europeus à alimentação local, Cristina Couto registra que a Corte, rejeitando os ingredientes e os hábitos alimentares nativos, recorria à importação de víveres da Europa.[12] Aliás, ao considerar apenas essa possibilidade, ela esquece que "a transferência da Corte para o Rio de Janeiro em 1808 foi, sem dúvida, um transtorno para seus moradores e agravou a situação de fornecimento de gêneros alimentícios".[13]

Existem outros fatores que certamente motivaram a importação para além da rejeição, como as distâncias dos núcleos produtores e a ausência de estradas que os conectassem, as transformações urbanas, a arrecadação de tributos, a abertura dos portos e o aumento demográfico. Diante de todas essas situações, tornou-se necessário importar alimentos.

A esse respeito, Carlos Roberto Antunes escreve que:

---

[11] A autora oferece ainda aos pesquisadores um elenco extraordinário das impressões produzidas pelos viajantes e padres que estiveram no Brasil entre os séculos XVI e XIX. Dentre os principais, destacam-se: Pero Vaz de Caminha, Manuel de Nóbrega, José de Anchieta, Frei Vicente de Salvador, Gabriel Soares de Sousa, Pero Magalhães Gândavo, André Thevet, Claude d'Abville, Ambrosio Fernandes Brandão, Rocha Pitta, entre outros. No limite deste capítulo, ocupou-se somente na consulta dos viajantes do séc. XIX e suas descrições sobre o que comia e como comia a população de Belém. BRAGA, Isabel M. R. Mendes Drumond. Um novo mundo cheio de novos sabores (séculos XV-XVIII). In: *Sabores do Brasil em Portugal*: descobrir e transformar novos alimentos (séculos XVI-XXI). São Paulo: Editora Senac, 2010, p. 80.

[12] COUTO, Cristina. Viagens científicas pelo Brasil: culinária, olhar estrangeiro (1808-1822). In: *Arte de cozinha*: alimentação e dietética em Portugal e no Brasil (séculos XVII-XIX). São Paulo: Editora Senac São Paulo, 2007, p. 93.

[13] LINHARES, 1979. *Op. cit.*, p. 159.

> As crises latentes do sistema colonial, esboçadas no último quartel do século XVIII e concretizadas no início do século XIX, através de eventos como a vinda da Família Real em 1808 e o final do estatuto colonial em 1822 não trouxeram, de imediato, profundas mudanças na estrutura sócio-econômica interna. Tais mudanças imprimidas pelo processo de desenvolvimento do capitalismo internacional vão ocorrer compassadas ainda pela manutenção da estrutura colonial de produção.[14]

Sobre essa questão, Maria Thereza Schorer Petrone destaca, em seu estudo sobre o paulista Antônio da Silva Prado,[15] que a instalação da Família Real no Rio de Janeiro promoveu na cidade uma série de transformações significativas, tornando-a um grande mercado consumidor, o que gerou repercussões na economia do Centro-Sul.

De acordo com a autora, o aumento demográfico da população urbana, as transformações nos hábitos alimentares em decorrência dos estrangeiros que viviam na capital e as melhores condições de vida dos fluminenses,[16] resultantes das alterações vivenciadas a partir de 1808, transformaram a cidade do Rio de Janeiro em centro consumidor sem precedentes no Brasil, tanto que "O comércio de gado de corte, já que a carne era de importância na dieta, obteve, assim, um incremento muito grande".[17]

Alcir Lenharo, ao aprofundar a análise sobre o provimento da Corte entre os anos de 1808-1842, revela as formas de abastecimento da capital e a existência de atravessadores e de monopolistas. Segundo ele, a partir de 1808, a importação de gêneros alimentícios contribuiu para

---

14 SANTOS, Carlos Roberto Antunes dos. O jogo da história: escassez e carestia de alimentos no Paraná, no final do século XVIII e primeira metade do século XIX. In: *História da alimentação no Paraná*. Curitiba: Fundação Cultural, 1995, p. 25.

15 Importante negociante de gado, cafeicultor e político do segundo reinado.

16 Natural do Estado do Rio de Janeiro.

17 PETRONE, Maria Thereza Schorer. Mercados consumidores. In: *O Barão de Iguape*: um empresário da época da independência. São Paulo: Editora Nacional. Brasília, 1976, p. 88.

que o abastecimento mercantil dos produtos destinados ao mercado interno fosse consolidado, tornando a cidade do Rio de Janeiro o "pólo drenador de gêneros de abastecimento do Centro-Sul",[18] em especial sobre o abastecimento de carnes. Assim, recorreu-se aos apontamentos do pastor metodista Daniel Paris Kidder, feitos provavelmente em 1837, quando desembarcou com sua esposa no Rio de Janeiro:

> Calcula-se que só na província do Rio Grande do Sul, sem contar com as regiões de Santa Catarina e de São Paulo também devotadas à pecuária abatem-se quatrocentas mil cabeças de gado por ano (...). A maior parte da carne-seca usada pelo Brasil afora, é preparada no Rio Grande. (...) Quando suficientemente curada, a carne é exportada para todas as províncias marítimas e constitui a única forma de carne conservada que se consome no país. Grandes rolos de carne-seca são acondicionadas nos armazéns do Rio de Janeiro, como pilhas de madeira, emitindo odor não muito agradável.[19]

Este estudo optou pela análise das crônicas dos viajantes que estiveram em Belém ao longo do século XIX, entre eles o mineralogista e comerciante inglês John Mawe, que esteve no Brasil um ano antes da chegada da Família Real, permanecendo aqui até 1811. Ele fornece dados importantes sobre a condição de pobreza da maioria dos habitantes de Belém, impossibilitados de adquirir produtos manufaturados estrangeiros devido ao alto preço de tais produtos, somente acessíveis à elite da cidade. Observava ainda que essa população carente só conseguia comprar gêneros básicos.[20]

---

18 LENHARO, Alcir. O abastecimento da corte após 1808. In: *As tropas da moderação*: o abastecimento da Corte na formação política do Brasil – 1808-1842. São Paulo: Símbolo, 1979, p. 41.

19 KIDDER, Daniel P. capítulo XVII. In: *Reminiscências de viagens e permanências no Brasil* (Rio de Janeiro e Províncias de São Paulo). Brasília: Senado Federal; Conselho Editorial, 2001, p. 232.

20 MAWE, John. *Viagens ao interior do Brasil*. Belo Horizonte: Itatiaia; São Paulo: Edusp, 1978, p. 194.

Em 1815, o monarca bávaro Maximiliano I solicitou da Real Academia de Ciências de Munique, instituição à qual os naturalistas alemães Johan Baptist Von Spix e Carl Friedrich Philip Von Martius estavam ligados, uma viagem científica ao interior da América do Sul, passando por Buenos Aires, Chile, Quito e Caracas, retornando depois para a Europa. Contudo, em função de vários contratempos, os naturalistas foram obrigados a adiar a sua missão científica.

Tal empreendimento só foi possível graças às estreitas relações do Rei Maximiliano I com a Áustria, viabilizando, desse modo, a partida dos naturalistas, no mês de abril de 1817, do porto de Trieste com destino ao Brasil, integrando a comitiva da arquiduquesa austríaca Leopoldina, que viajava ao Brasil para casar-se com D. Pedro I.[21]

No mês junho de 1819, Spix e Martius navegaram rumo a Belém e investigaram durante oito meses as intermediações dos rios Amazonas, Solimões, Negro e Japurá, e retornaram à capital do Pará em abril de 1820. Ao encerrar as suas expedições, voltaram para a Europa.[22] Em suas observações sobre a população do Pará, registraram que o "homem do povo"[23] consumia essencialmente farinha de mandioca, peixe seco e carne salgada, estes últimos produzidos na Ilha do Marajó.

Segundo os viajantes, o peixe fresco não era um alimento comum na mesa da população, e tal crítica ocorreu talvez pela constatação da ausência de recursos voltados para a preservação do pescado fresco, no caso, o gelo, ou da preferência do consumo desse alimento defumado, prevalecendo assim os hábitos indígenas. Na opinião dos viajantes, a carne não era saudável e nem ao menos saborosa, em decorrência dos ataques de mosquitos e de jacarés, bem como por estar o gado sujeito às doenças.

---

21   LISBOA, Karen Macknow. Apresentação. In: *A nova Atlântida de Spix e Martius*: natureza e civilização na *Viagem pelo Brasil* (1817-1820). São Paulo: Hucitec, 1997, p. 21.

22   Ibidem, p. 22.

23   SPIX, J. B; VON MARTIUS, C. F. *Viagem pelo Brasil (1817-1820)*. Vol. III. Belo Horizonte: Itatiaia; São Paulo: Edusp, 1976, p. 19.

Spix e Martius reconheceram no peixe seco, na carne salgada e na farinha de mandioca o trivial da alimentação da população desfavorecida, e a Ilha do Marajó como núcleo produtor de alimentos para a capital. Indicaram ainda que a população humilde consumia como bebida água e cachaça. Essa "água ardente" ou "bebida espirituosa", como era chamada na época, era produzida nos engenhos do estuário amazônico.[24] Já os ricos, degustavam vinhos importados de Portugal e diversos artigos.

Também nos escritos dos naturalistas alemães, encontraram-se denuncias sobre a má qualidade da carne consumida na capital, e que, na opinião deles, estava associada ao transporte precário dos animais da Ilha de Marajó para Belém, já que o gado fazia o percurso em pé ou abatidos nos grandes barcos e sem alimentos suficientes para suprirem as suas necessidades durante as longas viagens, chegando, portanto, em péssimas condições para o abate e consumo. Em um tom de acusação, eles chamavam a atenção da comunidade científica para a especulação praticada pelos intermediários envolvidos nos negócios da carne, para além dos produtores e açougueiros. Na opinião deles:

> Seria, portanto da maior vantagem para os habitantes da capital que o sistema atual, pelo qual o arren-

---

24 Para um estudo mais aprofundado, ver: MARQUES, Fernando Luiz Tavares. *Modelo da agroindústria canavieira colonial no estuário amazônico*: estudo arqueológico de engenhos dos séculos XVIII e XIX. Pontifícia Universidade Católica de Porto Alegre. Instituto de Filosofia e Ciências Humanas. Departamento de História/Programa de Pós-Graduação em História. (Tese de Doutorado). 2004; CHAMBOULEYRON, Rafael. Açúcar, tabaco e o cultivo das drogas. In: *Povoamento, ocupação e agricultura na Amazônia colonial (1640-1706)*. Belém: Ed. Açaí/ Programa de Pós-Graduação em História Social da Amazônia (UFPA/Centro de Memória da Amazônia (UFPA), 2010; CUNHA, Ana Paula Macedo. *Engenhos e engenhocas*: atividade açucareira no Estado do Maranhão e Grão-Pará (1706-1750). Belém: Dissertação de Mestrado (História), UFPA, 2009; FERREIRA, Alex Gaia. *"Descaminhos das canas"*: usos e discursos sobre a aguardente na Amazônia colonial (1700-1750). Belém: Monografia de graduação (História), UFPA, 2008; AMANAJÁS, Wilson. *"Engenhos de açúcar e de aguardente no Pará*. Brasil Açucareiro. Vol. 80, nº 2 (1972); ALGRANTI, Leila Mezan. Aguardente de cana e outras aguardentes: por uma história da produção e do consumo de licores na América portuguesa. In: VÊNANCIO, Renato Pinto; CARNEIRO, Henrique. *Álcool e drogas na história do Brasil*. São Paulo: Alameda; Belo Horizonte: Editora PUC-Minas, 2005.

datário entrega a carne sem outro controle que do preço, fosse substituído por outro, que, pelo melhor trato dado ao gado no pasto e durante o transporte, resultaria em abastecimento de melhor carne.[25]

A propósito da questão do transporte do gado, alguns anos depois, em 1858, o presidente da província, Ambrosio Leitão da Cunha, criticava a forma como era transportado o gado marajoara para a capital. Em sua descrição, revelava a forma cruel como esses animais eram trazidos até serem abatidos no matadouro:

> Depois de uma jornada mais ou menos penosa das fazendas para os portos de embarque, é o gado ahi mettido sem o menor systema em canôas com arranjos acanhados e improprios, e assim transportado para esta cidade, onde chega, por via de regra, sem comer nem beber, no fim de tres ou quatro dias, e as vezes mais se é trazido da contra-costa de Marajó.
>
> Aportando a canôa ao matadouro, ali desembarca o gado de uma maneira selvagem; pois que ordinariamente o obrigão a sahir para terra, dando-lhe tanta pancada quanta seja necessaria para fazel-o vencer o terror que tem de saltar, livrando-se assim das torturas em que o mettem.[26]

Questionou-se as prováveis preocupações do presidente da província com os animais e com as condições pelas quais eram deslocados para a capital. Pressupõe-se que essa denúncia ocultasse um projeto defendido pelo próprio presidente para o transporte da carne do gado marajoara, abatido para o consumo da população, o que fica claro ao longo da narrativa do relatório de Ambrósio Leitão. A referida autoridade tentava justificar a todo o momento, perante os

---

25 SPIX, J. B; VON MARTIUS. 1976. *Op. cit.*, p. 19-20.
26 Relatorio lido pelo ex.mo s.r vice-presidente da provincia, d.r Ambrosio Leitão da Cunha, na abertura da primeira sessão ordinaria da XI. legislatura da Assemblea Legislativa Provincial no dia 15 de agosto de 1858. Pará, Typ. Commercial de Antonio José Rabello Guimarães, 1858. Disponível em: <www.crl.edu/areastudies/LAMP/indez.htm>. Acesso em: 07 ago. 2006, p. 43.

fazendeiros e a população, que o transporte da carne naquelas condições prejudicava a qualidade da mesma.

Conforme o presidente, caso o número de reses desembarcadas no porto de Belém ultrapassasse a demanda de consumo para dois ou três dias, esses animais ficariam em um local aguardando para serem abatidos:

> cercado acanhado e cheio de purida lama sem alimento algum, até que chega sua vez de deixar a vida: que de certo lhe deve ser já bem pesada, com as torturas por que passa, depois que deixa as amenas campinas de Marajó![27]

Pode-se ler nesse fragmento do relatório do presidente o receio de que o transporte de gado em pé resultasse em uma carne de qualidade inferior. Essa colocação, ao ser divulgada, causou relutância da população em consumir a carne vinda do Marajó.

O abastecimento de carne, do modo como era sugerida por Ambrosio Leitão, não oferecia preocupações em relação à qualidade e nem representava prejuízos para os fazendeiros que assistiam aos seus animais definharem nos currais da cidade, portanto, para o presidente, as vantagens eram reais. Nesse sentido e com esse objetivo, ele tentava sensibilizar e conquistar o Conselho Municipal, argumentando que "[...] nunca teremos cousa melhor do que temos, ou pelo menos, não a teremos sem grande sacrificio, em quanto não nos resolvermos a providenciar em ordem a ser o gado trazido morto de Marajó para esta cidade, e exposto immediatamente á venda".[28] Para o presidente, através dessa proposta, a população passaria a consumir carne de boa qualidade, chegando inclusive a ser superior à carne importada das províncias do Sul: "[...] hoje tão invejada aqui",[29] pela população que consome a

---

27   Ibidem, p. 44.
28   Ibidem.
29   Ibidem, p. 44.

carne do gado abatido na capital. Quem experimentou a carne abatida na Ilha do Marajó, atestou uma diferença considerável na qualidade desse alimento.

No relatório de 17 de abril de 1870, o presidente da província, Corrêa de Oliveira posicionava-se a favor da proposta apresentada por Ambrosio Leitão, em 1858, para o abastecimento da capital com carne abatida nas fazendas marajoaras. De acordo com o presidente, a carne verde comercializada na capital era de péssima qualidade, "sendo excelente, como não ha melhor, na ilha da Marajó, onde estão as fazendas de creação e d'onde vem o gado".[30] Corrêa de Oliveira revelava que as opiniões ainda estavam divididas acerca das propostas para a solução desse problema, dentre elas o estabelecimento de um depósito na ilha, de onde viriam, através de barcos a vapor, animais de diversas fazendas localizadas no arquipélago marajoara, facilitando a condução e o fornecimento de reses em quantidade suficiente para o consumo diário dos moradores de Belém. A outra proposta versava sobre a implantação de um matadouro na ilha, ao invés do depósito, sendo o gado transportado abatido, e não em pé.

Por outro lado, o governo abria precedentes para a atuação de marchantes e de intermediários no abastecimento de carne para a cidade, sob o pretexto de "chegar a esta cidade no curto praso de 5 horas excellente carne, que expoz-se á venda, entendo-me para este fim com os negociantes Penna & Filhos".[31]

O presidente da província, Bonifacio de Abreu, publicou, no anexo do relatório de 5 de novembro de 1872, os resultados da avaliação da comissão encarregada de examinar o curro público da cidade. De acordo com essa comissão, havia duas causas que justificariam a queda da qualidade das carnes consumidas pelos habitantes da cidade: a fadiga

---

30 Relatório apresentado à Assembleia Legislativa Provincial pelo presidente João Alfredo Corrêa de Oliveira em 17 de abril de 1870. Disponível em: <www.crl.edu/areastudies/LAMP/indez.htm.>. Acesso em: 07 ago. 2006, p. 51.

31 Idem, p. 52.

e a privação de alimentos aos animais. Esses argumentos coincidiam com os apresentados por Ambrosio Leitão e Corrêa de Oliveira. Consta no documento que os animais eram obrigados a se deslocarem das fazendas marajoaras até os portos de embarque, geralmente distantes das fazendas. Após esse percurso, eram conduzidos, a bordo de batelões, até o matadouro de Belém: "durante a viagem que póde prolongar-se por muitos dias conforme os pontos de partida e os ventos contrarios ou outras causas de demora; o gado permanece privado do alimento".[32] Ao desembarcarem na capital, as reses eram conduzidas para estreitos currais, permanecendo ali por alguns dias, privados de alimentos. Para o administrador público, essa foi uma das causas principais da má qualidade da carne bovina comercializada nos açougues de Belém.

A comissão declarava que, tendo como objetivo melhorar o transporte de gado em pé de longas distâncias até o matadouro, o governo provincial havia contratado o transporte a vapor. Essa comissão julgou, a partir da inspeção, que tal medida poderia solucionar a questão da qualidade e da abundância desse alimento. No entanto, a subvenção de uma empresa de transporte a vapor demandava grande despesa, como também a criação de pastos para os animais descansarem após a viagem, e poderia não trazer os resultados esperados pelo governo por acreditar que

> [...] essa medida tomada pelo governo não passava de meia medida como já se disse e isto admittindo-se como possivel que effectuasse o referido transporte com taes actividade e regularidade beneficiados e assim indefinitivamente, sem nunca faltar o gado necessario ao consumo, nem haver accumulação de bois nos curraes: o que nos parece contrario á idea de toda boa administração, cujas funcções se podem sempre comprehender debaixo das duas rubricas geraes: – prever e prover.

---

32   Relatório apresentado à Assembleia Legislativa Provincial pelo presidente Bonifacio de Abreu em 5 de novembro de 1872. Disponível em: <www.crl.edu/areastudies/LAMP/indez.htm>. Acesso em: 07 ago. 2006, p. 2.

Com effeito applicando este principio ao caso vertente perguntaremos: não seria permittido prever que por um desarranjo no machinismo dos vapores ou mesmo pela negligencia dos seus conductores cessasse por alguns dias o transporte do gado? Exhauste o curro de bois, onde iria a administração buscar os que fossem necessarios ao consumo diario? Que isto aconteça por circumstancias independentes pode-se tolerar, mas que se admitta como regra plausivel não haver provisão de bois no matadouro sufficiente para o consumo de alguns dias, é o que choca a idea que nós formamos de uma administração prudente e solicita pelo bem publico. Portanto a medida tomada pelo governo para ser completa devia ser acompanhada de outra removendo o inconveniente da privação de alimentos que soffre o gado nos curraes; pois que é impossível deixar de ali ter uma provisão sufficiente d'elle para fazer as aventualidades.[33]

Além desses argumentos, os integrantes dessa comissão concluíam que o matadouro público de Belém deveria permanecer na zona litorânea por facilitar o desembarque dos animais. Contudo, precisava ser higienizado a fim de evitar as reclamações da vizinhança sobre o mal cheiro que exalava desse ambiente. Determinava também o estabelecimento de um matadouro em um ponto da costa da ilha que não sofresse com as enchentes e próximo da capital, tendo em vista facilitar o transporte a vapor da carne desses animais. Por fim, esses vapores deviam ser administrados pelos marchantes, que pagariam taxas ao Tesouro da província. Tais providências favoreciam a atuação desses negociantes no mercado de carne de Belém e a formação de monopólios. Também demonstra a relação desses mercadores com o governo e com os outros segmentos econômicos, como a navegação a vapor.

Em 1881, José Coelho da Gama e Abreu escrevia que a alimentação no Pará diante da fertilidade das terras era a pior do Brasil. Para

---

33 *Op. cit.*, p. 4.

ele, a qualidade dos alimentos era prioridade, ao invés do aumento da quantidade de animais. Sobre essa questão, o presidente destacava que a carne consumida pela população era de péssima qualidade, o que se devia à forma como os rebanhos eram criados e transportados à capital.:

> Mas não só pelo augmento em quantidade o deveis olhar, quanto á sua qualidade tambem, especialmente no que respeita á carne, deve elle ser estudado: a carne que comemos é pessima, nem póde deixar de o ser, attendendo que o gado creado livremente, bravio quasi todo, é, depois de caçado em corridas, laçação e arrastado ao ponto de embarque, onde é brutalmente suspenso e atirado d'entro do barco, alli, mal nutrido e mal accommodado, chega esfameado e pisado á cidade, onde novamente suspenso e atirado á agua, é recolhido ao curro, onde não encontra alimentação, e quando a encontra não a acceita, pois que o gado preso ou levado para fora da carência, ordinariamente recusa a alimentação, depois de mais ou menos dias é que é morto, já se vê, em péssimas circumstancias.[34]

De acordo com o presidente, foi nomeada uma comissão para analisar as questões referentes aos problemas da carne verde: "só para o anno apresentaria o seu parecer, e as medidas são de urgencia".[35] Outra comissão foi composta para negociar com os fazendeiros o melhoramento do transporte dos animais, o abatimento das reses na própria Ilha do Marajó e o veto ao animal doente para o abatimento. "Com esta medida se obrigaria pouco a pouco o fazendeiro a melhorar o estado do gado destinado ao talho".[36]

---

34 Relatório apresentado à Assembleia Legislativa Provincial na 2ª sessão da 22ª legislatura em 15 de fevereiro de 1881 pelo exm. sr. dr. José Coelho da Gama e Abreu. Pará, Typ. do Diario de Noticias de Costa & Campbell, 1881. Disponível em: <www.crl.edu/areastudies/LAMP/indez.htm.>. Acesso em: 07 ago. 2006, p. 126.

35 *Ibidem.*

36 GAMA E ABREU, 1881. *Op. cit.*, p. 126.

Para Ambrosio Leitão da Cunha, em 1858, a proposta de abastecer a capital com carne de gado abatida no Marajó era a solução para a manutenção da qualidade desse gênero. No entanto, para José Coelho da Gama e Abreu:

> [...] a matança feita em Marajó, (...) é quanto a mim de difficil realisação, pois depende não só de um curro em cada ponto em que affluisse o gado, pois que um só não bastaria, como de vastos depositos com abundante alimentação em pontos designados aonde os fazendeiros ou marchantes trouxessem o gado; esta administração na ilha de Marajó, em que, segundo a expressão de um antecessor meu, o roubo do gado é industria, seria um novo ramo d'ella a explorar, e demais, para que Ella, se tornasse exequivel, era preciso que marchantes e fazendeiros quizessem isso: mas a estes é mais vantajoso este estado de cousas. Eis porque digo que a matança do gado em Marajó, para ser transportado para a cidade, me parece inexequivel, além de que restaria a segunda questão, a do transporte e vêmos que por motivos em cujo conhecimento não pude bem entrar, a companhia chamada de Marajó, que parecia dever transportar uma avultada quantidade de gado, não o faz, e diz-se que os fazendeiros são os que, não dando gado, concorrem para isto, d'este facto tirai a conclusão para uma tentativa de curros em Marajó, com transporte diario de carne.[37]

Conforme o presidente, tal fato ocorria dentro do domínio dos marchantes e dos fazendeiros na distribuição das carnes. Além do mais, era mais lucrativo aos produtores e aos atravessadores reter o comércio desses animais, pois isso proporcionaria a elevação do preço do boi em pé. Fazia-se necessário, ainda, a construção de depósitos e de curros nas zonas produtoras, além da dinamização dos transportes. Portanto, para esse administrador público, o abastecimento de carne abatida no Marajó era inviável.

---

37 *Op. cit.*, p. 127.

O pronunciamento com que o presidente da província, Tristão de Alencar Araripe, abriu a primeira sessão da Assembleia provincial, no dia 25 de março de 1886, teve como pauta a qualidade da carne destinada ao provimento da população, estabelecendo pontos de convergência com os discursos já apresentados por outros presidentes. Conforme Tristão de Alencar, um dos motivos para esse estado era a falta de estradas que ligassem a capital aos núcleos produtores. Entretanto, como o abastecimento de carne era realizado por via fluvial ou marítima, era preciso ter, nas adjacências do matadouro, um pasto para que os animais pudessem se recompor das duras viagens, porque só assim seria possível obter carne de qualidade para uma população que crescia na cidade "e tão necessitada, pelas condições do clima, de alimentos sãos, como é a d'esta capital".[38]

É certo que o transporte do boi em pé por longas distâncias acarreta diversos problemas, dentre eles a má qualidade da carne,[39] já

---

38 Fala com que o ex.^{mo} sr. Conselheiro Tristão de Alencar Araripe, presidente da província do Pará, abriu a 1ª sessão da 25ª legislatura da Assembleia Provincial no dia 25 de março de 1886. Belém, Typ. do "Diario de Noticias", 1886. Disponível em: <www.crl.edu/areastudies/LAMP/indez.htm.>. Acesso em: 07 ago. 2006, p. 219.

39 Baseado nos discursos presidenciais, Nedaulino Viana da Silveira considera que os principais fatores responsáveis pelas péssimas condições da qualidade da carne foram os frequentes casos de roubos no pasto, as epidemias, o ataque de animais (cobras e onças), a falta de um pasto no curro, tanto em Belém como no Marajó, para o descanso dos animais depois das longas viagens, e o transporte precário. SILVEIRA, Nedaulino Viana da. Belém e o problema de abastecimento local. In: *Santa Maria de Belém do Grão-Pará:* problemática do abastecimento alimentício durante o período áureo da borracha (1850-1920). Dissertação de Mestrado em História. Universidade Federal de Pernambuco. Recife, 1989, p. 83. Em um plano geral, Maria Yedda Linhares escreve que os motivos da carestia, da escassez e da má qualidade das carnes, entre os séculos XVII e XIX, foram geralmente os mesmos, ou seja, as distâncias, a longa e penosa travessia feita pelos animais, as estradas, os transportes, os impostos, os açambarcadores, os marchantes, o monopólio e a indiferença ou conivência do poder público. LINHARES, 1979. *Op. cit.*, p. 192. Acredita-se que a escassez e a carestia da carne verde foram determinadas por discursos políticos, pela intervenção e pela indiferença do poder público em relação ao monopólio e à especulação dos marchantes, favorecidos pela lei da oferta e da demanda. Cabe aqui esclarecer que, no segundo capítulo, serão aprofundados os possíveis motivos que desencadearam os problemas no fornecimento de carne verde.

observado por este livro nos relatórios dos presidentes da província. Pressupõe-se que a condução desses animais vivos provocava, além da morte, doenças, desvio da carga e diminuição considerável da qualidade da carne que seria apresentada à população. Esses fatores reduziam o valor de mercado da carne, afetando a arrecadação de impostos pelo governo. Diante disso, acredita-se que os discursos apresentados pelos presidentes não buscavam somente a melhoria das condições sanitárias e a qualidade da carne consumida pela população, pois, em uma análise de custo e benefício do comércio de gado em pé, essa prática não se justificaria economicamente em relação à negociação dos animais abatidos. Talvez isso justificasse o intenso debate em torno dessa questão nos relatórios provinciais.

Retornando à questão dos viajantes, percebe-se que o tema sobre a carne bovina aparece em suas crônicas em primeiro plano, ocupando um lugar especial nos discursos relacionados à qualidade, ao transporte, à criação e ao abastecimento. As preocupações de Spix e Martius provavelmente foram ouvidas pelos administradores políticos; porém, a questão não é somente a qualidade da carne, mas o controle do mercado e da distribuição desse gênero. É preciso considerar que as descrições do zoólogo Johann Baptist Von Spix e do botânico Carl Friedrich Philipp Von Martius foram norteadas pelos aspectos relacionados à civilização e à natureza, justificando, de tal modo, suas descrições voltadas às características sociais, econômicas e culturais dos habitantes de Belém.

O naturalista francês Alcide Charles Victor Marie Dessalines D'Orbigny, que foi contemporâneo de Charles Darwin, partiu da França em 1826, aos 24 anos, e retornou ao país oito anos depois (1834). Após visitar algumas das províncias do Brasil e de países da América do Sul, escreveu que as únicas enfermidades que se verificavam na cidade eram decorrentes do déficit alimentar, que afligia "as classes inferiores do povo",⁴⁰ a qual consumia basicamente a farinha meio fermentada, o peixe e a carne seca, também consumida pelos índios.

Diante da denúncia do viajante, convém questionar qual era o déficit alimentar da população, nesse contexto, apontado pelo naturalista? Possivelmente as observações negativas relativas ao pouco valor nutritivo dos alimentos consumidos pela população mais pobre fossem fundadas na perspectiva dos valores e dos hábitos alimentares dos países europeus.

Nas anotações de D'Orbigny, têm-se informações de que o peixe, provavelmente salgado ou defumado, era preparado na Ilha do Marajó, onde também se criava o gado vacum, voltado para o abastecimento da capital, o que credenciava a ilha como zona produtora de alimentos. Nesse cenário, o viajante sublinhava que:

> Os bois são levados, vivos, para Belém, ou já transformados em carne seca. Naquela ilha baixa e pantanosa, obrigados a caminhar com a água até o meio da perna, pelo menos durante a metade do ano, os bois são, muitas vezes, atacados pelos jacarés e, sempre, inquietados pelos mosquitos; é natural, assim, que sua carne não seja saborosa nem sadia. Em barcos desprovidos de víveres, chegam ao Pará quase mortos de fome. A bebida da classe inferior é a cachaça; a da classe mais favorecida, o vinho de Portugal.⁴¹

Após o levantamento estatístico da região, realizado em 1832, o militar português Antonio Ladislau Monteiro Baena, na condição de secretário, escreveu o *Ensaio Corográfico sobre a Província do Pará*, o qual foi publicado em 1839.⁴² Nessa obra, ele mostrava que, na primeira meta-

---

40 D'ORBIGNY, Alcide. *Viagem pitoresca através do Brasil*. Belo Horizonte: Ed. Itatiaia; São Paulo: Ed. da Universidade de São Paulo, 1976, p. 77.

41 *Ibidem*, p. 77-78.

42 De acordo com Michelle Rose Menezes de Barros, "Entre tantos viajantes que pelo Grão-Pará passaram e descreveram aspectos de seu povo, costumes e natureza, Antônio Baena se diferencia, por não ser alguém de passagem. Era residente no Pará desde o começo do século XIX, quando veio acompanhando D. Marcos de Noronha e Brito, o Conde dos Arcos.

de do século XIX, não havia na Ilha Grande de Joanes (Ilha do Marajó), preocupações relacionadas à questão veterinária, o que explica a mortalidade dos animais.[43]

Através das informações dos viajantes, percebe-se que as críticas tinham como alvo o transporte do gado, os pastos onde eram criados esses animais, a higiene no processo de abatimento e a distribuição da carne. Não obstante, a Ilha do Marajó era apresentada como o principal núcleo produtor voltado para o abastecimento desse gênero ao longo do período colonial e na transição do século XIX para o XX.

Assim, os ingleses Henry Walter Bates e Alfred Russel Wallace, que chegaram à Amazônia em 1848 e se separaram em 26 de março de 1850, ocupam um lugar de destaque entre os viajantes que estiveram na região, face às suas críticas contundentes aos modos de vida amazônicos.

De início, esses cientistas se utilizaram do recurso comparativo e das teorias evolucionistas para fundamentar suas impressões acerca das regiões investigadas. Márcia Naxara considera que os princípios da evolução, de que muitos naturalistas se ocupavam em estudar – dentre eles Bates e Wallace, na década de 1830 – só passou a ter projeção a partir da publicação da obra *Origens das espécies* de Charles Darwin,[44] em 1859. Para a autora:

> Assim como muitos viajantes, estava a serviço do governo, mas, o que diferencia sua obra de outras tantas que do Pará fizeram seu objeto de instigação é o fato de sua intensa atuação militar e civil na província ao longo de sua vida. Especialmente, numa época em que o lugar do militar tinha seu poder contestado pela Revolução liberal e pela Constituinte e Constituição no Brasil, o trabalho de mapeamento do mundo e sua contagem estatística dependia de militares como Baena". BARROS, Michelle Rose de Menezes de. Introdução. In: *"Germes de grandeza"*: Antonio Landislau Monteiro Baena e a descrição de uma província do norte durante a formação do Império brasileiro (1823-1850). Universidade Federal do Pará. Instituto de Filosofia e Ciências Humanas. Programa de Pós-Graduação em História Social da Amazônia. (Dissertação de Mestrado). 2006, p. 10-11.

43 BAENA, Antônio L. M. *Ensaio Corográfico sobre a Província do Pará*. Brasília: Senado Federal, Conselho Editorial, 2004, p. 107.

44 Charles Darwin revelou que *A origem das espécies*, em 1859, estava em fase de conclusão, necessitando de alguns anos para o seu término, mas estava com a saúde, "[...] longe de ser

[...] tanto Wallace como Darwin foram leitores de Malthus e de Spencer – e A origem das espécies, por sua vez, foi lida pela classe culta da Inglaterra e de outras partes do mundo, tornando-se o cientificismo e a idéia de evolução e progresso, base do pensamento em diversas áreas do conhecimento e vieses do pensamento.[45]

Henry Walter Bates, naturalista e etnólogo inglês, esteve na Amazônia a serviço do Museu de História Natural de Londres, e a sua função era coletar material zoológico e botânico da região, permanecendo no Brasil até 1859. De acordo com o olhar desse viajante, a alimentação e os aluguéis eram baratos, já que, na visão dele, eram poucas as necessidades da população, na medida em que eles se satisfaziam com os alojamentos e comida que seriam recusados até pelos indigentes[46] da Inglaterra.[47]

A visão do viajante sugere uma preocupação com a alimentação em suas múltiplas dimensões, o que possibilita aos pesquisadores analisar e visualizar, no contexto, o cotidiano alimentar da população de Belém. Além disso, deixa evidente a impressão negativa sobre a alimentação urbana da população. Logo, entende-se que a comida é aquilo que é aceito social e culturalmente pelo grupo. Portanto, possivelmente a dieta nativa, por não fazer parte do cardápio dos britânicos, estava

---

boa" e para sua surpresa o naturalista Alfred Russel Wallace, que nesse período estudava a história natural do arquipélago malaio, chegou a conclusões muito próximas das apresentadas por Darwin, obrigando-o a publicar a Origens das espécies." DARWIN, Charles. Introdução. In: *A origem das espécies*. Rio de Janeiro: Ediouro, 2004, p. 17.

45   NAXARA, Márcia Regina Capelari. Sondando origens (in)certas. In: *Cientificismo e sensibilidade romântica:* em busca de um sentido explicativo para o Brasil no século XIX. Brasília: Editora Universidade de Brasília. 2004, p. 59.

46   Na Inglaterra do século XIX, "[...] numerosas ruelas de casas miseráveis entrecruzam-se com as ruas largas das grandes mansões e os belos parques públicos; essas ruelas lotadas de casas abrigam crianças doentias e mulheres andrajosas e semimortas de fome". BRESCIANI, Maria Stella M. A descida aos infernos. In: *Londres e Paris no século XIX*: O espetáculo da pobreza. São Paulo: Brasiliense, 2004, p. 25.

47   BATES, Henry Walter. O Pará. In: *Um naturalista no Rio Amazonas*. Belo Horizonte: Ed. Itatiaia; São Paulo: Ed. Da Universidade de São Paulo, 1979, p. 25.

sujeito a essa rejeição.⁴⁸ Isso se confirma quando Bates escreve que, durante a maior parte do ano de 1850, consumiu carne de tartaruga na cidade de Ega, sendo ela,

> [...] muito macia, saborosa e nutritiva, mas o seu gosto é muito enjoativo, e o resultado é que, mais cedo ou mais tarde, todo mundo acaba por se tornar saturado dela. Fiquei de tal maneira farto dessa carne que ao fim de dois anos não podia suportar nem o cheiro, embora nessa época não houvesse outra carne disponível e eu chegasse a passar fome.⁴⁹

O naturalista Alfred Russel Wallace observou a alimentação do povo e informava que a carne de vaca era praticamente a única que se consumia na cidade, e que o seu aspecto lembrava "[...] nossas carrocinhas que levam carne de cavalo para os canis. Vendo-as, uma pessoa de estômago delicado passa a sentir asco quando nada mais encontra na mesa senão carne de vaca".⁵⁰

Wallace informava ainda que o gado era transportado em canoas da margem oposta do rio, provavelmente do Marajó ou Ilha Mexiana, recusando os alimentos durante a viagem. Dessa forma, perdia grande parcela da gordura " [...] chegando ao destino em precaríssimas condições".⁵¹ Observa-se que a má qualidade das carnes estava novamente associada ao transporte desses animais para a capital, e tal situação foi recorrente ao longo do século XIX. Não obstante esse fato, ele mencionava a forma como o gado era abatido. De acordo com o autor, ao ocorrer esse evento, no mesmo dia em que eram consumidas, não

---

48   O café da manhã dos britânicos é composto por bacon, salsicha, tomate, ovos fritos, feijão e cereal com leite, além de suco de laranja e uma xícara de chá preto, com leite ou açúcar, este café da manhã é rico em proteínas e calorias. Só para ilustrar, sabe-se que os britânicos são ávidos consumidores de carnes, como as de boi, as carneiro e as porco.

49   BATES, 1979. *Op. cit.*, p. 213.

50   WALLACCE. Alfred Russel. Pará. In: *Viagens pelos rios Amazonas e Negro*. Belo Horizonte: Ed. Itatiaia; São Paulo: Ed. da Universidade de São Paulo, 1979, p. 24.

51   *Ibidem*.

havia a preocupação com a higiene e o asseio da carne, pois "As carnes ficam cheias de sangue. Lá pelas seis da manhã podem-se ver as carroças carregadas de carne seguindo para os diversos açougues".[52]

Esse viajante fornece indícios do que seria a alimentação da população branca, dos índios e dos negros. Segundo ele, o acesso ao peixe parecia ser relativamente fácil, mas caro. Provavelmente, tal espécie de peixe fosse o bacalhau,[53] que era importado com grande frequência pelos comerciantes portugueses. A população menos favorecida consumia o peixe seco, pois o fresco,[54] em detrimento das formas de conservação, ficava impróprio para o consumo. Havia também o consumo de carne suína, e os animais eram abatidos aos domingos.

O pão consumido pela população era feito de farinha de trigo importada dos Estados Unidos, e a manteiga era irlandesa ou americana.[55] Além disso, outros produtos eram importados e consumidos pela população branca. O consumo da manteiga importada fornece indícios para a constatação da existência de distinções sociais, em outras palavras, a população mais favorecida economicamente passou a repudiar a manteiga de tartaruga. Parece claro que o desenvolvimento tecnológico,

---

52 Op. cit.

53 No entanto, Bates escreve, em 1859, que o bacalhau salgado era mais barato que o pirarucu, segundo ele, detestável. BATES, 1979. Op. cit., p. 297. Sidiana Macedo apresentas alguns dados sobre a importação do bacalhau no terceiro capítulo de sua dissertação, intitulada *Vende-se manteiga inglesa, bacalhau português, queijos flamengos... Café do rio, dito do Ceará*: os produtos importados e seu consumo em Belém. In: *Daquilo que se come*: uma história do abastecimento e alimentação em Belém (1850-1900). Belém: Instituto de Filosofia e Ciências Humanas, Programa de Pós-Graduação em História Social da Amazônia, Belém, 2009. Dissertação de Mestrado em História.

54 Para maiores informações acerca das espécies de peixes regionais observadas pelo viajante, consultar a obra: TOLEDO-PIZA, Mônica. *Peixes do Rio Negro*: Alfred Russel Wallace. São Paulo: Editora Universidade de São Paulo; Imprensa Oficial do Estado. 2002.

55 De acordo com Bates, "*A farinha de mandioca – o pão local – se tornara tão escassa, cara e ruim que as classes mais pobres estavam passando fome; os que tinha recursos compravam por um alto preço o pão de trigo, feito com farinha americana, da qual eram consumidos 1.200 barris mensalmente. Consequentemente, esse produto se tinha tornado um item muito oneroso para qualquer pessoa que não tivesse uma renda muito elevada*". BATES, 1979. Op. cit., p. 297.

somado ao acelerado processo da urbanização e de industrialização, no âmbito mundial, promoveram novos meios de transporte, a industrialização da produção e a distribuição dos alimentos, as formas de conservação, armazenagem e transporte dos produtos, causando impactos significativos sobre os hábitos alimentares e a cultura culinária local.[56] Esses novos sabores que invadiram a capital do Pará segmentaram a sociedade belenense, revelando diferenças nos produtos consumidos pelos moradores de Belém.

Dessa forma, percebe-se que a importação de uma grande quantidade de barris de manteiga procedente da Inglaterra e da França para o consumo da população paraense afetava a produção e a circulação da manteiga de tartaruga,[57] não apenas entre os anos eleitos para essa pesquisa, pois, desde 1857,[58] observa-se uma significativa diminuição da im-

---

56 CARNEIRO, Henrique. Alimentação contemporânea: industrialização e fast-food. In: *Comida e Sociedade*: Uma história da alimentação. 4ª reimpressão. Rio de Janeiro: Elsevier, 2003, p. 102.

57 Para maiores detalhes ver: SILVA, Fabrício Herbeth Teixeira da. Uma delicia diaria! Transformação nos hábitos alimentares e distinções a partir da manteiga importada em Santa Maria de Belém do Grão-Pará do século XIX. In: *Patrimônio e Cultura Material – Revista Projeto História*. nº 40. São Paulo, EDUC, jun. 2010.

58 Ao consultar o relatório referente a 1857-58, do Vice-Presidente Ambrosio Leitão da Cunha, de 15 de agosto de 1858, constatou-se a importação, por cabotagem, da manteiga no valor de 81. 554,847 mil réis e 11.388.200. Fica claro que a mudança no consumo da manteiga regional tem referência na dinâmica imposta pela economia do látex e pelos novos padrões de consumo. Consta ainda que os município de Santarém e Obidos produziram, cada uma das cidades, um pote de manteiga de tartaruga. Relatório lido pelo Vice-presidente da província Ambrosio Leitão da Cunha na abertura da primeira sessão ordinária da XI legislatura da Assembleia Legislativa Provincial no dia 15 de agosto de 1858, Pará, Typ. Commercial de Antonio José Rabello Guimarães. 1858. Disponível em: <www.crl.edu/areastudies/LAMP/indez.htm.>. Acesso em: 07 ago. 2006, p. 32. No jornal A Província do Pará, no anúncio do dia 25 de janeiro de 1890, observou-se que o leilão do dia 1 de fevereiro coordenado pelo agente Ribeiro, contendo "[...] uma importante consignação de manteiga de superior qualidade em latas de 1 e 2 libras, ditas Bretel, em latas de todos os tamanhos". Esse anúncio também foi encontrado nos dias 20, 22 e 23 do corrente mês. Na terça feira do dia 22 de janeiro, foi encontrado um anúncio referente ao leilão de manteiga Bretel, que ocorreria no dia 24 no armazém J.R Gil & J. C. No dia 24, às 8 horas, ocorreu um leilão de sal inglês, manteiga Bretel, arroz, querosene, louças. No mesmo dia, o agente Ferreira da Silva leiloou manteiga Bretel; nos dias 25, 26, 27, foi publicado o mesmo anúncio. Entre 1897 e 1900 vieram de Genova 1.284

portação para a capital, quiçá por ser a manteiga Bretel industrializada e oriunda de países "civilizados", como revelava os anúncios do jornal da Província do Pará, publicado ao longo da década de 1890, enquanto a manteiga de tartaruga, consumida na região, era fabricada de forma artesanal. Essas inovações, ligadas à alimentação do período contemporâneo, promoveram gradativamente o abandono das técnicas tradicionais de fabricação da manteiga de tartaruga, sendo favorecidas pela modernização da imagem da comida.

Em relação ao processo de produção da manteiga de tartaruga, Daniel Paris Kidder escreveu na década de 1840 que: "Atualmente o numero é menor, não só pela devastação feita sobre os quelônios, como também pelo desenvolvimento da civilização".[59] De acordo com o pastor metodista, os ovos, ainda frescos, eram lançados em uma gamela ou vasilhas similares, depois eram quebrados com um pau e triturados com os pés. Feito isto, adicionava-se água e se expunha ao sol até que aflorasse um óleo, que seria retirado e posto novamente ao sol. Consequentemente, evidenciou-se que a violência praticada contra a natureza em função da produção desse alimento foi imensa, onde se empregavam duzentos e cinquenta milhões de ovos anualmente na produção; por outro lado, parece ser menos agressiva que as rupturas provocadas pela tensão entre a tradição e a inovação no âmbito alimentar.

Segundo Bates, o interior da província era abastecido por manteiga importada: "Raramente nos faltava manteiga em Ega, já que toda embarcação que retornava do Pará trazia dois ou três caixotes desse produto, que era importado em grande quantidade de Liverpool".[60] Quanto à manteiga

---

caixas de manteiga; de Marselha 35 caixas; da Ilha da Madeira 5 caixas; de Ponta Delgada 4 caixas. PARÁ, Governo da Província do. Mensagem do Presidente Augusto Montenegro no dia 10 de Setembro de 1901. Disponível em: <www.crl.edu/areastudies/LAMP/indez.htm>. Acesso em: 07 ago. 2006.

59 KIDDER, Daniel Paris. *Reminiscências de Viagens e Permanências nas Províncias do Norte do Brasil*. Belo Horizonte; São Paulo: Editora Itatiaia; Editora da Universidade de São Paulo, 1980, p. 198.

60 *Op. cit.*, p. 214.

de tartaruga, o viajante declarava que os modos de produção desse gênero eram um "quadro de inimaginável imundície",[61] pois os ovos às vezes eram amassados com os pés por crianças e adultos indígenas totalmente despidos na canoa, e adicionavam água e deixavam ao sol, aguardando o óleo emergir na superfície.[62] Aqui parece ser mais evidente a tensão existente entre as formas tradicionais de produção de manteiga, com os seus conjuntos de saberes e de experiências acumuladas e herdadas, e as inovações e o progresso técnico na indústria da alimentação e os seus valores que modificavam o comportamento do homem em relação ao consumo.

O resultado dessas maneiras rudimentares de fabricação da manteiga não condiziam com os padrões de elegância, de requinte e de distinção relativos à nova ordem social que se impunha no cotidiano de

---

61   BATES, 1979. *Op. cit.*, p. 242.

62   Bates também faz referência à ação predatória sobre esses animais a partir da coleta dos ovos: "A destruição de ovos de tartaruga realizada dessa maneira todos os anos é espantosa. Pelo menos 6.000 jarros, contendo cada um três galões de óleo, são exportados anualmente do Alto Amazonas e do Madeira para o Pará, onde ele é usado para iluminação, fritura de peixe e outros fins. Calcula-se que outros 2.000 jarros, aproximadamente, são consumidos pelos habitantes dos vilarejos à beira do rio. Convém saber que são necessários pelo menos doze cestos de ovos, ou cerca de 6.000, para se obter um jarro de óleo pelo ruinoso processo adotado pelos índios. O número total de ovos destruídos anualmente atinge, por conseguinte, 48.000.000. uma vez que cada tartaruga põe cerca de 120 ovos, chegamos à conclusão de que, anualmente, 400.000 filhotes deixam, assim, de ser gerados. Todavia, é vasto o número de ovos que não chegam a ser encontrados, e esses, provavelmente, seriam suficientes para manter em equilíbrio a população das tartarugas em todos esses rios, se o povo da região tivesse o imprevidente costume de ficar à espera do nascimento dos seus filhotes para capturá-los aos milhares e comê-los. Sua carne tenra e os restos de gema que permanecem em suas estranhas são considerados uma fina iguaria. Os maiores inimigos naturais da tartaruga são as aves de rapina e os jacarés, os quais devoram os filhotes recém-saídos do ovo quando descem em massa para a água. Em outros tempos, antes que os colonos europeus começassem a se apropriar dos ovos, esses predadores provavelmente destruíam uma quantidade de filhotes infinitamente maior do que agora. Não seria difícil acreditar que essa destruição natural tenha impedido a proliferação das tartarugas tão eficazmente quanto a matança atual organizada pelo homem. Mas se formos dar crédito ao que reza a tradição indígena, não foi isso o que aconteceu, pois, segundo eles, nos primeiros tempos, tantas eram as tartarugas na água quanto os mosquitos no ar. A opinião geral dos colonos do Alto-Amazonas é que o número de tartarugas decresceu extraordinariamente, e a cada ano diminui ainda mais". *Ibidem*, p. 242.

Belém. Por outro lado, a exposição da manteiga Bretel nas prateleiras do comércio de alimentos não abria espaço para a manteiga de tartaruga. O consumo da manteiga industrializada não implicava apenas à transformação dos hábitos e dos costumes alimentares. Seu impacto refletia-se diretamente no saber fazer e no conhecimento aplicado à produção desse gênero alimentício. Consta no romance histórico *O missionário*, de Inglês de Sousa que:

> Pela primeira vez na vida, Macário conhecera o bem-estar dum estômago repleto. O pão fresco, barrado de manteiga inglesa de barril, revelara-lhe delícias gastronômicas, de que seu paladar exigente nunca mais se saciara, encontrando sempre uma novidade saborosa naquela combinação vulgar.[63]

Sobre as transformações ocorridas no consumo alimentar, Massimo Montanari reconhece que as tradições alimentares e as gastronômicas não são estáticas, mas sensíveis às mudanças, às imitações e às influências externas.[64] Admite-se, a partir dessa leitura, que as práticas e os hábitos relacionados à alimentação da população urbana de Belém do final do XIX e princípio do século XX eram passíveis de assimilações e das inovações, por mais conservadores que fossem, uma vez que estavam no processo de intensas transformações no cenário mundial, incorporando novos significados aos alimentos e prescrevendo os modos e as condutas à mesa.

No caso da capital paraense, essa prática foi favorecida pela introdução da navegação a vapor do rio Amazonas, em 1852 – organizada por Irineu Evangelista de Souza, Barão de Mauá – e, em 1867, sua abertura às nações amigas, transportando nos navios da Companhia

---

63 SOUSA, Inglês de. *O Missionário*. 2 ed. São Paulo: Editora Ática, 1991, p. 15.
64 MONTANARI, Massimo. A cozinha, lugar da identidade e das trocas. In: _____. (Org.) *O mundo na cozinha*: história, identidade, trocas. São Paulo: Estação Liberdade; Senac, 2009, p. 12.

de Navegação e de Comércio do Amazonas (1853)[65] grande quantidade de produtos alimentícios básicos e de luxo de outras nações, sendo mais rápido que os meios de transportes terrestres e evitando que tais produtos se estragassem ao longo da viagem. Deste modo, o consumo desses produtos passou a representar um indicador social, símbolo de distinção e de prestígio social.

Revisitando as impressões de Wallace, os índios e os negros se alimentavam de farinha, de arroz, de peixe de água salgada e de frutas, ou seja, alimentos de produção local. Fazia-se também um caldo ou mingau de farinha, acrescido de peixe, de pimentão, de banana, de laranja e de açaí. Essa era a alimentação de uma parcela significativa da população urbana, bem diferente da alimentação dos viajantes:

> Quanto ao nosso cardápio, este compreendia café, chá, manteiga, carne de vaca, arroz, abóbora, bananas e laranjas. Isidoro era um bom cozinheiro e preparava toda sorte de assados e guisados para completar nossa cota diária de bifes duros. E quanto às bananas e laranjas, nós achávamos deliciosas. Por isso, quando chegávamos em casa com o apetite despertado por nossas perambulações pela floresta, não tínhamos nada de que nos queixar.[66]

O viajante, além de informar sobre o cardápio diário que lhe era oferecido, observava a dieta da população urbana e revelava o que negros, índios e brancos consumiam. Tais impressões sugeriam a existência de hierarquias sociais a partir do consumo de determinados gêneros alimentícios. Para Pierre Bourdieu, o processo de diferenciação social no campo do consumo ocorre pela diferenciação entre o gosto de luxo (liberdade) e os gostos de necessidade. Os primeiros são os indivíduos possuidores de capital e distantes das necessidades, enquanto os demais

---

65 GREGÓRIO, Vitor Marcos. Os debates de 1853 no parlamento. In: *Uma face de Jano*: A navegação do rio Amazonas e a formação do Estado brasileiro (1838-1867). São Paulo, Universidade de São Paulo-USP. Dissertação de mestrado em história. 2008, p. 60-63.

66 *Ibidem*.

adaptam as necessidades às condições.[67] A ideia de gosto, segundo o autor, é tipicamente burguesa, por supor a liberdade de escolhas.

Ao analisar-se o trecho de Wallace, apresentado em passagem anterior e sob a influência das leituras de Luciana Marinho, chega-se à conclusão de que havia distinções sociais determinadas pelo tipo de alimentação da população de Belém. Segundo Marinho, as categorias da população branca, índios e negros não se restringem à cor, mas à condição social. Portanto, "é plausível que as diferenças expostas entre tais grupos, relativas aos seus padrões alimentares, estivessem ligadas a cultura de consumo distinto",[68] já que o que se come é mais importante do que quando se come, onde se come, como se come e com quem se come.[69]

O viajante e pintor francês August François Biard partiu de Londres em 5 abril de 1858, ignorando as advertências de alguns amigos, que temiam os perigos do Brasil, decorrentes de um imaginário europeu alimentado por lendas e por mitos dos primeiros conquistadores.[70] Chegou a Belém em 9 de julho de 1859, vindo de São Luis do Maranhão. Ainda em São Luis, anota o viajante: "Refleti: onde ia eu afinal? Ao Pará? Fazer o que, se diziam que por lá não havia lugar para hospedagem?".[71] Preso às noções de modernidade, de progresso e de civilização próprias do seu contexto e advertências, quando da sua partida, August François Biard se surpreende com a existência de um hotel na cidade, e anota: "havia, então,

---

67 BOURDIEU, Pierre. O habitus e o espaço dos estilos de vida. In: *A distinção*: crítica social do julgamento. 1ª reimpr. São Paulo: Edusp; Porto Alegre, RS: Zouk, 2008, p. 168-169.

68 MARINHO, Luciana. As formas de acumulação e a economia da Borracha no Grão-Pará, 1840-1870. In: FIGUEIREDO, Aldrin Moura de; ALVES, Moema de Barcelar (Org.). *Tesouros da Memória*: história e patrimônio no Grão-Pará. Belém: Ministério da Fazenda – Gerencia Regional de Administração no Pará/ Museu de Arte de Belém, 2009, p. 131.

69 CARNEIRO, 2003. *Op. cit.*, p. 2.

70 Segundo o viajante, o único a apoiar tal empreitada foi o seu sapateiro, que lhe pediu para efetuar uma cobrança ao figurão chamado Bourbon.

71 BIARD, F. *Dois anos no Brasil*. Série 5ª. volume 244. São Paulo: Companhia Editora Nacional. Brasiliana, 1945, p. 154.

um hotel!".[72] Porém, segundo o viajante, era caro e estava aquém dos seus padrões de conforto.[73] Nas impressões do viajante, "[...] a entrada do hotel era uma espécie de cozinha servida por gente tão suja e pálida que tive receio e que se tratassem de pessoas atacadas por febre amarela."[74]

Para o pintor francês, a "febre amarela" provocou um estado de emagrecimento e de palidez tão crítico na população a ponto de chamá-los de fantasmas. Ele observava esses espectros, que vagavam pelas ruas da cidade e que haviam lhe "causado impressão desagradabilíssima, não eram doentes como julgara".[75]

Na verdade, eram imigrantes portugueses, provavelmente dos Açores ou da Ilha da Madeira, uma vez que, de acordo com o viajante, eles eram das ilhas, e seus aspectos físicos provinham da parcimônia dos seus recursos financeiros, ao evitar gastos supérfluos, economizando até na alimentação, chegando a consumir apenas bananas, o que veio a lhes provocar anemia. Ainda assim, não se deve abrir mão do pressuposto de que esse grupo de imigrantes provavelmente encontrou dificuldades em se adaptar aos hábitos e aos costumes alimentares locais, ou que teriam tentado preservar as suas tradições alimentares nesse novo ambiente.

Quando do encontro com o cônsul francês, o viajante registrou que seu compatriota lhe pareceu bastante magro e pálido, provavelmente pelas restrições alimentares, constatações que se confirmavam no jantar

---

72   *Op. cit.*, p. 155.

73   Sobre os hotéis da cidade, Robert Ave-Lallemant escrevia, em 1859, que uma coisa havia o horrorizado na cidade de Belém, quando da sua visita a Pernambuco. Indicaram ao alemão o melhor hotel existente na capital paraense, mas "Quando transpus a porta, recuei, apavorado; parecia exatamente um desses albergues portugueses, os cortiços do Rio. Sujidade e um cheiro repelente me causaram positivamente náuseas. Fora esse, não havia outro hotel na cidade, pelo menos nenhum melhor!". AVÉ-LALLEMANT, Robert. *No Rio Amazonas (1859)*. Belo Horizonte: Ed. Itatiaia; São Paulo: Ed. da Universidade de São Paulo, 1980, p. 29.

74   BIARD, 1945. *Op. cit.*, p. 156.

75   *Ibidem*, p. 158.

que lhe fora oferecido: "O jantar, como esperava, não foi precisamente bom: a cozinha portuguêsa reduzida a sua mais simples expressão".[76]

A propósito da alimentação, ele comentava que era aconselhável realizar as compras bem cedo, pois, com o avançar do tempo, tornava-se difícil encontrar gêneros alimentícios de qualidade, principalmente a carne. No ano de 1859, as inundações destruíram grande quantidade dos rebanhos da Ilha do Marajó, e tal fato promoveu um impacto na dieta dos franceses que residiam em Belém. Sob tais circunstâncias, de falta de feijão e de carne seca, "os franceses, habituados a outro regime, viram-se obrigados a comer conservas muito caras, como tudo quanto vem da Europa ou dos Estados Unidos".[77] Observa-se novamente o papel importante da Ilha do Marajó no abastecimento da capital, agora na segunda metade do século XIX.

Na manhã de 7 de junho de 1859, chegava a Santa Maria de Belém do Pará, o alemão Robert Avé-Lallemant. Ele foi um observador atento de produtos típicos da região, como o açaí e o seu papel na dieta da população. Suas impressões divergem das do casal Agassiz, a propósito desse alimento, pois registra que "na primeira prova, achei logo muito saboroso, perfeitamente comparável com o das nossas cerejas pretas".[78] Ele conta que, no aparente silêncio das ruas da cidade e sob o calor do meio-dia, ouvia-se constantemente: "Açaí-i!, Açaí-i-si!".[79] A venda da fruta nas ruas da cidade era feita através dos ruidosos pregões dos vendedores. É interessante observar que, para o viajante, o açaí[80] era o

---

76   BIARD, 1945. *Op. cit.*, p. 157.

77   *Ibidem*. p. 167-168.

78   AVÉ-LALLEMANT, Robert. *No Rio Amazonas (1859)*. Belo Horizonte: Ed. Itatiaia; São Paulo: Ed. da Universidade de São Paulo, 1980, p. 35.

79   AVÉ-LALLEMANT, 1908. *Op. cit.*, p. 34.

80   Ver: TOCANTINS, Leandro. O açaí e o tacacá. In: *Santa Maria de Belém do Grão Pará*: Instantes e evocações da cidade. 2 ed. Rio de Janeiro: Civilização Brasileira; Brasília: INL, 1976; CASCUDO, Luis da Câmara. Açaí, a bebida do Pará. In: CASCUDO, Luis da Câmara (Org.). *Antologia da Alimentação no Brasil*. Rio de Janeiro: Livros Técnicos e Científicos, 1977.

principal alimento do povo, oferecido por vendedores ambulantes que percorriam as ruas da cidade.

Interessante é a sua observação: "Esse molho cor de vinho é na margem do Rio Pará exatamente o mesmo que o mate no Rio Grande do Sul e nas repúblicas espanholas, o café fraco para as mulheres no Norte e o chá para as damas histéricas".[81] Independentemente do horário, o povo consome esse alimento, e o seu fornecimento é proveniente das vargens dos rios vizinhos que vão até a cidade, como os rios Guamá, Moju e da Ilha do Marajó.

De fato, o alimento pode revelar os aspectos mais íntimos da sociedade e daquele que o ingere. Eventualmente, o aforismo[82] clássico de Brillat-Savarin: "Dize-me o que comes e te direi quem és",[83] pode ter sido conhecido pelo alemão, pois Brillat-Savarin foi, a partir do século XIX, o principal nome que discutia as etiquetas e as normas de conduta à mesa. Sua obra *Fisiologia do Gosto* é considerada a certidão de nascimento da gastronomia. Portanto, pode ter servido de inspiração para Robert Avé-Lallemant ao escrever: "O homem transforma-se por fim naquilo que come. Quem comeu sempre e por muito tempo açaí e pirarucu, toma a natureza da euterpe e desse peixe; torna-se verdadeiro filho do rio, uma criatura da água, respirando com pulmões".[84]

---

81 AVÉ-LALLEMANT, 1908. *Op. cit.*, p. 34.

82 A reflexão de Robert Avé-Lallemant converge para as observações de Massimo Montanari sobre o aforismo de Brilat-Savarin: "Dize-me o que comes e te direi quem és". *Quando Anthelme Brilat-Savarin escrevia essas palavras (Fisiologia del gusto [Fisiologia do gosto], 1826), a sua perspectiva era principalmente psicológica e comportamental: o modo de comer revela a personalidade e o caráter de um indivíduo. Mas, colocada numa perspectiva histórica, a frase assume significados mais amplos, de natureza social (coletiva), mais que individual. A qualidade da comida é, de fato, entendida pelas culturas tradicionais como expressão direta de pertencimento social. Em ambas as direções: o modo de se alimentar deriva de determinado pertencimento social e ao mesmo tempo o revela*. MONTANARI, Massimo. ...e o quê. In: *Comida como cultura*. São Paulo: Editora Senac São Paulo, 2008, p. 125.

83 SAVARIN, Brillat. *A fisiologia do gosto*. Tradutor Paulo Neves. São Paulo: Companhia das Letras, 1995, p. 15.

84 AVÉ-LALLEMANT, 1980. *Op. cit.*, p. 56.

Então, "quem vai ao Pará, parou, tomou açaí, ficou!"[85] "Assim me aconteceu, com o açaí. Quanto mais o comia, tanto maior era a atração sentida pela enorme bacia fluvial do equador; e preparei, impaciente o que me era necessário para a viajem no Rio Amazonas, a fim de gozar, durante semanas ou meses, o rio e seu mundo de palmeiras".[86]

O ditado popular "quem vai ao Pará, parou" sinaliza claramente a opinião do alemão sobre o açaí e o Pará. Ele se distancia por um momento dos discursos de carência alimentar recorrente entre os outros autores, por outro lado, estava fundamentado no imaginário europeu, que vê no homem amazônico um ser exótico, incorporado ao universo natural e dependente desse universo, ou seja, homem/natureza.

Jean Louis Rodolphe Agassiz, zoólogo e geógrafo suíço, chegou em 11 de agosto de 1866 à província do Pará, e registrou que "Quem vai ao Pará, parou... Bebeu assai, ficou".[87] Louis Agassiz residiu, durante sua estada em Belém, em uma chácara. Referindo-se às senhoras que ali moravam, observou que: "me fazem conhecer a famosa bebida extraída dos frutos da palmeira assai".[88] O autor, em seu texto, fornece informações sobre a preparação da bebida, e a propósito, registra suas impressões: "O gosto é enjoativo, mas dá um prato muito delicado quando se lhe ajunta um pouco de açúcar e 'farinha d'água'".[89] Conclui que todas as pessoas, independentemente de classes sociais, são apaixonadas pela bebida. Convém lembrar que o gosto faz parte do patrimônio cultural das sociedades, portanto é um produto cultural, fruto de uma realidade

---

85   Conforme Bates, "Os paraenses, que têm plena consciência dos encantos de sua terra, gostam de citar um provérbio aliterante, "Quem vai para o Pará, pára", e muitas vezes fiquei convicto de que eu iria servir para comprovar a veracidade dessa frase". BATES, 1979. *Op. cit.*, p. 298.

86   AVÉ-LALLEMANT, 1980. *Op. cit.*, p. 56.

87   AGASSIZ, Luiz; AGASSIZ, Elizabeth Carry. *Viagem ao Brasil-1865-1866*. São Paulo: Companhia Editora Nacional, 1938, p. 188.

88   *Ibidem, ibidem.*

89   *Ibidem.*

coletiva, em que as predileções não são definidas pelo instinto sensorial da língua, mas pelo cérebro.[90]

É pertinente destacar que o casal Agassiz teve total apoio, em sua expedição ao Pará, do presidente da província Dr. Couto de Magalhães[91] e do Imperador do Brasil, quando excursionaram às outras províncias. Em relação ao abastecimento, escreve o casal: "O abastecimento é abaixo de medíocre em sua variedade; ha pouca coisa a ver".[92] De modo geral, esses viajantes se impressionaram com a produção, a variedade e o consumo de alimentos, quando da sua passagem pela capital da província, identificando, a partir de sua ótica, um problema no abastecimento, mas em função dos seus padrões e hábitos alimentares.

Agassiz também descreve os bailes e os jantares que frequentaram, no período em que com a esposa esteve na capital do Amazonas, deixando registros sobre a presença de equipamentos domésticos utilizados de acordo com suas funções. A respeito, anotaram, por exemplo: "Não se tratava mais de utensílios improvisados – chícaras de chá servindo de copo e barricas vazias, de cadeiras; – temos um cosinheiro, um copeiro, uma terrina de prata, facas e garfos para todos".[93] Isso revela também o processo de individualização e a crescente preocupação com a higiene, como também a surpresa dos viajantes com a intimidade da população com esses utensílios.

---

90   MONTANARI, Massimo. o gosto é um produto cultural. In: *Comida como cultura*. São Paulo: Editora Senac São Paulo, 2008, p. 95.

91   De acordo com o casal Agassiz: "O Dr. Couto de Magalhães não se cansou de prodigalizar a Agassiz, durante a nossa estadia no Amazonas, atenções de toda sorte. Não esqueceu nenhum dos meios que estavam a seu alcance para assegurar o sucesso da expedição. A consideravel coleção feita sob a sua direção, durante a nossa viagem ao Alto-Amazonas, aumentará no mais alto gráu a importância dos seus resultados cientificos. Quando o Sr. Couto soube que o sr. Ward, um dos nossos jovens companheiros, descia o Tocantins, enviou ao seu encontro uma canôa e um guia; à sua chegada ao Pará, hospedou-o em casa dele e aí o reteve durante todo o tempo que passou nessa cidade." AGASSIZ, 1938. *Op. cit.*, p. 190.

92   *Ibidem*, p. 190.

93   *Ibidem*, p. 325.

Durante o baile realizado em homenagem a Tavares Bastos,[94] os Agassiz expõem suas observações sobre o jantar servido. Informam que nos intervalos das danças circulam, entre os convidados, bandejas com doces e com xícaras de chá, e por volta da meia noite, a ceia é servida de acordo com normas de etiqueta e de boas maneiras. Sobre o banquete, escreveram que foram advertidos nos Estados Unidos e no Rio de Janeiro –quando anunciaram que realizariam uma viagem à Amazônia – em relação aos perigos e às privações. Portanto, não imaginavam encontrar em Manaus banquetes com "o inteiro conforto, quasi diria o perfeito luxo, que testemunhamos nessa ocasião".[95] E continua:

> Não havia, na verdade, nem gelo, coisa pouco facil de se obter neste clima, nem champanha; essas duas excepções eram, no emtanto, sobejamente compensadas por uma profusão de frutas tropicais que em outro lugar qualquer não se conseguiria por preço algum: ananazes enormes, abacates verdes e vermelhos, pitangas côr de púrpura, atas (frutas de conde), abios, sapotis, bananas das mais disputadas especies, bem como grande variedade de maracujás (os frutos da Passiflora).[96]

Para eles, o *glamour* não foi completo na ocasião em função da ausência de gelo e de champanhes,[97] porém, foram compensados por frutas que jamais poderiam se obter por valor algum em qualquer outro lugar. Por mais que os gêneros alimentícios importados fossem, nesse contexto,

---

94 Aurélio Cândido Tavares Bastos foi advogado, jornalista e político. Sua carreira política esteve marcada pela preocupação com as questões da escravidão, da imigração, a livre navegação do rio Amazonas, da educação e da religião.

95 AGASSIZ, 1938. *Op. cit.*, p. 358.

96 *Ibidem*, p. 358-359.

97 Para o Barão de Santa-Anna Nery, intelectual paraense radicado no Amazonas, caso Louis Agassiz ressuscitasse, iria se surpreenderia ao se deparar com duas fábricas de gelo em Manaus e as marcas mais famosas de champagnes sendo servidas nos banquetes, isso na década de 1880. NERY, Frederico José de Santana, Barão de Santa-Anna. *O País das Amazonas*. Belo Horizonte: Editora Itatiaia; São Paulo: Editora da Universidade de São Paulo. 1981, p. 112.

requisitos fundamentais de elegância e de civilização, influenciando o consumo da população abastada, foi a delicadeza e a policromia das frutas que triunfou no baile, o que estabelece uma relação com a proposta de gosto reformado do século XVIII, em que o olhar destrona o nariz.[98]

Na obra *O País das Amazonas*, de 1885, escrita pelo intelectual paraense, ligado à monarquia e sócio do Instituto Histórico e Geográfico Brasileiro – IHGB, Frederico José de Santa-Anna Nery, ou Barão de Santa-Anna Nery, um dos principais divulgadores da região no exterior e porta-voz dos interesses da elite Amazônica,[99] há o registro de que a mesa das classes ricas da Amazônia equivale à de qualquer outro povo, sendo tão farta quanto o solo da região.[100] Deste modo, percebe-se que as refeições dos grupos abastados apresentavam como característica a abundância e não a elegância, o refinamento e os códigos de boas

---

98   Para Piero Camporesi: "Nas mesas do século XVIII domina uma inédita ratio convivalis, a ordem geométrica e a razão matemática: a multiplicidade dos pratos subtende a leveza das substâncias e a variedade dos sabores é representada pela variação das cores. O olho, destrona o nariz, favorece e exalta a policromia do desfile, o minueto das taças, o baile das iguarias. Policromia e miniaturização fundem-se no concerto bem-temperado da refeição como numa graciosa frase musical. A tudo dominam o aparato geral, a ordem e a disciplina harmônica que presidem à meditada passagem dos pratos e à promenade matizada, visivelmente apetecível, elaborada para o exigente prazer da vista. O olho torna-se a ponta aguda do gosto mais sutil, a estrutura sensível concedida à medida, à avaliação morfológica feita a distância: o olho, o menos confidencial e menos abandonado dos sentidos, tudo registra fria e impassivelmente, nada deixando escapar, enquanto desliza inconstante e imparcial sobre as superfícies coloridas – sem explorar o intérieur, sem cheirar ou tocar a alma escondida das substâncias". CAMPORESI, Piero. A ciência de saber viver. In: *Hedonismo e exotismo:* a arte de saber viver na época das luzes. São Paulo: Editora da Unesp, 1996, p. 13.

99   Para maiores detalhes sobre o Barão de Santa-Anna Nery, ver: COELHO, Anna Carolina de Abreu. *Santa-Anna Nery*: Um propagandista "Voluntario da Amazônia" (1883-1901) Belém. Dissertação de Mestrado, Programa de Pós-Graduação em História Social da Amazônia. Universidade Federal do Pará, 2007.

100   NERY, 1981. *Op. cit.*, p. 111.

maneiras à mesa,[101] que permitiam distinguir os grupos sociais que almejavam civilizar-se.[102]

Ao comparar os registros de Spix e Martius feitos no século XIX com os apontamentos e as observações de outros estrangeiros que viajaram pelo Norte, como D'Orbigny, Wallace e Bates, percebe-se como as indicações de Spix e Martius norteiam e confirmam as observações de viagens. Conforme os registros deixados pelos viajantes, percebe-se que, durante o século XIX, o tripé da alimentação da população desfavorecida economicamente foi a carne seca, o peixe seco e a farinha de mandioca; já a dos abastados, foram os gêneros importados. Sabe-se ainda que a carne bovina teve uma importância significativa na base da alimentação popular ao longo do XIX, sendo ela consumida fresca ou seca.

Deve-se observar que as descrições dos hábitos e das práticas alimentares da população do período e uma série de informações registradas pelos viajantes foram feitas no contexto observado entre os anos

---

101 ROMAGNOLI, Daniela. *Guarda no sii vilan*: as boas maneiras à mesa. In: FLANDRIN, Jean-Louis, MONTANARI, Massimo. *História da alimentação*. São Paulo: Estação Liberdade. 1996, p. 496.

102 Sobre essa questão, é pertinente observar as reflexões de Pierre Bourdieu: "A maneira de apresentar a alimentação e de consumi-la, a ordem da refeição e a disposição dos lugares, estritamente diferenciados segundo a sequência das iguarias e dispostos para agradar a vista, a própria apresentação dos pratos, considerados tanto em sua composição segundo a forma e a cor à maneira de obras de artes, quanto em sua simples substância consumível, a etiqueta orientando a conduta, a atitude, a maneira de servir ou de se servir e de utilizar diferentes utensílios, a distribuição dos convidados, submetida a princípios bastante estritos, mas sempre eufemísticos, de hierarquização, a censura imposta a todas as manifestações corporais do ato (como ruídos) ou do prazer de comer (como a precipitação), o próprio requinte das coisas consumidas, cuja qualidade prevalece em relação à quantidade – eis o que é verdadeiro tanto para o vinho, quanto para as iguarias -, todo este expediente de estilização tende a deslocar a ênfase da substância e a função em direção à forma e à maneira; por conseguinte, é negada ou, melhor ainda, denegada a realidade, grosseiramente material, do ato de consumo e das coisas consumidas ou, o que dá no mesmo, a grosseria vilmente material daqueles que se abandonam às satisfações imediatas do consumo alimentar, forma por excelência da simples *aisthesis*". BOURDIEU, Pierre. O habitus e o espaço dos estilos de vida. In: *A distinção*: crítica social do julgamento. 1ª reimpr. São Paulo: Edusp; Porto Alegre, RS: Zouk, 2008, p. 187.

iniciais do século XIX, portanto devem ser aceitas como dados para o pesquisador a partir do reconhecimento de que as impressões denunciam o olhar do viajante sob a perspectiva europeia,[103] que comparavam os diferentes hábitos e os costumes alimentares em seus registros, criando uma imagem para a alimentação dos moradores da capital. Nessa perspectiva, Ana Maria Mauad acrescenta:

> Para o viajante, a impressão causada pelo olhar é a que fica, fornecendo o estatuto de verdade ao relato. O fato de ele ter estado presente, de ter sido a testemunha ocular de um evento, ou de um hábito cotidiano qualquer, garante à sua narrativa o teor incontestável.[104]

Os discursos, os julgamentos e os posicionamentos políticos de alguns presidentes da província em relação à alimentação ocorreram por serem eles naturais de outras regiões e estarem presos às ideologias de progresso e a preceitos de civilização no limiar do século XIX e no alvorecer do XX. Quanto aos administradores públicos nascidos no Pará, alguns realizaram seus estudos fora de Belém, a exemplo de José Coelho da Gama e Abreu, o qual teve a sua formação acadêmica em Lisboa, isto é, pautada nos princípios de progresso, dos desenvolvimentos tecnológico e industrial, ocorridos no mundo europeu. Em certa medida, constatou-se que alguns presidentes do Pará cursaram direito na Faculdade do Largo São Francisco[105] no período em que a

---

103 UGARTE, Auxiliomar Silva. Margens míticas: a Amazônia no imaginário europeu do século XVI. In: DEL PRIORE, Mary; SANTOS, Flávio dos (org.). *Os senhores dos rios*: Amazônia, margens e história. Rio de Janeiro: Elsevier; Campus, 2003, p. 03-31.

104 MAUAD, Ana Maria. Imagem e auto-imagem do segundo reinado. In: *História da Vida no Brasil*: Império – a corte e a modernidade nacional. Coordenador geral da coleção Fernando Novais; organizador do 2º vol. Luiz Felipe de Alencastro. São Paulo: Companhia das Letras. 1997, p. 185.

105 Dentre os presidentes da província do Pará que cursaram Direito no Largo de São Francisco, estão Francisco de Araújo Brusque, natural de Porto Alegre e presidente entre os anos de 1861-1863, José Vieira Couto de Magalhães (Diamantina 1864-1866), João Silveira de Souza (Desterro 1884-1885) e Tristão de Alencar Araripe (Icó 1885-1886). Outros presidentes

cidade de São Paulo vivenciava o processo de urbanização e a adoção de costumes cosmopolitas, em especial no consumo de novos alimentos,[106] justificando os olhares indiferentes daqueles administradores acerca da alimentação da população de Belém.

1.2 A produção de carne verde e o mercado interno de Belém: do apogeu ao declínio da produção paraense

> "[...] Os pobres, como as feras, dotados de um faro prodigioso, vinham de longe em busca das carnes que sangravam nos galhos."
> (Dalcídio Jurandir Marajó p. 199).

A julgar pelas impressões dos viajantes, a Ilha do Marajó, nos anos iniciais do século XIX, foi o principal núcleo produtor de carne voltado para o abastecimento de Belém, embora outras regiões fossem fornecedoras de carne bovina para o consumo, como a região do Prata, do Nordeste (Ceará e Piauí) e do Baixo Amazonas, o que acirrava a concorrência com o produto originário da Ilha de Marajó. Entretanto, é importante perceber que, da mesma forma que se desenhou uma imagem da Ilha do Marajó[107]

---

cursaram direito na Faculdade de Olinda (1828) que depois foi transferida para Recife, dentre eles: José Bento da Cunha Figueiredo (Barra do São Francisco 1868-1869), João Capistrano Bandeira de Melo Filho (Olinda 1876-1878), João Antônio de Araújo Freitas Henriques (Salvador 1886) e Joaquim da Costa Barradas (Maranhão 1886-1887).

106 Segundo Joana Monteleone, "Desde a inauguração do curso de Direito, no Largo São Francisco, em 1828, o cotidiano da cidade se alterara. Primeiro chegaram os poucos estudantes, em turmas de dez, quinze alunos, muitos provenientes de diversos lugares do Brasil. Depois, montou-se uma aparelhagem urbana para, em grande parte, atendê-los. Abriram-se os bilhares, as estalagens, as pensões, as tavernas e os bordéis frequentados pelos estudantes [...]. Eram eles, no final das contas, os maiores frequentadores dos lugares de recreação e lazer inaugurados nesse período". MONTELEONE, Joana. Tavernas, estalagens e casas de pasto. In: *Sabores urbanos:* Alimentação, sociabilidade e consumo (São Paulo 1828-1910). Universidade de São Paulo-USP. Dissertação em História. 2008.

107 Para o oficial do exército Vieira Barroso, a Ilha do Marajó, antes de ser chamada por esse nome, foi denominada de Ilha Grande Joanes, em decorrência do seu conquistador Vicente Yanez Pinson, pois fazia parte do costume da época dar ao local encontrado o nome do seu descobridor ou santo do dia. BARROSO, Vieira. Fundação da Cidade de Belém. In: *Marajó:*

como principal núcleo produtor de carne da região, os presidentes projetaram outra imagem, ainda que deformada, de decadência da indústria pastoril local, atribuindo como causas desse estado os furtos, as enchentes, as doenças e a má qualidade do transporte. Diante dos discursos das autoridades e da produção historiográfica, acredita-se que, no período selecionado para esse estudo, não houve uma crise generalizada na produção de carne para o abastecimento da população.

Cabe aqui perguntar: qual o papel da Ilha do Marajó na produção e no abastecimento de gado para Belém? Além dessa questão, é importante considerar a ausência de pesquisas sobre o mercado de abastecimento interno, que iriam auxiliar a discussão e a análise dessa questão.[108]

Convém destacar ainda que a Ilha do Marajó está localizada na foz do rio Amazonas, sendo a maior ilha flúvio-marinha do mundo, com mais de 50 mil quilômetros quadrados, distribuída em campos naturais, zonas de mata, praias, rios e mar. É formada pelos municípios de Afuá, Chaves, Santa Cruz do Arari, Salvaterra, Soure, Cachoeira do Arari, Ponta de Pedras, Muaná, São Sebastião da Boa Vista, Curralinho, Breves, Portel, Bagre, Melgaço, Gurupá e Anajás.

Os municípios marajoaras que abasteciam o mercado belenense ao longo do período selecionado para essa pesquisa e indicados pelas fontes são as cidades de Chaves, Soure, Cachoeira do Arari, Muaná e Breves. Esses municípios estão dispostos nessa imensa ilha, conforme o mapa (Imagem I).

Estudo Etnográfico, Geográfico e Histórico sobre a grandiosa Ilha da foz do Amazonas. Rio de Janeiro. Ministério da Guerra – Biblioteca do Exercito: Companhia Editora Americana. 1954, p. 101.

108 A esse respeito, lembra José Roberto do Amaral Lapa que: "Conhecer a organização do comércio interno, a articulação ou simples desdobramentos entre produtores e comerciantes, o financiamento e lucros, as firmas comerciais e manufatureiras, as unidades de produção agrícola, o transporte e os atravessadores, a estocagem e perecimento dos produtos, as crises e reações do mercado, a distribuição e equilíbrio, a especulação e os preços, é o que nos falta". LAPA, José Roberto do Amaral. O mercado interno colonial. In: *O antigo sistema colonial*. São Paulo: Brasiliense, 1982, p. 44.

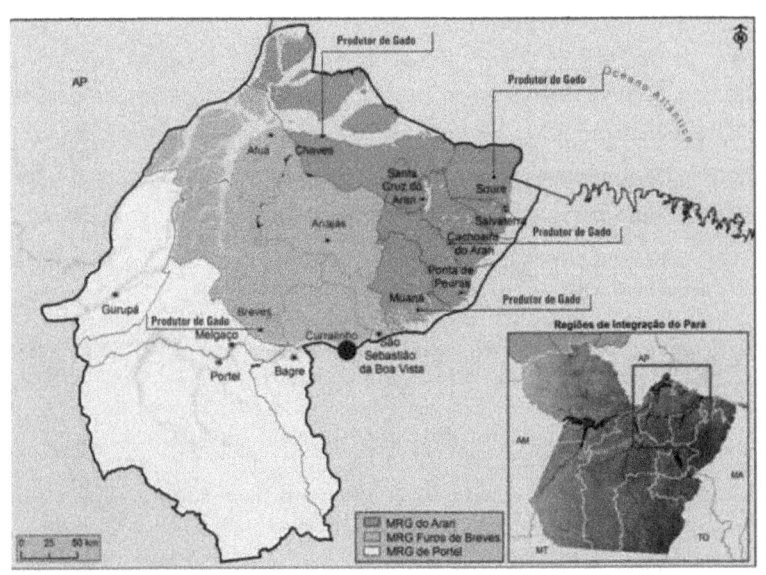

Imagem 1 – Mapa da Ilha do Marajó

Mapa adaptado pelo autor desta dissertação a partir da fonte disponível em: <http://ceamcurralinho.blogspot.com>. Acesso em: 21 abr. 2011.

1.2.1 O desenvolvimento e o apogeu da atividade pastoril na Ilha do Marajó

Por meio do material consultado, foi possível observar inúmeras referências sobre a importância da criação de gado na Ilha do Marajó,[109] sugerindo a existência de uma produção interna de carne verde voltada

---

[109] De acordo com Tristão de Alencar Araripe: "Existem em toda a provincia cerca de 600 fazendas de creação de gado vaccum, sendo a ilha de Marajó o maior empório d'essa industria em toda a provincia.
Apezar da grande quantidade de gado que contém essa vastissima ilha, e dá, não pequena quantidade das numerosas fazendas existentes, principalmente nas comarcas de Monte-Alegre, Santarem, e Obidos, um kilo de carne fresca custa na capital da provincia 700 rs., sendo em geral mais caro nas cidades e villas do interior.
Isso prova que a offerta está ainda muito longe de corresponder á procura, o que vale dizer que a industria pastoril é uma das mais vantajosas entre as muitas industrias muito vantajosas da provincia; tanto mais quando esta contém pastagens tão vastas quanto excellentes.

para o mercado interno. Para Eliane Soares, a Ilha do Marajó, na condição de grande produtor de gado, fez com que a agricultura[110] ficasse à margem da história da ilha.[111]

A respeito da criação de gado no período colonial, Francisco Teixeira escreve que, perante a rentabilidade dos negócios da pecuária, tal fato estimulou a criação de novos núcleos produtores de gado.[112] Entretanto, a inserção de novas regiões produtoras nesse mercado, tomando como parâmetro a Ilha do Marajó, ocasionava, nesse sistema,

---

O gado cavallar é creado em muito menor escala, pelo que o preço de um cavallo regular é sempre muito alto.

O gado suino, tão facil tão facil de crear em qualquer ponto da provincia, é tambem vendido por preço exorbitante, custando um kilo de carne de porco de 800 a 1$000 rs. na capital e mais do que isso nas cidades, villas e freguezias do interior.

O gado ovelhum é tambem sempre vendido por alto preço em toda a provincia.

O mesmo se deve dizer do gado cabrum, que é mais caro em qualquer localidade do Pará do que em qualquer provincia do imperio.

Assim, o elevado preço dos differentes gados n'esta provincia são o melhor argumento a favor da industria pastoril n'ella". PARÁ. Presidente da Província. Tristão de Alencar Araripe. *Dados estatísticos e informações para os imigrantes*. Belém: Typ. do Diário de Notícias, 1886, p. 129-130.

110 Para Rafael Chambouleyron, "A questão da agricultura e a relação entre extrativismo têm sido um tema central no debate em relação à ocupação econômica da Amazônia, no período colonial e até mesmo hoje, quando se põe em questão a matriz de desenvolvimento da região. Em relação ao século XVII, embora a historiografia não indique a existência de uma reflexão sistemática sobre a agricultura no pensamento político-econômico português, não há dúvida que a agricultura assumia um papel central ao se pensar o lugar das conquistas". CHAMBOULEYRON, Rafael. Açúcar, tabaco e o cultivo das drogas. In: *Povoamento, ocupação e agricultura na Amazônia colonial (1640-1706)*. Belém: Ed. Açaí/Programa de Pós-Graduação em História Social da Amazônia (UFPA)/Centro de Memória da Amazônia, 2010, p. 121. Francisco Iglésias escreve no prefácio da obra "História da agricultura brasileira" que era espantoso o fato de um país como o Brasil que até pouco tempo havia sido quase que exclusivamente agrícola, não tenha aprofundado os estudos sobre esse tema. IGLÉSIAS, Francisco. Prefacio. In: LINHARES, Maria Yedda; SILVA, Francisco Carlos Teixeira da. *História da Agricultura brasileira*: combates e controvérsias. São Paulo: Brasiliense, 1981, p. 8.

111 SOARES, Eliane Cristina Lopes. Vaqueiros e roceiros armados. In: *Roceiros e vaqueiros na Ilha Grande de Joanes no período colonial*. Belém: NAEA/UFPA, 2002. (Dissertação de Mestrado), p. 101.

112 SILVA, Francisco Carlos Teixeira da. Pecuária, agricultura de alimentos e recursos naturais no Brasil-Colônia. In: SZMRECSÁNYI, Tomás (Org.). *História econômica do período colonial*. 2. ed. revista. São Paulo: Hucitec/ Associação Brasileira de pesquisadores em história econômica/ Editora da Universidade de São Paulo/ Imprensa Oficial, 2002, p. 154.

a flutuação dos preços do gado e o crescimento da atividade pastoril, favorecendo a ocorrência de crises. Conforme o autor, o fato do Marajó abastecer as vilas e os povoados do Pará a partir de 1765, desestruturou os criatórios localizados ao longo do rio Parnaíba.

Dessa forma, a Ilha do Marajó, como produtora local, tornava o sistema de abastecimento vulnerável, mesmo estando sujeita à importação de gado dos tradicionais fornecedores (Parnaíba) a preços elevados, quando a ilha era assolada pelos invernos rigorosos que dizimavam grandes quantidades de animais.[113]

De acordo com Maria Yedda Linhares, as cidades de Belém e São Luís alcançaram o seu desenvolvimento, na segunda metade do XVIII, por meio da Companhia de Comércio do Grão-Pará e Maranhão. Diante desse processo, coube ao Piauí, através do porto de Parnaíba, abastecer as duas cidades com carne, uma vez que as secas ocorridas no Ceará, grande fornecedor de gado bovino para a capital paraense, afetaram significativamente o seu rebanho.[114]

Para Caio Prado Júnior, havia, no início do século XIX, três grandes zonas produtoras de gado bovino. Entre elas estavam os sertões do Norte, a parte meridional de Minas Gerais e as planícies do Sul, incluindo os Campos Gerais (Paraná) e Rio Grande.[115] As outras zonas criadoras ocupavam um lugar marginal, inclusive a Ilha do Marajó. Provavelmente tal afirmação do autor ocorre pelo grande mercado consumidor que se formou nas cidades mineiras, proveniente do desenvolvimento da mineração, o que justificava a concentração da atividade pecuária nas regiões já apontadas, objetivando o abastecimento de Minas Gerais.

---

113 SILVA, 2002. *Op. cit.*, p. 154-155.
114 LINHARES, 1981. *Op. cit.*, p. 114.
115 JÚNIOR, Caio Prado. Vida material. In: *Formação do Brasil contemporâneo*: colônia. 7 reimp. 23 ed. São Paulo: Brasiliense, 2004, p. 189.

Apesar disso, a Ilha Grande de Joanes foi, desde a sua conquista, uma região estratégica para a criação de gado em grandes propriedades. De acordo com Cleodir Moraes, as primeiras fazendas da ilha pertenciam às missões religiosas, em especial à companhia de Jesus. No ano de 1702, o domínio missionário foi abalado pela concorrência com outros fazendeiros, motivados pelos sucessos dos padres nessa atividade pecuária.[116] Para Moraes, as propriedades criatórias do Marajó foram parte integrante da política econômica do governo metropolitano, a fim de explorar, de forma racional, os recursos naturais da região e garantir a ocupação da terra contra as ameaças iminentes de invasão[117] estrangeira.[118]

A partir da expulsão das ordens religiosas da Amazônia, em meados do século XVIII, as fazendas marajoaras passaram a ser administradas por particulares, como as famílias Bezerra, os Chermont, os Lobato, os Miranda e os Montenegro, e que formaram as principais elites econômicas e políticas do Pará.[119]

Manuel Barata, político republicano, intelectual associado ao Instituto Histórico e Geográfico Brasileiro e abolicionista paraense, pode constatar, a partir de apontamento do naturalista Alexandre

---

116 MORAES, Cleodir da Conceição. Gabriel José Quaresma: mulato, escravo e vaqueiro. In: NEVES, Fernando Arthur de Freitas; LIMA, Maria Roseane Pinto. (Org.). *Faces da História da Amazônia*. Belém: Paka-Tatu, 2006, p. 309.

117 Sobre a questão das ameaças de invasão estrangeira na região amazônica, é interessante observar o que escreve Vieira Barroso: "Fundada a cidade de Santa Maria de Belém, trataram os colonizadores de conquistar as terras vizinhas para a coroa de Portugal. Assim é que tendo conhecimento da permanência de franceses, irlandeses, inglêses e holandeses na foz do Amazonas, saíram expedições com o fim de desalojá-los de suas fortalezas e expulsá-los para o mar.
No dia 10 de março de 1632 aporta em Belém do Pará, Feliciano Coelho Carvalho, com ordens de seu pai, de igual nome e governador do Grão-Pará, para que organizasse uma emprêsa militar a fim de expulsar os estrangeiros que porventura ainda se encontrassem na embocadura do rio Mar." BARROSO, 1954. *Op. cit.*, p. 115

118 CLEODIR, 2006. *Op. cit.*, p. 310.

119 WEINSTEIN, Barbara. Antes da expansão. In: *A borracha na Amazônia:* Expansão e decadência. (1850-1920). São Paulo: Hucitec/Edusp, 1993, p. 58.

Rodrigues Ferreira, que em 1644, provenientes das Ilhas de Cabo Verde, vieram as primeiras cabeças de gado vacum[120] para a capital paraense. Anos depois, em 1680, foram estabelecidas as primeiras fazendas na Ilha Joanes, "que vem a ser como ainda é hoje, o centro mais importante da criação de gado".[121] Portanto, para o autor, a Ilha do Marajó foi o grande polo produtor de gado até 1915, quando da publicação da sua obra. Cabe ressaltar ainda, que a primeira fazenda da ilha foi edificada pelo carpinteiro de ofíci, Francisco Rodrigues Pereira, na margem esquerda do rio Arari (1680).

Algum tempo depois da fundação da fazenda na ilha, Francisco Rodrigues Pereira inaugurou outras fazendas, situadas em área acima da primeira, sendo elas: a Cachoeira, Pau Grande, Santa Rita, Curral de Meios, S. Joaquim e o Lago do Patá. Em 1696, os frades mercedários, os do Carmo, jesuítas e particulares, passaram também a criar gado.

Dentre os particulares estavam Manuel Alvares Roxo, André Corsinho Pereira, Antonio Furtado de Mendonça, Domingos Monteiro de Noronha, Manuel Barbosa Martins, Antonio Francisco Porfelix, Lourenço Ferreira de Moraes, André Fernandes Gavino, Florentino da Silveira Frade.[122] É importante destacar que a família Frade veio a se tornar uma das linhagens mais importantes do Pará.[123]

Assim, para Rosa Elizabeth Acevedo Marin, as principais famílias que formavam a classe dominante do Pará, e que estavam envolvidas com as primeiras lutas pela independência, eram latifundiárias (proprietários de engenho, mão de obra escrava e pecuaristas) do

---

120 Refere-se ao rebanho de gado constituído por: bois, vacas e novilhos.

121 BARATA, Manuel. *A antiga produção e exportação do Pará*: estudo histórico-econômico. Belém: Typ. da livraria Gillet & Tavares & Comp. 1915, p. 38.

122 BARATA, 1915. *Op. cit.*, p. 40.

123 Para uma análise mais aprofundada, ver: BATISTA, Luciana Marinho. Em busca das diferenças: elites, alianças, administração provincial e hierarquia social. In: *Muito além dos seringais*: elites, fortunas e hierarquias no Grão-Pará, c. 1850 – c. 1870. Rio de Janeiro: Programa de Pós-Graduação em História Social do Instituto de Filosofia e Ciências Sociais da Universidade Federal do Rio de Janeiro, 2004. Dissertação de Mestrado em História.

século XIX e meados do século XX, descendiam diretamente de militares, de funcionários públicos e colonos que haviam se instalado na região desde o período colonial. Dentre as famílias, encontram-se os Pombo, Chermont, Ayres, Correa de Lacerda, Rozo Cardoso e Moraes Bittancourt, os Rodrigues Martins e Frade. Segundo a autora:

> Convém ainda lembrar a família FRADE, proprietários da fazenda e engenho São Marçal, no rio Arari em Marajó. Florentino da Silveira Frade tinha sido Inspetor Geral da ilha em meados do século XVIII, ocasião em que se beneficiou com nada menos do que quatro sesmarias.[124]

É pertinente acentuar que as terras marajoaras, em sua quase totalidade, são compostas por planícies e por pastos naturais, ambientes ideais para a prática criatória de gado. Eliane Soares revela que o governo determinou, no ano de 1702, a transferência das reses da capital e adjacências para o Marajó. Conforme a autora, isso atuava como um incentivo à criação de gado e à consequente colonização da região, coincidindo com a reflexão de Cleodir Moraes.[125]

Apesar da existência de campos próprios para a pastagem dos animais, Caio Prado Júnior declarava que a escolha da Ilha do Marajó, como zona produtora de gado ocorreu exclusivamente pela falta de alternativas, ou seja, não havia outro local próprio para essa atividade nesta "região florestal e semi-aquática da bacia amazônica";[126] Contudo, o autor, ao considerar a Ilha do Marajó como a zona produtora de gado, não faz referência à atividade de criação de gado bovino nos campos do

---

[124] MARIN, Rosa Acevedo. As alianças matrimoniais na alta sociedade paraense no século XIX. In: *Revista Estudos Econômicos*. 15 (N.º Especial), São Paulo: Instituto de Pesquisas Econômicas da Faculdade de Economia e Administração da Universidade de São Paulo (IPE-USP). 1985, p. 158.

[125] SOARES, Eliane Cristina Lopes. O processo de ocupação colonial e a formação das elites locais. In: *"Família, compadrio e relações de poder no Marajó (séculos XVIII e XIX)"*. Tese de doutorado em História. São Paulo: Pontifícia Universidade Católica de São Paulo – PUC/SP. 2010, p. 42-43.

[126] JÚNIOR, 2004. *Op. cit.*, p. 209.

Baixo Amazonas e Macapá. Os apontamentos de Caio Prado mostram certo apego aos discursos oficiais do contexto, sendo questionável a sua análise acerca da indústria pecuária paraense por tomar como referência as regiões Sul e Sudeste do país, marcadas pela corrida do ouro, pela necessidade e pelos constantes problemas de abastecimento de alimentos em Minas Gerais.

É importante destacar que Leandro Tocantins acreditava que, por meio das características físicas predominantes no nordeste da Ilha do Marajó, o conquistador europeu logo saberia qual atividade instalar ali; em outras palavras, a existência de pastos naturais favorecia a criação de gado. Por outro lado, esse autor se esquecia de que a Ilha do Marajó, em certos períodos do ano, sofre com enchentes, levando ao morticínio de inúmeras cabeças de gado. Em contraste com os apontamentos de Caio Prado sobre a ausência de opções para o estabelecimento de fazendas criatórias de gado na Amazônia, observa-se que:

> Os extensos campos que se desdobram por mais da metade da superfície da ilha, tinham que servir de base ao pastoreio, como expressão, também, das próprias necessidades alimentares do núcleo urbano que se expandia à sombra do Forte Presépio de Belém.[127]

Portanto, é possível dizer que, diante das condições geográficas encontradas na ilha, a demanda por carne na capital para o provimento da população foi fator predominante para que a Ilha do Marajó fosse assinalada como "criatório, que provê a cidade de Belém de seu principal alimento diário".[128]

No rastro da observação de Leandro Tocantins, Vieira Barroso sugere novas leituras para essa questão. Para o autor, o governo havia constatado, naquela época, que o gado se aclimatava perfeitamente a

---

127 TOCANTINS, Leandro. Campos e currais. In: *O Rio comanda a vida*: uma interpretação da Amazônia. 8 ed. Rio de Janeiro: Record, 1988, p. 89.

128 TOCANTINS, 1988. *Op. cit.*, p. 89.

essa ilha, ficando determinado que todo gado fosse enviado para ela, tendo como objetivo intensificar a produção e ainda, colonizar essa região, o que ocorreu no ano de 1703.[129]

De acordo com Caio Prado Júnior, o Marajó abastecia uma significativa parcela da população, que vivia nos centros coloniais localizados ao longo da foz do Rio Amazonas, ao tratar da introdução do gado na região, da criação das primeiras fazendas e sua expansão. Esse autor apresenta alguns dados, já informados neste capítulo e que foram extraídos da obra de Manuel Barata. Tal fato aconteceu porque esses autores consultaram a obra do naturalista Alexandre Rodrigues Ferreira, intitulada "Notícias históricas da Ilha Grande de Joanes ou Marajó, Pará 1783", porém chegaram a conclusões diferentes. Deste modo, Caio Prado informa:

> O gado foi aí introduzido no séc. XVII, tendo-se organizado a primeira fazenda regular em 1692. Em 1750 havia na ilha 480.000 cabeças; em 1783, o número de fazendas era de 153, atingindo em 1803, 226, com 500.000 cabeças.[130]

Para ele, esses dados não revelavam um progresso na produção bovina, talvez por considerar somente aquelas três regiões apresentadas anteriormente, como ponta de lança da produção pastoril da época, deixando à margem a Ilha do Marajó. Possivelmente por ser um trabalho que se propunha a ser geral, incorra em determinismo e generalizações.

Por outro lado, Caio Prado considera que o desenvolvimento pecuário da ilha não avançava em função das precárias condições em que os animais eram criados, pois, nos períodos de cheias, as reses estavam sujeitas a pastar nos campos inundados. Nessas condições, os bezerros nascidos morriam afogados quase que naturalmente.[131]

---

129 BARROSO, 1954. *Op. cit.*, p. 218.
130 JÚNIOR, 2004. *Op. cit.*, p. 209.
131 JÚNIOR, 2004. *Op. cit.*, p. 210.

Semelhantemente às observações dos viajantes já apresentados, Caio Prado escreve que o rebanho era vítima dos ataques de piranhas e de jacarés, sendo um empecilho ao desenvolvimento da pecuária e para o fornecimento de carne com qualidade a uma população de aproximadamente 13 mil habitantes, no ano de 1828, com um consumo de 11 mil cabeças de gado.[132] É preciso considerar que o crescimento populacional gerava, além de outros problemas, o aumento na demanda por comida, em um momento em que era possível perceber certo equilíbrio entre o aumento demográfico da população de Belém e o consumo de carne.

Em uma visão contrária à do autor do clássico *Formação do Brasil Contemporâneo*, porém guardando as devidas ressalvas por serem oficiais as fontes consultadas, parece que a quantidade de cabeças de gado existentes nas fazendas jesuítas do ano de 1761 era superior a 100 mil animais. Nas sete fazendas da ordem, havia, nesse período, um total de 134.465 animais, segundo Eliane Soares, baseada em documento do Arquivo Público do Estado do Pará.[133]

Alguns anos antes, em 1756, Floriano Silveira Frade, inspetor da ilha, informava ao governador que havia, naquele ano, 400 mil cabeças de gado no Marajó.[134] Parece ter havido um aumento considerável no ano de 1783 em comparação ao de 1761. De acordo com Manuel Barata, em 1783, as fazendas de gado vacum e cavalar[135] eram 153, subindo em 1803, para 226 fazendas, com cerca de 500 mil animais.[136] Todavia, houve um decréscimo, nos anos 20 do século XIX, em função da baixa cotação do gênero no mercado local.[137] Esse número impressionante de fazendas e de animais precisam ser analisados com cuidado, pois eles

---

132 *Ibidem*, p. 186.
133 SOARES, 2010. *Op. cit.*, p. 43.
134 BARATA, 1915. *Op. cit.*, p. 42.
135 Entende-se por gado cavalar ou equino o rebanho constituído por cavalos.
136 BARATA, 1915. *Op. cit.*, p. 43.
137 MORAES, 2006. *Op. cit.*, p. 311.

representam um discurso de abundância formalmente institucionalizado pelo poder público, que visava a diversificar a economia da região para além da borracha, na medida em que Manoel Barata, além de ocupar os cargos anteriormente apresentados, foi presidente do Conselho Municipal de Belém no final do século XIX (1899).

Sobre a crise da pecuária ocorrida em 1820, mencionada em passagem anterior, Maria Thereza revela que essa crise foi provocada não somente pela baixa cotação das reses no mercado interno. De acordo com a autora, o regresso de D. João VI a Portugal, em 1821, gerou uma grande retirada de moedas de circulação, assim "o comércio de gado sofre tremendamente com as repercussões da falta de moeda",[138] recuperando-se parcialmente com a independência do Brasil. É provável que a falta de moeda em circulação provocasse prejuízos aos consumidores, por elevar o preço desse alimento e por causar a redução dos investimentos na indústria pastoril.

Pela pesquisa dos referidos autores, pode-se constatar que essas fazendas dão a dimensão do potencial produtivo da Ilha do Marajó. Entre os anos de 1825 e 1827, foram talhados nos açougues da cidade cerca de 31.730 animais, aproximadamente 10.576 reses por ano. No ano de 1828, foram talhados 11.037 bois, quase 32 animais por dia, oscilando sempre para mais, de acordo com Manuel Barata, e atendendo à necessidade de 12.500 a 13 mil habitantes.[139] Esses dados tendem a confirmar uma proposta de fartura de carne e a expressiva produção interna desse alimento para os anos iniciais do século XIX. Diante dessas informações, a carne ocupava um lugar de destaque na mesa dos moradores da cidade, muito embora não se possa afirmar que o consumo de carne verde, nesse contexto, ficou restrito à população abastada, apesar de esse alimento custar em torno de 1$120 réis a arroba no açougue da Câmara e nos demais açougues – dentre eles o do inglês e dos fazendeiros –, 1$280

---

138 PETRONE, 1976. *Op. cit.*, p. 28.

139 BARATA, 1915. *Op. cit.*, p. 45.

a arroba entre os anos de 1825-1827, e em 1858 passou a custar 2$000 réis o quilo,[140] mais caro que o bacalhau, que custava, no mesmo período, 800 réis. Provavelmente havia alternativas e mecanismos para a população desfavorecida economicamente consumir a carne.

O Exmo Sr. General Visconde de Maracajú, presidente da província do Pará em 7 de janeiro de 1884, pronunciava, na seção extraordinária da assembleia, que a Ilha do Marajó possuía gado suficiente para o abastecimento da população da capital. De acordo com o presidente, mediante os investimentos necessários à indústria pastoril da província, não seria mais necessário importar o gado de outras regiões.[141] É interessante observar que, mesmo a oferta estando ajustada à demanda, o governo insistia em manter uma política de importação, portanto, é preciso refletir até que ponto a escassez afetou a dieta da população e como a tal insistência resolveria esse problema, sabendo-se que a importação atendia às necessidades imediatas da população e não solucionava o problema do abastecimento de carne.

Diante do exposto, ficou claro que existia uma importação de carne de outros lugares, sendo ela anterior ao período estudado. Contudo, ao adentrar a segunda metade do século XIX, parece que diversos fatores motivaram a importação de gado de outras regiões, fazendo com que a Ilha do Marajó perdesse a sua função de principal núcleo produtor da Amazônia. É pertinente ressaltar que os discursos oficiais sobre a necessidade de investimentos para modernizar e desenvolver a pecuária paraense têm relação com o desenvolvimento tecnológico decorrente da Revolução Industrial no âmbito da produção e consumo.

---

140   Em relação à flutuação do preço da carne, Manuel Barata destaca que "Em 1854 o preço maximo era de 120 réis, taxado por uma lei daquelle anno, que foi revogada em 1858, subindo então a 160 réis; e foi subindo gradualmente, até o custo de 2$000 por kilogramma, que depois baixou ao actual, oscillante entre 1$500, 1$200 e 1$000, sempre com ossos". BARATA, 1915. *Op. cit.*, p. 45.

141   Fala com que o ex.^{mo} Sr. General Visconde de Maracajú, presidente da província do Pará, pretendia abrir a sessão extraordinaria da respectiva Assembleia no dia 7 de janeiro de 1884. Pará, Diario de Noticias, 1884, p. 19. Disponível em: <www.crl.edu/areastudies/LAMP/indez.htm>. Acesso em: 07 ago. 2006.

A política de abastecimento adotada pelo poder público criou uma dependência necessária em relação à importação da carne de outras regiões, acumulando capitais através do comércio de importação sob a alegação de colapso da produção marajoara, negando, por sua vez, a existência de uma produção interna de carnes suficiente para o provimento da população urbana e para a exportação.

Assim, os principais fornecedores internos de gado para a subsistência da população urbana de Belém, detectados nos documentos sondados, correspondem, nos dias atuais, aos municípios[142] distribuídos entre as regiões do Baixo Amazonas, do nordeste e do sudoeste do Pará e da Ilha do Marajó, observadas no mapa (Imagem II).

Imagem 11 – Mapa da Amazônia Legal

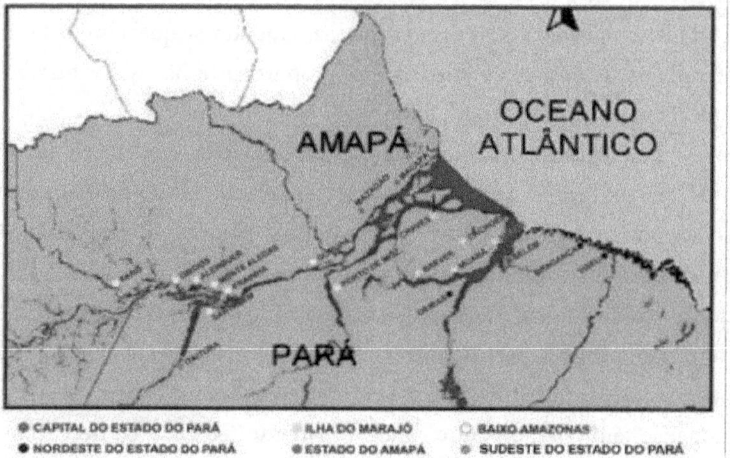

Mapa adaptado pelo autor deste livro a partir da fonte: disponível em: <http://www.imazon.org.br/novo2008/sobreamazonia_ler.php?idpub=677>. Acesso em: 13 jul. 2010.

---

142 É pertinente destacar que alguns municípios foram agregados a outros, como o caso do município de Monsarás, que perdeu uma parte do seu território para o município de Cachoeira, em 1899, e por fim, foi anexado a Soure. Macapá e Mazagão atualmente fazem parte do Estado de Amapá, e a cidade de Turiassú é nos dias atuais um município do Estado do Maranhão.

1.2.2 Da expansão ao declínio da indústria pastoril

Para Caio Prado, foram as péssimas condições dos pastos marajoaras que dificultaram o desenvolvimento da indústria pastoril nessa ilha. Outra possibilidade para a causa da decadência dos criatórios marajoaras é apresentada por Francisco Carlos Teixeira da Silva. Segundo ele, a produção de gado não acompanhou o acelerado crescimento demográfico da população urbana no período de florescimento da economia da borracha (1870-1910). Desta forma, "no século XIX, o Pará, agora com Belém tornada metrópole de toda a Amazônia, voltaria a ser abastecido por Parnaíba, complemento ao gado de Marajó".[143]

No relatório de Francisco Carlos de Araújo Brusque, presidente da província, apresentado a Assembleia Legislativa em 1º de setembro de 1862, constava a existência de 556 fazendas na província paraense, com aproximadamente 238.893 cabeças de gado, sendo 4.005 de gado cavalar e 118.539 de vacuns. Cabe ressaltar que 116.349 cabeças de gado da soma total não foram especificados. A partir desses dados, elaborou-se um quadro (Tabela I), cujo objetivo é apresentar que, no alvorecer do século XIX, a indústria pastoril da província se encontrava decadente.[144]

Tabela I – 1862

Município	Fazendas	Total de cabeças de gado	Gado vacum	Gado cavalar
Cintra	5	500	500	-
Bragança	6	3.136	2.755	381
Vizeo	21	-	-	-
Soure	38	34.853	-	-
Monsarás	12	17.800	-	-
Muaná	14	5.080	5.000	80
Chaves	76	94.841	92.567	2.274

---

143 SILVA, 2002. *Op. cit.*, p. 155.
144 Relatório apresentado à Assembleia Legislativa da província do Pará na primeira sessão da XIII legislatura pelo ex.mo Sr. presidente da província, dr. Francisco Carlos de Araujo Brusque, em 1º de setembro de 1862. Pará, Typ. de Frederico Carlos Rhossard, 1862, p. 60-65. Disponível em: <www.crl.edu/areastudies/LAMP/indez.htm>. Acesso em: 07 ago. 2006, p. 60-65.

Macapá	62	22.000	-	-
Mazagão	9	993	940	53
Gurupá	12	6.548		-
Porto de Moz	3	520	500	20
Santarém	82	13.329	12.277	1.052
Alenquer	55	12.000	-	-
Óbidos	44	4.145	4.000	145
Oeiras	1	-	-	-
Monte Alegre	49	18.357	-	-
Faro	65	4.536	-	-
Itaituba	2	255	-	-
TOTAL	556	238.893	118.539	4.005

Tabela adaptada pelo autor deste livro com base na fonte: relatório apresentado à Assembleia Legislativa da província do Pará na primeira sessão da XIII legislatura pelo ex.^{mo} Sr. presidente da província, dr. Francisco Carlos de Araujo Brusque, em 1º de setembro de 1862. Pará, Typ. de Frederico Carlos Rhossard, 1862, p. 59-66.

Destaca-se, na tabela acima, que os principais municípios criadores de gado estavam localizados no Baixo Amazonas e no Marajó. Embora o município marajoara de Chaves possuísse 76 fazendas e cerca de 94.841 cabeças de gado, e Soure 38 fazendas e 34.853 cabeças de gado, essa quantidade era ínfima em relação às 500 mil reses produzidas na ilha em 1803. Porém, 21 anos se passaram, logo, ocorreram inúmeras transformações nessa região, que possivelmente afetaram a produção de gado. Mesmo assim, a Ilha do Marajó ainda ocupava o posto de principal fornecedor de carne para a capital, sendo desproporcional, em detrimento dos dados apresentados, o volume de importações junto ao discurso de escassez de carne para a capital.

Não se questiona a importância do município de Soure no abastecimento da capital. Naquela época, essa cidade enviava anualmente aproximadamente 1.500 a 2 mil cabeças de gado para Belém. Nesse quadro, observa-se que os municípios localizados no Baixo Amazonas, Santarém, Monte Alegre, Faro, Alenquer, Macapá e Óbidos, possuíam uma quantidade significativa de fazendas. Contudo, a sua produção individual era inferior à de Soure, em proporções de quantidade. O gado criado nesses municípios somava 74.367, também inferior ao que Chaves produzia.

Diante do exposto com base no trabalho com as fontes, percebe-se que a indústria pastoril da província enfrentava problemas. As causas apontadas nos documentos sugerem o transporte, as enchentes e o roubo de gado. Inclusive, consta no relatório de Francisco Carlos de Araujo Brusque que, no município de Porto de Moz, antes de 1859, havia dez fazendas com 6 mil animais; no entanto, aconteceu uma enchente que devastou aquelas fazendas, sobrevivendo apenas 60 cabeças de gado.

Acredita-se que a exportação de gado paraense não afetou o abastecimento da capital, conforme se constata ao se analisar o relatório do vice-almirante e conselheiro de guerra Joaquim Raymundo de Lamare, presidente da província apresentado à Assembleia Legislativa em 15 de agosto de 1867. Nele, verificou-se que a exportação do gado entre os anos de 1847 a 1867 foi relativamente baixa, mesmo diante de uma grande quantidade de animais quantificados nos documentos. De fato, os números referentes a vinte anos de exportação revelaram que tal prática não afetou o abastecimento interno, pois, de acordo com o relatório, foram exportados somente 1.921 animais, quantidade inferior ao que o município de Soure havia enviado em 1862, isto é, entre 1.500 e 2 mil reses para a capital.[145]

O fato da recebedoria do governo obter um faturamento de aproximadamente 67:903$500 milhões de réis ao longo de vinte anos, com apenas 1.921 reses exportadas, certamente despertou o interesse de produtores, de comerciantes e de políticos do contexto estudado, não na exportação desses animais, mas na importação, que pudesse gerar grandes fortunas para os marchantes e para as autoridades envolvidos, a partir do capital acumulado com a cobrança de impostos, com a arrecadação de tributos (pressuposto

---

145 Relatório apresentado à Assemblea Legislativa Provincial por ex.[mo] Sr. vice-almirante e conselheiro de guerra Joaquim Raymundo de Lamare, presidente da província, em 15 de agosto de 1867. Pará, Typ. de Frederico Rhossard, 1867. Disponível em: <www.crl.edu/areastudies/LAMP/indez.htm>. Acesso em 11 mai. 2006, p. 25.

difícil de comprovar nesse momento da pesquisa), com o aumento da demanda desse produto no mercado e com a alta crescente no seu preço. No rastro desse pensamento, justificava-se a política de importação e os discursos de escassez. Portanto, questiona-se até que ponto houve escassez desse gênero alimentício entre os anos selecionados.

Tentando responder a essa questão, foram consultadas as dissertações de Sidiana da Consolação Ferreira de Macêdo e Eli de Fátima Napoleão de Lima, como também alguns relatórios dos administradores políticos da época. Acredita-se ser imprescindível para o desenvolvimento deste estudo superar inicialmente a representação equivocada e esquemática sobre as causas da escassez da carne verde, pois os resultados desta pesquisa indicam claramente que ela deve ser encarada na historiografia local como um instrumento de manipulação das autoridades.

Nesse sentido, observa-se na fala do Exmo Sr. Tenente Coronel Manoel de Frias e Vasconcellos, presidente da província de 1º de outubro de 1859, que durante os meses de maio e de junho do referido ano, o Rio Amazonas tinha aumentado o seu nível e invadiu as pastagens e as plantações de alguns municípios do Baixo Amazonas, destruindo-as. Consta nesse documento que a perda de gado vacum dos municípios de Monte Alegre, Santarém, Óbidos e Gurupá foi avaliada em cerca de 50 mil cabeças de gado, e de 500 cavalos apenas em Óbidos.[146] Portanto, o presidente alegava, como uma das causas para a crise no abastecimento de carne, os fatores climáticos e naturais.

Os frequentes furtos de gado ocorridos na Ilha do Marajó passaram a ser tratados como naturais fazendeiros pelos fazendeiros, como aponta Couto de Magalhães, presidente da província no ano de 1864. Para ele, os furtos de gado na ilha se elevaram à categoria de indústria lícita, de tal forma que os grandes fazendeiros chegavam a comemorar

---

146 Fala dirigida à Assembleia Legislativa da província do Pará na segunda sessão da XI legislatura pelo ex^{mo} Sr. tenente coronel Manoel de Frias e Vasconcellos, presidente da mesma província, em 1 de outubro de 1859. Pará, Typ. Commercial de A.J.R. Guimarães. [n.d.]. Disponível:<www.crl.edu/areastudies/LAMP/indez.htm>. Acesso em: 07 ago. 2006, p. 64.

com uma perda de até mil cabeças de gado durante o ano, em face dos constantes furtos.[147] É provável que essa atividade fosse praticada pelos próprios vaqueiros, a mando de outros fazendeiros que almejavam ampliar sua produção.[148]

Para Vieira Barroso, os roubos de gado remontavam ao período colonial.[149] Todavia, essa prática parece ter se mantido até o início do século XX, como indica a publicação da *Folha do Norte*, de 3 de junho de 1903, sobre o furto de quarenta vacas e noventa "orelhudos" da fazenda Menino Jesus, localizada no município de Cachoeira.[150] Embora os fazendeiros estivessem habituados aos furtos do gado, é bem provável que essa atividade afetasse significativamente a indústria pastoril do Marajó, porém não era responsável pela suposta crise da economia pecuária frequentemente publicada nos documentos oficiais.

---

147 Relatorio dos negocios da provincia do Para. Pará, Typ. de Frederico Rhossard, 1864. At heard of title: Dr. Couto de Magalhães, presidente do Pará, 1864. Cover title: Relatorio dos negocios da viagem ao Tocantins até a Cachoeira e as bahias do rio Anapú, pelo secretario da Provincia, Domingos Soares Ferreira Penna, da exploração e exame do mesmo rio até acima das ultimas cachoeiras depois de sua juncção com o Araguaya, pelo capitão-tenente da armada, Francisco Parahybuna dos Reis. Disponível em:<www.crl.edu/areastudies/LAMP/indez.htm>. Acesso em: 07 ago. 2006, p. 9.

148 LIMA, Eli de Fátima Napoleão de. A economia extrativista e a produção de alimentos. In: *Produção de alimentos e extrativismo:* Belém e seus núcleos subsidiários (Ilha do Marajó e Zona Bragantina) – 1850/1920. Universidade Federal Rural do Rio de Janeiro. Instituto de ciências humanas e sociais – departamento de letras e ciências sociais – curso de pós-graduação em desenvolvimento agrícola. 1987, p. 206.

149 De acordo com esse autor: "Mas, como em tôda a parte, não existem sòmente homens de caráter e respeito; assim é que se deram logo pressa os inimigos do alheio, em "agir" nos campos de MARAJÓ. Andavam em grupos, ou quadrilhas (como até certo tempo), pelos campos, montados e de laços na mão, lançavam as rezes que encontravam, marcado-as com seu ferro. MARAJÓ tornava-se um verdadeiro Far-West norte americano. O primeiro de roubo citado não existe mais, permanecendo no entanto, o segundo que não pode terminar em virtude dos campos serem abertos, isto é, sem cercas e por falta de provas, a não ser em flagrante. Para acabar com as constantes queixas de roubo, o Governador do Pará, Francisco Xavier de Mendonça Furtado enviou para o Rei um longo e detalhado ofício, pedindo-lhe urgentes providências, a 7 de junho de 1757". BARROSO, 1954. *Op. cit.*, p. 219.

150 Furto de gado em Marajó. *Folha do Norte*. Belém, p. 1. Quarta-feira, 3 de junho de 1903.

Em 1871, o presidente da província, Abel Graças, trouxe novamente à tona a ideia de um problema no abastecimento da carne, ao publicar em seu relatório que esse gênero alimentício seria provavelmente a primeira, senão a única, alimentação da capital. Diante disso, ela subia de preço, dificultando o seu acesso pela população, que sofria com a febre amarela.[151] De fato, a proposta de escassez elevou a carne verde à categoria de base alimentar dos moradores da Belém do final do XIX e início do XX, mecanismo necessário para a importação. Abel Graças observou que a escassez, a carestia e a má qualidade da carne consumida na época não ocorriam somente pela falta de transporte, sugerindo, assim, novas leituras para a produção de gado e a deficiência na alimentação pública:

> Outras causas existentes mesmo em Marajó, como a molestia que ali dá na cavallaria e a innundação que o inverno causa nos campos das fazendas, deveriam ser removidas de preferencia.
> Entretanto o futuro mostrará se tenho ou não razão.[152]

Tanto Eli de Fátima Napoleão de Lima como Sidiana da Consolação Ferreira de Macêdo trabalharam com os discursos dos presidentes quando da elaboração dos pressupostos para as causas da crise

---

151 Henry Walter Bates escreve: "[...] Em 1850 a febre amarela apareceu na província pela primeira vez e em pouca semanas dizimou mais de quatro por cento da população. As doenças se sucederam, uma após a outra, até que em 1855 a cólera varreu a região, causando terríveis estragos". BATES, Henry Walter. O Pará. In: Um naturalista no Rio Amazonas. Belo Horizonte: Ed. Itatiaia; São Paulo: Ed. da Universidade de São Paulo, 1979, p. 23. Ver: AMARAL, Alexandre Souza. Vamos à vacina? Doenças, saúdes e práticas médicos-sanitárias em Belém (1904-1911). Dissertação de mestrado em história social da UFPA. 2006; BENCHIMOL, Jaime Larry. Febre amarela: a doença e a vacina, uma história inacabada. Rio de Janeiro: Bio-Manguinhos/Editora Fiocruz, 2001; RITZMANN, Iracy de Almeida Gallo. Belém: cidade miasmática – 1870-1900. Dissertação de mestrado em história social da PUC-SP. 1997.

152 Relatorio apresentado à Assembleia Legislativa Provincial na segunda sessão da 17.ª legislatura pelo dr. Abel Graças, presidente da provincia. Pará, Typ. do Diario do Gram-Pará, 1871. Disponível em: <www.crl.edu/areastudies/LAMP/indez.htm>. Acesso em: 07 ago. 2006, p. 52.

no provimento da carne verde. Lima atribuía a decadência da pecuária paraense aos furtos de gado, às enchentes e à forma precária como os animais eram transportados. Mas havia outros fatores para o fracasso da indústria pastoril, que segundo ela, era evidente em 1874. Para a autora, a introdução do gado cavalar na Ilha do Marajó quase no mesmo período que o gado vacum (1680), gerou problemas aos fazendeiros, pois os rebanhos cavalares se reproduziam de forma acelerada em relação ao vacum, bem como devastava os campos e consumia quase toda a pastagem, obrigando os bois, já fragilizados por falta de alimentos, a buscar o mesmo em regiões alagadiças e com atoleiros, acabando por morrer.[153]

Perante essa situação, os criadores exigiam que fosse sacrificada uma parcela do rebanho cavalar existente na Ilha do Marajó. Essas reclamações ocorreram por volta de 1824, mantendo-se inalterada, até os anos 20 do século XX. Convém, como foi abordado anteriormente, lembrar que essa espécie de gado se reproduzia rapidamente, tanto que no triênio de 1756-1758, havia 5.018 cabeças de gado cavalar; entre 1777-1779, o número de animais passava ao número de 17.352; já entre 1816-1818, eram 37.143.[154] Em 1820, o gado cavalar da ilha chegava à quantidade de 1 milhão.[155] A carne desses animais não era utilizada para o consumo; deles eram aproveitados apenas a crina e o couro, empregados na indústria local.

A epizootia – ou "quebra bunda" – uma doença contagiosa que atingiu, na primeira metade do século XIX, grande número de cavalos, permanecendo até 1874 atacando esses animais.[156] Sobre as doenças responsáveis pela matança dos rebanhos marajoaras, Vieira Barroso apresenta o mal das cadeiras – ou "quebra-bunda"–, o tifo, o mal da tristeza

---

153 LIMA, 1987. *Op. cit.*, p. 210.
154 BARATA, 1915. *Op. cit.*, p. 43-45.
155 BARROSO, 1954. *Op. cit.*, p. 221.
156 LIMA, 1987. *Op. cit.*, p. 211.

– ou piro – e anaplasmose, carbúnculo animal, e empazimento do gado- -indigestão, bicheira e os mucuins.[157]

Por fim, Lima considera que a existência de mondongos (atoleiros) nos pastos causava perdas significativas nos rebanhos, pois ao caírem nesses buracos, eram vencidos por cansaço, por ferimentos e pela fome. Isso revela que os animais eram criados em pastos onde não havia preocupações com a infraestrutura e a qualidade de vida dos animais, sendo esse gado criado de forma selvagem.[158]

Dentro desse quadro, Sidiana da Consolação Ferreira de Macêdo não aceita a proposta de que as crises eram decorrentes da alta súbita da economia da borracha.[159] Assim, ela supera mitos redutores de que a extração do látex, ao absorver grande parcela de trabalhadores destinados à agricultura e à pecuária, resultaria em crises na produção de alimentos.

A autora, a partir dos relatórios presidenciais, elenca os fatores que ocasionariam problemas no abastecimento ao longo do seu recorte cronológico (1850-1900). Dentre eles estavam o aumento demográfico, as epidemias, o roubo de gado, a deficiência nos transporte desses animais e os fatores climáticos.

Por outro lado, Nedaulino Viana da Silveira reconhece que as causas da escassez de carne verde não se justificavam apenas pelos fatores apresentados em passagem anterior. Assim,

> Alegava-se que as causas da escassez e da baixa qualidade do produto eram as enchentes periódicas da Ilha de Marajó, o frequente roubo de gado acobertado pelos grandes proprietários em detrimento dos menores, as doenças que constantemente atacavam

---

157 BARROSO, 1954. *Op. cit.*, p. 223-248.

158 LIMA, 1987. *Op. cit.*, p. 212.

159 MACÊDO, Sidiana da Consolação Ferreira de. Sobre a falta de víveres: fatores sociais, econômicos, demográficos e "naturais". In: *Daquilo que se come*: uma história do abastecimento e alimentação em Belém (1850-1900). Belém: Instituto de Filosofia e Ciências Humanas, Programa de Pós-Graduação em História Social da Amazônia, Belém, 2009. p. 87. Dissertação de Mestrado em História.

o gado cavalar, as dificuldades de transporte e as precárias condições de higiene dos matadouros da capital, entre tantas outras. Esses motivos são falhos para justificar o mau abastecimento de carnes, e, se colocados à prova de uma política de desenvolvimento à pecuária, fatalmente seriam eliminados.[160]

Tomando como referência os questionamentos propostos por Nedaulino Viana, tendo em vista superar as análises de causa e efeito que gravitam em torno do debate sobre escassez, carestia e qualidade da carne verde para a subsistência da população de Belém, conclui-se que a existência de uma crise desse gênero, na transição do século XIX para o XX, estava localizada no âmbito político, pressupondo que ela foi um resultado das articulações dos diversos grupos afins e do monopólio dos marchantes sobre a distribuição e o comércio das carnes.

Portanto, aceitar a leitura – anunciada pelos presidentes e problematizada por alguns autores – do problema do abastecimento como resultado da má qualidade da carne marajoara, dos furtos de animais, da expansão do rebanho cavalar, das péssimas condições dos pastos, das doenças e do problema do transporte das reses, implica um certo conformismo e homogeneidade interpretativa dos discursos da escassez, na medida em que essas leituras estão aquém de outras interpretações históricas por esquecer que a escassez obedece mais aos interesses do capital comercial, das aspirações econômicas das elites e das manipulações do poder público do que aos fenômenos naturais e técnicos.

Esses discursos de escassez e de carestia norteiam e traduzem as estratégias de alguns administradores em abandonar o fornecimento do gado proveniente da Ilha para a capital do Marajó e importar carne de outras regiões, atraindo o interesse de diversos grupos, da mesma forma que reforça as estruturas de dominação. É preciso chamar a atenção para a influência de fazendeiros e de negociantes sobre o governo para se importar carne, auferindo, assim, maiores lucros. Fazendeiros e comerciantes

---

160 SILVEIRA, 1989. *Op. cit.*, p. 4.

envolvidos com a produção e com o comércio de carne verde eram muito influentes no governo, e se mantiveram no poder ao longo dos séculos XIX e XX. Essas observações confirmam que a carne verde deixou de ser um gênero de produção local voltado para o consumo interno, passando a ser um produto de importação e de consumo limitado.

No período colonial,

> As crises que afetam os gêneros de alimentação e, consequentemente, o abastecimento, só poderão ser cronometradas a partir de análises localizadas e detalhadas da produção, dos preços, e apropriação dos lucros, os mecanismos de especulação, os entraves ao tráfico interno, os efeitos da crise sobre o setor urbano da economia, a circulação monetária, a pressão demográfica.[161]

Diante disso, Maria Yedda Linhares e Francisco Teixeira acreditam que os motivos da escassez de alimentos estavam relacionados a quatro fatores, abaixo descritos:

> a) o primeiro, situa-se no âmbito das causas naturais, tais como as secas, as pragas que destroem as colheitas, os imprevistos climáticos, a fome e as doenças epidêmicas que afetam a população; b) à concorrência desfavorável entre a agricultura de subsistência e a agricultura exportadora extensiva, voltada quer para o mercado inter-regional, quer para o mercado internacional e determinando uma diminuição da produção de alimentos; c) o terceiro fator é ligado ao surgimento de um mercado mais lucrativo, o que leva o lavrador a retirar o seu produto do mercado local, transferindo-o para outro, em busca de melhores preços; e, d) a quarta causa é a recusa, por parte do lavrador, de plantar gêneros além das suas próprias necessidades familiares, desencorajado pelos obstáculos de ordem institucional que lhe são impostos para a comercialização

---

161 LINHARES, Maria Yedda; SILVA, Francisco Carlos Teixeira. A problemática da produção de alimentos e das crises numa economia colonial. In: *História da agricultura brasileira*: combates e controvérsias. São Paulo: Brasiliense, 1981, p. 162.

desses gêneros. Tais barreiras incluem custos de transporte, lucros de intermediários, impostos, licenças para vendas dos produtos, burocracia excessiva de natureza fiscal.[162]

Para os autores, no caso do Grão-Pará e Maranhão, o segundo tipo de crise encontrava terreno fértil, já que nessas regiões se priorizou o desenvolvimento de culturas de exportação, recrutando a força de trabalho da agricultura de subsistência, ocasionando deficiência e carestia dos alimentos nas cidades de Belém e São Luiz.

A obra *As regiões Amazônicas: estudos corográficos do Grão Pará e Amazonas*, de José Coelho da Gama e Abreu – Barão do Marajó, homem das letras e político paraense – do período do suposto declínio da indústria pastoril e com um toque oficial, declarava que diante de todo o desenvolvimento vivenciado na cidade de Belém, a Ilha do Marajó experimentou parcialmente esse avanço, no momento em que não houve melhorias significativas nos pastos e nas raças, muito menos uma legislação rural que assegurasse aos fazendeiros, diante da lei, uma punição severa aos ladrões de gado.

Tais características eram, para o Barão do Marajó, um dos motivos para o lento desenvolvimento desse setor econômico. Outros agentes também conduziam para esse estado:

> A principal d'ellas é o espirito de rotina, pois que muitos melhoramentos de facil obtenção podem ser realisados. Pequenos açudes realisados em terrenos argilosos por muito tempo conservaram agua para bebida do gado.[163]

Para o Barão, deviam-se abandonar as improvisações e estimular as inovações nas formas de criação desses animais. Nesse sentido, a

---

162 *Ibidem*, p. 162-163.
163 BARÃO DE MARAJÓ, José Coelho da Gama e Abreu. Ilhas e lagos. In: *As regiões Amazonicas*: Estudos chorographicos dos Estados do Gram Pará e Amazonas. Lisboa: Imprensa de Libanio da Silva, 1895, p. 313.

aplicação de novas técnicas, provavelmente importadas de outros países para o desenvolvimento dessa indústria e para obras de infraestrutura no pasto, poderiam melhorar a situação, por mais que a criação de gado da região não respeitasse as novas tendências da época:

> [...] a riquesa não é menor e a facilidade com que nos extensos campos da grande ilha de Marajó, de Monte-Alegre, de Villa-Franca, de Bragança, cresce e reproduz-se o gado vaccum, sem o menor trato, dá a medida de que o norte do Brazil poderia competir com o sul do Imperio n'este genero de industria. [...] Se tão favoraveis condições fossem convenientemente aproveitadas, e á industria pastoril fosse applicada uma pequena parte dos cuidados que ella merece na Europa, quase não se poderia calcular a que chegaria este ramo de industria agricola e da qual se poderia fazer brotar uma riquesa igual áquela que com a creação de carneiros e aproveitamento de suas lãs constitue a grande prosperidade da Australia.[164]

José Coelho da Gama e Abreu defendia a necessidade de investimentos na indústria pastoril paraense, o que a tornaria mais competitiva, evitando certamente a importação de carne de outras regiões. Esse argumento se caracteriza como uma política intervencionista para a década de 80 do século XIX, tendo como objetivo dinamizar o mercado interno em função das propostas de importação de gado de outras províncias. Ele contava que a produção de gado cavalar, mesmo diante da ausência de cuidados, expandiu-se vertiginosamente, a tal ponto que foi necessário abater milhares de éguas sob a justificativa da ameaça de criação do gado vacum. Dos animais abatidos, foi aproveitado apenas o couro.

---

164 BARÃO DE MARAJÓ, José Coelho da Gama e Abreu. A Amazonia. In: *A Amazonia*: As provincias do Pará e Amazonas e o Governo central do Brazil pelo Barão do Marajó. Lisboa: Typographia Minerva, 1883, p. 21-22.

É interessante observar que, a todo o momento, José da Gama e Abreu chama a atenção para a necessidade de investimentos na indústria pastoril Marajoara, tomando como exemplo os sucessos e o progress, nessa atividade ocorridos na Europa, onde teve a sua formação acadêmica.[165]

Tal preocupação provavelmente não ocorreu pelo fato da pecuária ser uma atividade econômica rentável e importante para a formação do mercado interno, mas por ser o Barão do Marajó marido de Maria Pombo Brício, sobrinha de Ambrózio Henrique da Silva Pombo, Barão de Jaguarari, grande pecuarista da Ilha Mexiana situada no arquipélago marajoara. Assim, os investimentos nesta indústria objetivavam a manutenção das hierarquias sociais, a projeção social, a ampliação das relações políticas e as alianças matrimoniais.[166]

A fim de apresentar o potencial pecuário da região, José Coelho da Gama e Abreu destacava a quantidade de gado existente nos núcleos produtores da região do ano de 1880. Apesar da falta de fiscalização zootécnica, o número de animais foi de 384.303, distribuídos entre as fazendas do Marajó e Baixo Amazonas, como se pode observar no quadro (Tabela II), reelaborado pelo autor desta dissertação a partir da tabela existente na obra do Barão de Marajó.

---

165 *Ibidem*.
166 Para um estudo mais aprofundado, ver: MARIN, Rosa Acevedo. As alianças matrimoniais na alta sociedade paraense no século XIX. In: *Revista Estudos Econômicos*. N.º 15, São Paulo: Instituto de Pesquisas Econômicas da Faculdade de Economia e Administração da Universidade de São Paulo (IPE-USP), 1985; BATISTA, Luciana Marinho. *Muito além dos seringais*: elites, fortunas e hierarquias no Grão-Pará, c. 1850 – c. 1870. Dissertação apresentada ao programa de Pós-Graduação da UFRJ. Rio de Janeiro, 2004; CANCELA, Cristina Donza. Famílias de elite: transformações da riqueza e alianças matrimoniais, Belém 1870-1920. In: *Revista Topoi*, V. 10, n. 18. jan-jun. 2009, p. 29-38.

Tabela 11 – 1880

Cidade	Gado Vacum	Gado Cavalar	Total
Cintra	825	17	842
Cachoeira	93.180	2.276	95.456
Marajó	100.492	3.472	103.964
Macapá	6.570	1.055	7.625
Breves	30	-	30
Gurupá	25.206	555	25.761
Monte-Alegre	48.000	6.300	54.300
Santarém	31.165	10.632	41.797
Obidos	50.503	4.025	54.528
TOTAL	355.971	28.332	384.303

Tabela adaptada pelo autor deste livro a partir da fonte: BARÃO DE MARAJÓ, José Coelho da Gama e Abreu. A Amazonia. In: *A Amazonia:* As provincias do Pará e Amazonas e o Governo central do Brazil pelo Barão do Marajó. Lisboa: Typographia Minerva, 1883, p. 22.

Na tabela original havia alguns erros nas somas, em especial da quantidade de animais existentes no município de Cachoeira, na qual se lia 93.180 gados vacuns e 2.276 cavalares, chegando ao total de 95.436; na realidade era 95.456. A produção bovina do Baixo Amazonas estava em torno de 176.586 animais, enquanto a do Marajó era de 199.072 reses, revelando ser os citados municípios do Baixo Amazonas uma ameaça à Ilha do Marajó em termos de produção de gado.

Nessa época, Macapá ainda estava agregada à província do Pará, e a sua produção era de 7.625 cabeças. Observa-se que a Ilha do Marajó foi representada por alguns municípios e pelo Marajó, que provavelmente seria a somatória de diversos municípios menores localizados na ilha.

Em 15 de fevereiro de 1881, José Coelho da Gama e Abreu, na qualidade de presidente da província do Pará, informava em seu relatório apresentado à Assembleia Legislativa provincial, na 2.ª sessão da 22.ª legislatura, o estado de declínio da produção pastoril das comarcas de Cachoeira e Marajó. Ele conta ainda que, apesar da produção do Baixo

Amazonas desenvolver-se, a capital era abastecida em grande parte pelos gados do sertão,[167] provavelmente das províncias do Piauí e do Ceará, fornecedores de gado desde o período colonial.

O presidente aponta como causas para a decadência das fazendas do Marajó a dificuldade no transporte dos animais à capital e a matança de gados produtores e de animais ainda em fase de desenvolvimento, talvez para forçar a importação. Além disso, ele oferece uma tabela contendo informações a propósito dos municípios produtores, como o número de fazendas, a quantidade de gado e a espécie, elaborada por meio dos dados apresentados em sua obra já citada.

A partir dos subsídios dessa tabela, pode-se observar a expansão dos núcleos produtores do Baixo Amazonas em relação aos criatórios marajoaras. Cabe esclarecer que o quadro abaixo (Tabela III) foi reelaborado pelo autor deste livro, a partir de dados contidos no referido relatório acima mencionado, para os objetivos deste trabalho.

Tabela III – 1881

Município	Fazendas	Gado Vacum	Gado Cavalar	Total de gado
Cintra	8	285	17	302
Cachoeira	114	93.180	2.276	95.456
Marajó	115	100.492	5.472	105.964
Macapá	60	6.570	1.055	7.625
Breves	9	50	-	50
Gurupá	17	25.206	555	25.761
Monte Alegre	68	48.000	6.500	54.500
Santarém	137	31.165	10.632	41.797
Óbidos	190	50.503	4.025	54.528
TOTAL	718	355.431	30.532	385.983

Tabela adaptada pelo autor deste livro a partir da Fonte: Relatorio apresentado à Assembleia Legislativa Provincial na 2ª sessão da 22ª legislatura em 15 de fevereiro de 1881 pelo Ex.mo Sr. dr. José Coelho da Gama e Abreu. Pará, Typ. do Diario de Noticias de Costa & Campbell, 1881, p. 130.

---

167 Relatorio apresentado à Assembleia Legislativa Provincial na 2ª sessão da 22ª legislatura em 15 de fevereiro de 1881 pelo Ex.mo Sr. dr. José Coelho da Gama e Abreu. Pará, Typ. do Diario de Noticias de Costa & Campbell, 1881, Disponível em: <www.crl.edu/areastudies/LAMP/indez.htm>. Acesso em: 07 ago. 2006, p. 128-129.

Como se pode verificar, os elementos expostos acima oferecem outra leitura sobre a questão das comarcas do Marajó e de Cachoeira, que para o presidente, enfrentavam dificuldades. Talvez os argumentos utilizados pelo político para justificar a decadência das fazendas marajoaras seja a quantidade de fazendas existentes, que nesse contexto, eram apenas 255 fazendas espalhadas entre os municípios de Gurupá, Breves, Cachoeira e o Marajó, quando Óbidos, Santarém e Monte Alegre somavam 395.

Aqui, observa-se a mesma questão pontuada anteriormente sobre o Marajó estar representando outros município menores. Também se notou que Breves possuía nove fazendas de criação de gado, com um total de cinquenta animais. Por meio dessas informações, o discurso do presidente encontrava respaldo e aceitação da opinião pública.

Quando se analisa a questão da produção, o Marajó e Cachoeira, apontados pelo presidente, juntos produziram aproximadamente 201.420 reses, contra 150.825 animais das fazendas do Baixo Amazonas. Estendendo-se o debate para a produção de gado vacum e cavalar, do Marajó tem-se 218.878 cabeças de gado vacum, e do Baixo Amazonas o total de 129.668. Quanto ao gado cavalar, o Baixo Amazonas produziu 21.157 animais, contra 8.303 reses marajoaras.

Em outras palavras, a quantidade de fazendas da região do Baixo Amazonas se torna irrelevante em função da sua produtividade. A verdade é que a produção marajoara passava a enfrentar a concorrência dos criadouros do Baixo Amazonas, que estavam em franca expansão; tanto que Roberto Santos, em seu livro *História Econômica da Amazônia,* indicava que o provimento de carnes a Belém era realizado com gado do Marajó e parcialmente com os animais do Baixo Amazonas.[168]

Constam no relatório do general visconde de Maracajú – o qual passava a administração da província ao vice-presidente, dr. José de

---

168 SANTOS, Roberto Araújo de Oliveira. Visão geral dos setores econômicos: novos impulsos da demanda. In: *História econômica da Amazônia (1880-1920)*. São Paulo: T. A. Queiroz, 1980, p. 185.

Araujo Roso Danin, em 24 de junho de 1884 – três tabelas[169] com dados sobre a quantidade de animais abatidos para o consumo da população e sua procedência do ano de 1883.[170]

Tabela IV – Marajó – 1883

Município	Bois	Vacas	Total de gado
Chaves	6.441	324	6.765
Soure	5.064	1.152	6.216
Cachoeira	5.335	786	6.121
Monsarás	255	42	297
Camará	52	23	75
Muaná	30		30
TOTAL	17.177	2.327	19.504

Tabela adaptada pelo autor deste livro a partir da fonte: Relatorio de José de Araujo Roso Danin, no dia 24 de junho de 1884. Pará, Typ. de Francisco da Costa Junior, 1884, p. 10.

Tabela V – Baixo Amazonas – 1883

Municípios	Bois	Vacas	Total de gados
Óbidos	896	59	955
Alenquer	983	110	1.093
Santarém	603	24	627
Monte Alegre	1.318	57	1.375
Faro	32	1	33
Prainha	267	8	275
Gurupá	41	-	41
TOTAL	4.140	259	4.399

Tabela adaptada pelo autor deste livro a partir da fonte: Relatorio de José de Araujo Roso Danin, no dia 24 de junho de 1884. Pará, Typ. de Francisco da Costa Junior, 1884, p. 10.

---

169 Relatorio com que o Ex.mo Sr. General Visconde de Maracajú passou a administração da província ao 2º vice-presidente, Ex.mo Sr. dr. José de Araujo Roso Danin, no dia 24 de junho de 1884. Pará, Typ. de Francisco da Costa Junior, 1884, Disponível em: <www.crl.edu/areastudies/LAMP/indez.htm>. Acesso em: 07 ago. 2006, p. 10-11.

170 *Ibidem.*

Tabela VI – Diferente – 1883

Municípios	Bois	Vacas	Total de gado
Macapá	94	1	95
Vizeu	32	34	66
Bragança	1	1	2
Turiasú	66	-	66
Maranhão	88	-	88
Ceará	470	61	531
Parnaíba	1.268	-	1.268
Pasto da cidade	94	15	109
TOTAL	2.113	112	2.225

Tabela adaptada pelo autor deste livro a partir da fonte: Relatorio de José de Araujo Roso Danin, no dia 24 de junho de 1884. Pará, Typ. de Francisco da Costa Junior, 1884, p. 11.

Destaca-se nas tabelas acima a quantidade de animais que foram abatidos para o consumo da população de Belém em 1883: cerca de 26.128 reses. Dos municípios do Marajó, foram enviados 19.504 animais para a capital, uma quantidade significativa em relação aos fornecedores do Baixo Amazonas, que auxiliaram no abastecimento com 4.399 animais, e de outras regiões vieram 2.225 cabeças de gado. Até aqui, observa-se o peso produtivo da Ilha do Marajó, que nesse período mantinha o posto de principal celeiro produtor, contudo sustentado por alguns municípios, como Chaves, Soure e Cachoeira. Já no Baixo Amazonas, as fazendas de Óbidos, Santarém e Monte Alegre mantinham sua expansão, conforme consta no relatório do presidente José Coelho da Gama e Abreu. De imediato, percebe-se que Ceará e Parnaíba, tradicionais fornecedores de gado para Belém,[171] passavam a perder espaço no negócio do abastecimento de Belém, provavelmente pela concorrência dos núcleos produtores do Baixo Amazonas.

---

171 O abastecimento interno de gado para consumo da população de Belém era fornecido pelas fazendas do Piauí e do Ceará desse o período colonial.

No relatório apresentado ao Conselho Municipal de Belém em 1903, o pressuposto de um estado de decadência da produção marajoara foi reforçado. Nessa ocasião, o "Senador Intendente" Antonio Lemos, apresentava o movimento do matadouro nos três meses anteriores à publicação. Nas palavras da autoridade, em 1902 entraram 2.754 reses, sendo 750 provenientes de Cachoeira, 392 de Chaves, 261 de Soure, 11 do Amapá, 108 do Maranhão, 635 de Camocim e 597 de Buenos Aires.[172] Por meio desse documento, percebeu-se que mais da metade do gado que entrou no matadouro público saiu de três municípios do Marajó, ou seja, 1.403 reses.[173]

Em janeiro de 1903, o matadouro recebeu 3.019 cabeças de gado. E os municípios de Cachoeira (693), Chaves (468) e Soure (102) enviaram para a capital 1.263 animais, e do pasto da cidade, localizado em Belém, saíram 62 animais. Por outro lado, importou-se de Buenos Aires 1.200 cabeças de gado. Também foi importado gado do Amapá (87), Maranhão (273) e Camocim (134).[174] No mês de feverereiro do mesmo ano, a importação de gado argentino correspondeu a 149 animais, enquanto que do Marajó vieram 1.367 reses, sendo de Cachoeira 853, Chaves 354 e Soure 161.

Do Amapá se importaram 12 animais, 261 do Maranhão e 28 do pasto da cidade.[175] Essas considerações reforçam a proposta de que os três municípios do Marajó seriam os núcleos produtores de carnes da época, todavia acompanhados por Buenos Aires. Em contrapartida, parece que o abastecimento de gado vindo do Amapá era insignificante diante da demanda.

---

172 Buenos Aires foi um dos principais fornecedores de carne bovina para a capital paraense no final do século XIX e início do XX.

173 LEMOS, Antônio José de. *O Município de Belém:* Relatório apresentado ao Conselho Municipal. Belém na 1ª reunião ordinária do ano de 1903, p. 14.

174 LEMOS, 1903. *Op. cit.*, p. 15.

175 *Op. cit.*, p. 16.

O jornal *Folha do Norte* publicou, no dia 26 de abril de 1906, que as duas principais regiões produtoras de gado seriam, naquela época, a Ilha do Marajó e as pastagens do alto Rio Branco, no Estado do Amazonas. De acordo com o esse periódico, a produção da Ilha do Marajó diminuía com o avançar dos anos, na medida em que outrora havia aproximadamente 250 fazendas com quase 500 mil cabeças de gado, em contraste com as 113 fazendas com um rebanho estimado em 300 mil cabeças para o ano dessa publicação, devido às enchentes nos pastos.[176] Conforme já foi observado, em virtude de doenças, do transporte, dos roubos e principalmente pela política de importação, a produção de gado paraense diminuía.

Ele enfatizava que a Ilha do Marajó vivenciava uma crise em sua produção, e em um levantamento geral da riqueza pastoril do Vale Amazônico, chegou-se ao número de 600 mil cabeças bovinas e 25 mil cavalares.[177]

No dia seguinte, foi noticiado que a criação de gado da Amazônia era insuficiente, sendo necessário recorrer à importação de gado de outras regiões brasileiras e da Argentina como alternativa para o abastecimento de Belém.[178] Durante os meses de abril, junho, julho e agosto do ano de 1903, foram importados 15.673 animais para o abastecimento dos habitantes da capital, como se pode observar na tabela abaixo:

---

176 *A industria pecuaria na Amazonia* – CONTINUAÇÃO. *Folha do Norte*. Belém, p. 1. Quinta-feira, 26 de abril de 1906.

177 Idem, ibidem.

178 *A industria pecuaria na Amazonia* (CONTINUAÇÃO). *Folha do Norte*. Belém, p. 1, Sexta-feira, 27 de abril de 1906.

Tabela VII – 1903

Procedência	Quantidade de animais
Ilha do Marajó	6.093
Terras do Cabo Norte	76
Estado do Ceará	6.490
Estado do Piauí	1.016
Estado do Maranhão	1.442
Buenos Aires	556
TOTAL	15.673

Tabela adaptada pelo autor deste livro a partir da fonte: "A industria pecuaria na Amazonia (continuação)". *Folha do Norte*. Belém, p. 1. Sexta-feira, 27 de abril de 1906.

No Álbum de Augusto Montenegro, de 1908, consta que a indústria pastoril de Bragança estava bem desenvolvida, contando com mais de 30 mil animais da espécie vacum. No município de Óbidos no Baixo Amazonas, abundavam o gado cavalar e vacum. Em Chaves, Macapá, Montenegro, Araguary, Faro, Alenquer e Prainha, houve uma expansão no número de fazendas.[179] Sabe-se que Augusto Montenegro, além de governador, era fazendeiro na Ilha do Marajó; talvez por essa razão, a sua preocupação com o desenvolvimento dessa indústria na região.

No entanto, para o governador, os municípios de Cachoeira, Chaves, Soure, as Ilhas Mexianas, Cavianas e Porto de Pedras, todos no Marajó, ocupavam o lugar de destaque na criação de gado, perfazendo um total de cerca de 40 mil cabeças de gado. Desse número, a carne de 25 mil animais era consumida na capital, e o restante era exportado. A população tinha que desembolsar, para consumir esse gênero, o valor de 1$000 a 1$200 réis por quilo.[180] A exportação de gado não era muito rentável, como foi mencionado anteriormente, pois, para produzir gado de qualidade em grades quantidades e transportá-los, era necessário que

---

[179] PARÁ. Governo do Estado, 1901-1909. (Augusto Montenegro). *Álbum do Estado do Pará*: oito annos de Governo. Paris: Chaponet, 1908, p. 199.

[180] PARÁ. Governo do Estado, 1908, *Op. cit.*, p. 199.

os fazendeiros investissem na infraestrutura dos pastos, combatessem o roubo dos animais, aplicassem medidas e técnicas preventivas contra as doenças que interferiam no desenvolvimento da pecuária, e na melhoria do sistema de transporte, que era de risco, por submeter esses animais a viagens de longas distâncias, sem conforto e com escassez de alimentos, o que afetava a qualidade da carne.

Assim, a importação de gado era interessante para o governo pelos impostos arrecadados e por não ter que investir nas fazendas. Desse modo, o poder político municipal e estadual, além de priorizar a importação, fez-se presente no mercado das carnes através de subvenções e dos contratos realizados com os negociantes para o fornecimento de carne, sob a prerrogativa da falta desse alimento. Tal prática favoreceu os negociantes, que tiveram um maior controle do mercado, especulando os valores do quilo desse alimento e formando monopólios amparados pelos contratos. Por isso a carne era cara para o consumidor, porque nela estavam embutidos, além do lucro dos intermediários, os impostos do governo e outras estratégias, como a falsificação do peso. Essa questão assumiu grande importância nas páginas da impresnsa da época.[181]

Sob essa perspectiva, não se pode deixar de enfatizar que a importação como alternativa para o abastecimento da capital foi uma medida paliativa das autoridades e uma forma de acumulação de capital e de projeção social dos negociantes.

O governador informava que havia nesse período 150 fazendas com aproximadamente 360 mil cabeças de gado vacum na Ilha do Marajó. O município de Viseu possuia doze fazendas, com 3 mil cabeças de gado vacum e 600 cavalos; já o municipio de Muaná contava com 8 mil animais. Essas duas cidades, conforme o documento, possuiam campos privilegiados para a criação desses animais. Por último, em

---

181 Optou-se por debater essa questão no segundo capítulo deste livro.

Ponta de Pedras se desenvolvia a criação de gado cavalar, que naquela época já contava com mais de mil reses.[182]

De repente, observou-se que o discurso de Augusto Montenegro não transmitia muita segurança quanto à execução das obras voltadas paras as melhorias da criação de gado no Marajó. É claro que o governador estava ciente do potencial produtivo e exportador da Ilha do Marajó, chegando à seguinte conclusão:

> Quando possam ser feitas as custosas mas proveitosa obras de que carece a zona creadora da ilha de Marajó, no municipio da Cachoeira e outros, obras que virão supprimir os effeitos destruidores das grandes enchentes, a ilha de Marajó não só poderá abastecer de gado vaccum, cavallar e muar, todo valle do Amazonas, como ainda poderá delle fazer uma larga exportação, sobretudo para as capitaes das 3 Guyanas extrangeiras, Cayena, Paramaribo e Georgetown, onde não ha nenhuma fazenda de creação.[183]

Convém lembrar que esses discursos referentes ao progresso da indústria pastoril estavam na pauta não apenas dos administradores públicos, os intelectuais ligados ao governo tinham como missão difundir esse debate na sociedade. A exemplo de Manuel Barata, a quem esse debate muito interessava por ser filho de fazendeiros marajoaras, e portanto, em tom apelativo e repleto de intencionalidade, assumia um leitura oficial dos fatos, visando a um futuro glorioso:

> Restabeleçamos, melhoremos e desinvolvamos a industria pecuaria.
> O Pará pode abastar-se a si mesmo. Do que produzir para o consumo interno, muito lhe sobrará para a exportação e permuta commercial.[184]

---

182 *Op. cit.*, p. 199-200.

183 *Ibidem*, p. 200.

184 BARATA, 1915. *Op. cit.*, p. 45-46.

Diante da crescente urbanização da cidade e do intenso processo de expansão demográfica, ambos acelerados pela economia da borracha, gerou-se na capital uma maior demanda por gêneros alimentícios, em especial a carne. No entanto, ao que tudo indica, e conforme apresentado anteriormente, a Ilha de Marajó não conseguia suprir a população urbana com a carne na transição do século XIX para o XX, tendo que recorrer ao gado argentino, como foi mostrado em passagem anterior.

No relatório apresentado ao Conselho Municipal de Belém, em 15 de novembro de 1905, por Antonio Lemos, constatou-se que foi consumida, na capital, ao longo de 1904, a carne de 35.305 animais, pesando 5.394.964 quilos contra, 38.121 cabeças de gado consumidas em 1903.[185] Esses dados sugerem haver um decréscimo no consumo do gado pela população de Belém no ano de 1904, conduzindo a opinião pública a uma interpretação de que a produção bovina da Ilha do Marajó era insuficiente para a demanda da capital.

Nessa ótica, Lima mostra que o fornecimento de carne marajoara para Belém, entre os anos de 1850 e 1920, tornou-se um problema recorrente para os administradores paraenses.[186] Anterior ao período estudado por Lima, Capistrano de Abreu revela que o rebanho de gado vacum, criado na Ilha do Marajó, perto do Paru, em Óbidos, no Tapajós e nos campos do rio Branco, não chegava para o consumo interno, como também o de cavalar.[187]

Lima tenta confirmar, a partir do cruzamento dos documentos oficiais, que a produção marajoara, voltada para o consumo da população urbana de Belém, entre os anos de 1857, 1905 e 1907, foi insuficiente:

---

185 O Município de Belém, 1905. *Op. cit.*, p. 123.
186 LIMA, 1987. *Op. cit.*, p. 193.
187 ABREU, Capistrano de. Três séculos depois. In: *Capítulos da história colonial – 1500-1800*. 7 ed. Ver. Anotada e prefaciada por José Honório Rodrigues. Belo Horizonte: Itatiaia; São Paulo: Publifolha, 2000, (Grandes nomes do pensamento brasileiro) p. 222.

Quanto à pecuária, especialmente para fornecimento de carne verde, a Ilha produzia a maior parte, mas não o suficiente para as necessidades da Capital. Em 1857, o consumo de gado vacum de Belém foi de 13.140 cabeças e a oferta da Ilha de 9.000; em 1905; de 40.389 e só da Ilha saíram 18.787; em 1907, de 40. 244 contra 17.378. Ainda que os números mostrem o peso da Ilha no abastecimento de Belém, Marajó não poderia continuar exercendo o seu "destino histórico" de "núcleo subsidiário.[188]

Esses dados confirmam o pressuposto de que a Ilha do Marajó não conseguia suprir o mercado consumidor, sendo necessário recorrer a outros núcleos fornecedores. Isso se deve em parte ao aumento demográfico da população urbana, que dobrou entre 1900 e 1910, passando de 96.560 a 190 mil, aumentando a demanda por comida na capital. Além disso, as doenças, os roubos e o transporte retardavam o florescimento da indústria pastoril. Diante dessas questões, tornou-se necessário reformular a produção, o comércio e a distribuição de carnes em uma cidade que vivenciava intensas transformações na paisagem urbana.

Conforme já observara Henrique Carneiro, a expansão demográfica é responsável pelo aumento do consumo de alimentos.[189] Em Belém, no período estudado, os documentos oficiais frequentemente registravam pronunciamentos de autoridades, referindo-se ao fato de que a oferta de carne verde no mercado não acompanhou a demanda, promovendo escassez e carestia desse gênero alimentício básico.

Em 1857, Henrique de Beaurepaire Hahan, presidente da província, publicava em seu relatório que o fornecimento do gado marajoara para a capital era insuficiente, conforme relatório apresentado à Assembleia:

---

188 LIMA, Eli Napoleão de. As crises de subsistência, o Estado e a agricultura no Pará. In: SILVA, Francisco Carlos Teixeira da; MATTOS, Hebe Maria. & FRAGOSO, João (Orgs.). *Escritos Sobre História e Educação*: Homenagem à Maria Yedda Leite Linhares. Rio de Janeiro: Editora Mauad; FAPERJ, 2001, p. 83.

189 CARNEIRO, Henrique. Nutrição e a fome. In: *Comida e Sociedade:* Uma história da alimentação. 4ª reimpressão. Rio de Janeiro: Elsevier, 2003, p. 29.

> Orçando, termo medio, o consummo diario de carne verde nesta capital por 36 rezes, o que produz no fim do anno o numero de 13,140, não podem as fazendas de Marajó, contrariamente ao que me parecia, logo que cheguei a esta provincia, abastecer de per si só a capital, visto que a maxima producção annual d'aquella ilha é de 9000 cabeças de gado.[190]

No dizer de Nazaré Sarges, em decorrência dos constantes problemas na produção de alimentos, a elite de Belém passou a consumir gêneros importados – além da carne bovina da Argentina, diversos produtos da Europa e dos Estados Unidos.[191] Essa afirmação é confirmada quando da leitura da mensagem do presidente do Pará, Augusto Montenegro, que trata dos mais variados produtos vindos dos portos de Genova, Lisboa, Marselha, São Miguel, Vigo, Ponta Delgado, Barcelona e Targer pelos vapores da Ligure Brasiliana entre junho de 1897 e dezembro de 1900. Na lista consta grande quantidade de bebidas, como 2.287 barris de vinho procedentes de Genova, 2.212 barris de vinho de Marselha e 2.311 barris de Barcelona. Também se importou água mineral (190 barris) de Marselha, vieram 2.509 sacas de feijão da cidade do Porto, 18.627 sacas de feijão de Genova, e 3.009 sacas do mesmo produto da cidade de Lisboa, de onde também se importaram 1.915 caixa de batatas; e de Barcelona vieram amêndoas (5 caixas), nozes (5 caixas), biscoitos (550 caixas), azeite (29 caixas); por fim, de Genova desembarcaram na cidade 4.548 caixas de leite.[192] Esses dados revelam os novos hábitos de consumo da sociedade, tornando os alimentos símbolos de *status* social.

---

190 Relatório apresentado à Assembleia Legislativa Provincial do Pará no dia 15 de agosto de 1857, por occasião da abertura da segunda sessão da 10ª legislatura da mesma Assembleia, pelo presidente, Henrique de Beaurepaire Rohan. [n.p.], Typ. de Santos & filhos, 1857. Disponível em: <www.crl.edu/areastudies/LAMP/indez.htm>. Acesso em: 07 ago. 2006, p. 26.

191 SARGES, Sarges. Belém: Um outro olhar sobre a "Paris nos trópicos" (1897-1911). In: SOLLER, Maria Angelica; MATOS, Maria Izilda Santos de. (Org.). *A cidade em debate*. São Paulo: Editora Olho D'Água, 2000, p. 54-55.

192 PARÁ, Governo da Província do. Mensagem do Presidente Augusto Montenegro no dia 10 de Setembro de 1901. Disponível em: <www.crl.edu/areastudies/LAMP/indez.htm>. Acesso

No ano 1900, a população urbana passou a consumir mais carne bovina e peixe do que vegetais. Isso foi constatado pelo dr. Américo Campos e publicado no álbum *O Pará em 1900*. Assim, peixe, carne de vaca, charque, pirarucu e bacalhau estavam na ordem do dia. Já o porco e o carneiro, somados às frutas, aos legumes, às hortaliças e à farinha de mandioca, eram consumidos em menor proporção.[193]

Em todo caso, observou-se ao longo dessa narrativa que a Ilha do Marajó constituiu, até meados do século XIX, a principal fornecedora de gado para o consumo da população de Belém. Porém, com o findar desse século, iniciou-se um processo de déficit na produtividade do rebanho, favorecido, segundo as fontes, pela concorrência com outros produtores, pela falta de investimentos de infraestrutura, do transporte, deixando à margem as questões políticas e a atuação dos marchantes no mercado.

Contudo, como explicar – diante da quantidade de gado existente nas fazendas paraenses, desde a colônia, atravessando o império e chegando à república – o fornecimento ininterrupto desses animais para a capital e que ainda houvesse reclamações e declarações de escassez da carne verde? Escassez, carestia e fome geraram uma crise na regularidade do abastecimento, o que justificava a importação desse gênero alimentício para o suprimento da população.

Em sua pesquisa, Sidiana afirma que o capitalismo internacional que se impôs em função da riqueza da borracha não foi determinante para a crise da indústria pastoril local. No rastro desse pensamento, este livro entende que as irregularidades no suprimento de carne verde têm feições políticas, para além da visão oficial do extrativismo *versus* pecuária. Tal análise desconsidera as práticas especulativas, fazendeiros no governo, as negociações, as disputas e a complexidade do comércio interno.

Não obstante, essa política de abastecimento pautada na importação favoreceu a criação de rotas do abastecimento e o incremento da

em: 07 ago. 2006, p. 87-90.
193 GOVERNO DO PARÁ. *O Pará em 1900*. Belém: Imprensa de Alfredo Augusto Silva, 1900, p. 108.

navegação a vapor. Portanto, fornecia carne para a capital ao mesmo tempo em que conectava a cidade de Belém a outros centros, superando o mito de isolamento das cidades Amazônicas.

Notou-se também que o estudo do abastecimento da carne verde em Belém, no período supracitado, transcende o campo econômico e político, historicamente definidos para esse tema, permitindo expandir os horizontes historiográficos ao dar visibilidade para o cotidiano da população urbana de Belém entre 1897-1909. O estudo do cotidiano pode recuperar tramas de vidas ocultadas e novas leituras sobre o passado. A partir dos documentos consultados, foi possível trazer contribuições para se compreenderem os aspectos da vida cotidiana da população de Belém no que se refere às práticas alimentares da população.

No próximo capítulo, vão ser abordadas as intervenções e as estratégias de controle das autoridades no comércio das carnes bem como a formação de um monopólio sobre esse gênero, apresentando ainda a polêmica em torno das concorrências para a subvenção dos serviços de vapor e abastecimento de carne do rio da Prata.

CAPÍTULO II

ESTRATÉGIAS INTERVENCIONISTAS DAS AUTORIDADES NO MERCADO DAS CARNES EM BELÉM

Neste capítulo, pretende-se refletir sobre as estratégias intervencionistas das autoridades no mercado das carnes a partir dos discursos de escassez e de carestia, no recorte selecionado por esta dissertação, tomando como pano de fundo o contexto das riquezas produzidas pela borracha.

Não resta dúvida de que essa problemática emergiu a partir da frequência de notícias, de crônicas, de mensagens e de relatórios dos presidentes da província, que informavam a respeito de problemas na alimentação, em especial da carne, ao longo do XIX e princípio do XX. Em diferentes momentos, têm-se notícias do problema do fornecimento de carne, da importação de reses, da formação de monopólio pelos marchantes e das irregularidades nas licitações para contratação de serviços de abastecimento. Todavia, tais documentos não estão imunes aos interesses do poder público, à política de controle e às disputas.

Assim, pressupõe-se que as intervenções sistemáticas das autoridades no mercado de víveres de Belém favoreceram a criação de um monopólio sobre o comércio das carnes verdes, pois garantiam o contrato de exclusividade do abastecimento de gado. Nesse momento, vão ser analisados alguns artigos publicados na *Folha do Norte*, acerca das tensões em torno dos contratos para a prestação dos serviços de abastecimento de carne para a capital, provenientes de Buenos Aires.

Dessa maneira, é pertinente observar o que Maria Odila escreve no prefácio da obra *Tropas da Moderação*, sobre a questão das intervenções das autoridades no fornecimento de alimentos para a população. Conforme a autora:

> No Brasil, desde de cedo as crises de abastecimento foram pretexto para intervenções da Coroa, fosse apenas na tentativa de organizar a produção, concentrando-a em determinadas áreas do litoral baiano, a fim de garantir o abastecimento das frotas ou no sentido de permitir e de articular em momentos de crise mais aguda o socorro de uma Capitania por outras; estas intervenções das autoridades centrais também se faziam necessárias por ocasião de motins contra a carestia e novos impostos, que mascaravam, em geral, os motins de fome no Brasil colonial, (.... As crises periódicas de abastecimento deram pois motivo para as primeiras intervenções do poder central junto ao mandonismo local.[1]

2.1 Alternativas para a crise no abastecimento de carne: escassez e carestia em Belém

Era 5 de fevereiro de 1900, quando, no alvorecer do processo de alteração da paisagem arquitetônica da cidade de Belém e do recém inaugurado regime Republicano, José Paes de Carvalho, então governador do estado, pronunciava as suas preocupações referentes à alimentação pública do estado. De acordo com o governador: "Ainda não teve satisfactoria solução a questão da alimentação publica d'esta Capital".[2] Diante da crise de subsistência anunciada pelo chefe do executivo, este capítulo tem como objetivo analisar a política de abastecimento das autoridades e o estímulo à produção interna de carne verde, objetivando

---

[1] DIAS, Maria Odila Leite da Silva. Prefácio. In: *Tropas da moderação*: o abastecimento da Corte na formação política do Brasil – 1808-1842. São Paulo: Símbolo, 1979, p. 19-20.

[2] PARÁ, Governo da Província do. Mensagem do Presidente José Paes de Carvalho no dia 5 de Fevereiro de 1900. Disponível em: <www.crl.edu/areastudies/LAMP/indez.htm>. Acesso em: 7 mai. 2006, p. 21.

superar a problemática da crise desse produto, que, diga-se de passagem, atravessou os anos do Império e se agravou com o início da República.

Em relação à intervenção do poder público no abastecimento de alimentos, Carlos Roberto chama a atenção, ao afirmar que a produção historiográfica nacional ainda não deu a devida atenção para os novos campos de investigação, os quais emergem a partir dos estudos do abastecimento, e que a penúria e a carestia de alimentos motivaram as primeiras intervenções do poder central junto aos mandonismos locais.[3] Pensando nisso, o que se vê, portanto, no contexto paraense são intervenções pelas quais as autoridades administrativas buscavam solucionar o problema da alimentação, de acordo com suas conveniências pessoais.

Assim, pelas fontes examinadas, parece que a carne estava na ordem do dia, face às notícias de escassez, carestia, má qualidade e formas de negociações e interesses entre comerciantes, produtores e administradores políticos. Mas é preciso ser cauteloso para se evitar possíveis equívocos e generalizações, pois, em menor proporção, aparecem nos documentos queixas a respeito do peixe e da farinha de mandioca. Por isso, é importante observar o que Maria Yedda Linhares escreve sobre a carne:

> Nenhum outro gênero, porém, provocou mais celeuma na opinião e descontentamento entre as populações consumidoras, também nenhum outro como ele deixou documentação tão rica e abundante nos arquivos brasileiros, a ponto de se poder afirmar, sem grande exagero, que a história do abastecimento no Brasil é, sobretudo, a história da carne verde.[4]

---

3   SANTOS, Carlos Roberto Antunes dos. Introdução. In: *História da alimentação no Paraná*. Curitiba: Fundação Cultural, 1995, p. 11.

4   LINHARES, Maria Yedda. *História do Abastecimento:* uma problemática em questão (1500-1918). Brasília: Binagri, 1979, p. 192.

Em um plano geral, a constatação de Maria Yedda Linhares, referente à história do abastecimento no Brasil, estabelece um ponto de convergência para as informações extraídas dos documentos pesquisados entre 1897 e 1909. Apesar disso, neles não há gritos e alvoroços da população, mas tentativas e propostas voltadas para a contenção dessa crise de subsistência, que paira sobre o abastecimento de carne verde na cidade.

Antes de seguir adiante, é pertinente destacar que a vasta documentação disponível sobre esse gênero alimentício é evidente nos acervos consultados, e que não se pode negar a importância dessa teoria sobre o abastecimento entre os debates acadêmicos.

Percebida a questão, retoma-se a mensagem pronunciada por Paes de Carvalho no dia 5 de fevereiro de 1900. Nela, verifica-se que a falta de alimentos assolava quase todo o interior. Porém,

> [...] de sorte que podemos assignalar a anormalidade de vivermos em um paiz rico e atravessarmos uma epocha de prosperidade relativa em lucta com o magno problema de boa subsistencia para uma população laboriosa e em constante aumento.[5]

Para o governador, o que ocorreu na época corresponde a uma anormalidade, pois esse acontecimento estava inserido no momento áureo da economia da borracha. É interessante observar, ainda, que os índices demográficos apontavam para um crescimento populacional em paralelo a um problema de subsistência alimentar. O que chama a atenção é a utilização do adjetivo *laborioso* para a população, sugerindo uma preocupação com a alimentação dos imigrantes estrangeiros, ocupados em desenvolver a agricultura da região, em oposição à população nativa.

Paes de Carvalho completa ainda que, no interior, os clamores da população foram atendidos pela Intendência, que subvencionou a abertura de talhos nas principais cidades. No caso de Belém, esse serviço é

---

5 CARVALHO, 1900. *Op. cit.*, p. 21.

de responsabilidade municipal; apesar disso, parece existir um diálogo com o governo a fim de melhorar a questão da alimentação, apoiando-se nas Leis e nas Resoluções Municipais em vigor.

Há de se destacar que, nesse momento, o governador era Paes de Carvalho e o Intendente Municipal era Antônio Lemos, ambos do Partido Republicano do Pará, não havendo teoricamente dificuldades na aprovação de projetos de subvenção de alimentos.[6]

Nesse sentido, para o governador, a solução da crise que, havia alguns anos, preocupava a administração à qual estava na expansão dos núcleos produtores de gado, sendo o estado dotado de vastíssimas áreas apropriadas ao desenvolvimento e à prosperidade da indústria pastoril. Logo:

> Estão predestinadas a essa industria as tres grandes ilhas do estuario do Amazonas, as campinas da região do salgado, os campos geraes da Guyana Brazileira, os vastos territorios banhados pelo Tocantins, pelo Xingú, pelo Tapajós, pelo Trambetas, quasi todo o Baixo Amazonas, as regiões limitrophes dos Estados do Maranhão, de Goyaz e Matto Grosso. Sendo a industria mais viavel em o nosso Estado, ella se desenvolverá rapidamente, como aconteceu na America do Norte, em Venezuela, na Republica Argentina, na Australia, desde que se manifeste com energia a iniciativa particular, devidamente estimulada pelos poderes publicos. O futuro da industria pecuaria, com effeito, depende menos da acção do governo do que d'aquella iniciativa, que, entre nós, desde o seculo passado, produzio em Marajó os melhores resultados, quando o labor dos padres da companhia substituiu n'essa ilha as malocas indigenas por vastas fazendas de criação de gado.[7]

Diante do exposto, é evidente que o problema da alimentação limitava-se à carne, sendo a indústria pastoril o foco das inquietações

---

6   *Op. cit.*

7   *Ibidem*, p. 21-22.

das autoridades da época. No entanto, é preciso ter uma leitura atenta da proposta apresentada pelo governador, que deve ser tomada com ressalvas, pois os núcleos voltados para a produção de carne eram distantes da capital, implicando a criação de novas rotas de comunicação, que interligariam as áreas produtoras e os mercados consumidores, demandando tempo.

Paes de Carvalho concebe a indústria pastoril como a mais viável do estado, e para o seu desenvolvimento, era necessário a intervenção do governo para subsidiar ou contratar empresas voltadas ao fornecimento de alimentos. Na mensagem, fica exposto que o futuro não dependia das políticas e dos projetos do estado, tomando como exemplo, o sucesso dos padres da companhia de Jesus na atividade pecuária do Marajó.

Era recomendado, na mensagem, que os pecuaristas abandonassem as formas tradicionais[8] de criação de gado e utilizassem um método que seguisse os preceitos científicos. Todavia, de acordo com as suas condições financeiras, aos olhos do governador, essa técnica científica,[9] que já era empregada em todos os países onde a agronomia estava assentada, deveria promover resultados significativos.[10]

O governador justificava os elevados investimentos destinados à inovação da indústria pecuária, assegurando que os fazendeiros seriam recompensados com o aumento dos lucros dessa indústria.

No relatório apresentado ao Conselho Municipal de Belém na sessão de 15 de novembro de 1905, o Intendente Antônio Lemos retoma as preocupações de Paes de Carvalho sobre as técnicas científicas que

---

8   A forma tradicional, a qual os animais eram criados, foi aquela onde os rebanhos ficavam soltos nos pastos e sujeitos aos perigos dos predadores, das doenças e da adversidade da natureza, implicando na qualidade da sua carne.

9   A técnica científica a qual o governador se refere é aquela em que os fazendeiros passam a se preocupar com o melhoramento das raças, com a alimentação dos animais, com a idade apropriada para as reses serem abatidas, com o pasto e com as questões das doenças que atacavam o gado naquela época.

10 *Ibidem*, p. 22.

deveriam ser aplicadas à indústria pastoril. Para ele, não bastava ter um campo de criação e reprodutores.[11] É significativo o interesse do governo no desenvolvimento da pecuária da região. No pronunciamento de Paes de Carvalho, consta que a Ilha do Marajó tinha sido mais bem policiada, e um estudo e orçamentos referentes às suas necessidades passariam a ser realizados por um engenheiro nacional, tendo em vista o fracasso do engenheiro holandês encarregado dessa tarefa. Mencionava que estava convencido que, com o esforço inteligente, a "boa vontade" do governo e com a obstinação nessa atividade, brevemente a produção de gado marajoara supriria as necessidades fisiológicas da população urbana.[12]

Nesse sentido, fica claro, no argumento do administrador público, que os investimentos do estado deveriam ser destinados à indústria pastoril, a fim de solucionar esse problema na alimentação. Porém, diante do aparente empenho do governador em suprir a demanda da população por carne verde, esses resultados não seriam imediatos, embora demandassem certa urgência. Dessa forma, recorria-se à importação, que favorecia os comerciantes e os empresários do ramo de transportes e importação.

Desse modo, os discursos de escassez e de carestia de carne verde foram concebidos como verdades pelas autoridades,[13] impondo-se uma tentativa de dominação da população ao propor a importação como uma solução para tais problemas. É certo que tal prática estava

---

11 LEMOS, Antônio. *O Municipio de Belém*: Relatorio Apresentado ao Conselho Municipal de Belém na sessão de 15 de novembro de 1905 pelo Senador Intendente Antonio José de Lemos. 1905, p. 135.

12 LEMOS, 1905, p. 22.

13 Foucault ilumina os pressupostos deste capítulo ao apresentar que a produção dos discursos em todas as sociedades é selecionada e regulada, determinando o que pode ser dito. As interdições revelam sua ligação com o desejo e o poder. FOUCAULT, Michael. *A ordem do discurso*: aula inaugural no collège de France, pronunciada em 2 de dezembro de 1970. 19 ed. São Paulo: Editora Loyola, 2009, p. 10.

entrelaçada por diversas teias de interesses, o que sugere um novo olhar a respeito da ideia de escassez.

Consta na mensagem que a aplicação das medidas apresentadas anteriormente resolveria os problemas enfrentados pela indústria pastoril marajoara, quanto ao fornecimento de carne para a capital, em curto espaço de tempo e com a vantagem de ficar estabelecido a poucas horas de Belém.[14]

Outra medida que deveria ser tomada para a resolução dessa questão era a construção de vias terrestres, que integrariam a capital aos estados produtores de carne, suprindo a população da insuficiência desse gênero, ao mesmo tempo em que se criariam zonas de abastecimento, incentivo à importação e à formação de um mercado interno. "E' por isso que o governo olha com interesse para a execução da estrada de Alcobaça, e acha que são melhoramentos de grande alcance as projectadas estradas do Xingú e do Tapajós".[15]

Não se pode esquecer todo o interesse do governo, em que essas obras demandavam longos períodos para a sua conclusão. Sabendo disso, Paes de Carvalho retomava o discurso que versava sobre a necessidade de medidas que apresentassem resultados imediatos para o suprimento da população, com fartura de carne e preços módicos.[16] É certo que as motivações e as preocupações do governo estavam longe de atender a população, mas, para seu êxito, tornava-se necessário usar esse discurso, que sugere as diversas estratégias das autoridades para o controle do mercado de abastecimento, nesse caso, através da importação.

De todo modo, reside nesse trecho da mensagem a possível justificativa para as reais intenções do governador, ou seja, a política de importação de carne de outras regiões. O ponto de partida para esse pressuposto emerge no momento em que Paes de Carvalho sinaliza que

---

14   CARVALHO, 1900. *Op. cit.*, p. 22.
15   *Ibidem.*
16   *Ibidem.*

as medidas voltadas para o abastecimento deviam ser imediatas, restando somente o recurso da importação.

Até aqui, observou-se uma série de projetos e de medidas voltadas para o desenvolvimento da indústria pastoril do Pará. Aparentemente eles ficaram circunscritos às mensagens e aos relatórios, pois, certamente a intenção do governador era o incentivo à importação, na medida em que a "solução" da crise devia ser instantânea.

Porém, havia alguns empecilhos para tal prática: um deles provém do clima local, impossibilitando a importação de carnes congeladas do Rio da Prata ou de Chicago, através de Nova Iorque. Além disso, a importação do boi em pé da Venezuela e do Texas, via Galveston, era muito onerosa. Por último, Paes de Carvalho evidenciava que o fornecimento de carne verde das fazendas do Piauí e do Ceará, nessa época, já não atendia à demanda da capital, face de sua maciça exploração.

Sendo assim, a única alternativa para o provimento da população seria a importação de carne argentina ou do Rio Grande do Sul. Para o governador, as experiências com a importação do gado argentino se mostravam inviáveis pelos prejuízos gerados aos marchantes, bem como para o tesouro. A partir dessa constatação, ele optou, nesse contexto, pela importação do gado gaúcho em função da qualidade e dos preços.[17]

Em tais condições, a autoridade política preferiu a implementação de medidas voltadas para o abastecimento de carnes através da importação, já que, na concepção do administrador, a normalização do abastecimento de carnes seria resolvida a partir da integração dos produtores e consumidores pela navegação direta e subvencionada, que renderia elevados impostos ao governo. Desse modo, pressupõe-se que a oscilação dos discursos entre escassez e abundância de recursos alimentares, especialmente da carne verde, e as intervenções políticas são, para essa época, sinônimos.

---

17   CARVALHO, 1900. *Op. cit.*, p. 23.

A administração, ao abrir a licitação pública para a contratação dos serviços de transporte e de fornecimento de gado, poderia privilegiar as grandes firmas e a elite importadora, gerando um monopólio desse comércio na medida em que dificultava a prática dos atravessadores e o estímulo à competição, o que favorecia a população. Essa situação era justificada por ser uma tentativa de baixar o valor da carne, torná-la abundante no mercado e, principalmente evitar que esse gênero se tornasse escasso.[18]

Esse comércio realizado com outras regiões produtoras, de certa forma, supriria a capital, mas cabe lembrar que essas avaliações eram paliativas, não resolvendo o problema de fato. Em 1990, Leonila Teixeira Barbosa já escrevia que a importação de carne verde para Belém, entre os anos de 1902-1908, foi, na realidade, uma medida preventiva que beneficiava as autoridades e marchantes envolvidos na importação, questionando a existência de um problema no abastecimento.[19]

Nessa perspectiva, notou-se, diante do discurso do governador, que o problema no abastecimento de víveres à capital não foi uma novidade; ela era anterior à gestão de Paes de Carvalho, visto que, nos relatórios, falas, mensagens e jornais consultados entre os anos de 1858 até 1909, encontram-se informações sobre essa questão. Entretanto, parece que foi a partir do período republicano que ela ganhou perfil de urgência, mesmo havendo demanda.

O governador, em seu discurso, como se pode observar, visava a solucionar a deficiência do abastecimento alimentar. Por outro lado, não é forçoso pressupor que as críticas direcionadas a Paes de Carvalho, nesse momento, estavam ligadas à importação de carnes e de suas medidas ilustrativas, as quais dificilmente poderiam ser aplicadas.

---

18   *Op. cit.*
19   BARBOSA, Leonila Teixeira. A importação de carne verde. In: *A política de abastecimento de carne verde em Belém 1902-1908*. Universidade Federal do Pará – TCC. Caixa 10, nº 163, 1990, p. 16.

Em aproximadamente um ano, o governador publicava outra resolução, tratando das questões alimentares. Pela documentação é possível perceber que as regulamentações já apresentadas na mensagem de Paes de Carvalho, datada de 5 de fevereiro de 1900, também referente ao abastecimento de carnes, foram apenas tentativas do governo. Nessa condição, em 1º de fevereiro de 1901, o governador pronunciava: "concordei com a Intendencia que ella abrisse concorrencia para esse fim, mediante certas vantagens pelo Thesouro e outras, taes como concessões de talhos, dispensa de direitos etc., pela municipalidade".[20]

Antes disso, no dia 29 de dezembro de 1899, foi aberta outra concorrência, em que foram publicados editais nas cidades do Rio de Janeiro, Montevidéu e Buenos Aires. Muito embora, conforme o documento, as vantagens oferecidas pela Intendência em conjunto com a administração – como a concessão de talhos, por exemplo – não fossem suficientes para motivar o interesse dos marchantes, havendo na ocasião somente uma proposta, o signatário não compareceu para a assinatura do contrato, frustrando os projetos do governo. Além disso, consta no documento que estavam em atividade outras propostas, todavia, não correspondendo às expectativas do executivo.[21]

Esse relatório, na condição de documento oficial do estado do Pará, tornou-se um espaço privilegiado para a publicação das impressões positivas das ações tomadas pelo governo, atuando como um mecanismo de formação de opinião pública a favor dos seus interesses, como o caso de que nenhuma das propostas correspondessem aos anseios do chefe do executivo ou à ausência do candidato no ato de assinatura do contrato.

Por outro lado, esse documento não informa detalhes do edital e os motivos que levaram as propostas a serem abandonadas. Diante

---

20 PARÁ, Governo da Província do. Mensagem do Presidente José Paes de Carvalho no dia 1 de Fevereiro de 1901. Disponível em: <www.crl.edu/areastudies/LAMP/indez.htm>. Acesso em: 7 ago. 2006, p. 49.

21 CARVALHO, Paes de, 1901. *Op. cit.*, p. 49.

dessas condições, é preciso indagar sobre a atuação da Intendência e do governo nas questões da concorrência para o abastecimento de carnes, como também o papel dos fazendeiros, marchantes ou atravessadores e os açougueiros nas negociações em torno da produção, do comércio e distribuição da carne.

Nesse processo, Paes de Carvalho lembra que o sr. Miguel Pedro Shelley havia se encontrado com o intendente, tendo em vista promover a importação de gado vacum dos Estados Unidos para a capital do Pará.[22] Mas de acordo com a mensagem o sr. Miguel Shelley, ele não tinha interesse nas subvenções oferecidas pelo governo, queria somente alguns favores do município.

O administrador público não esclarece quais seriam os favores estipulados, deixando "no ar" inúmeras possibilidades de privilégios. Pressupõe-se, então, que a concessão do livre comércio desse gênero na capital e a isenção de impostos poderiam ser algumas opções. Isso abre precedente para vislumbrar possíveis negociações realizadas entre as autoridades e os marchantes/comerciantes da época. O documento sugere que o interesse era grande por parte desse marchante, ao ponto de ele viajar a Nova Iorque com uma apresentação do governador, endereçada ao ministro brasileiro em Washington, buscando auxílios para tal projeto de exportação.

Ao que tudo indica, os esforços do governador procuravam, na realidade, tranquilizar a população sobre a questão da insuficiência de carnes durante o ano de 1901. Sob alegação de escassez, a importação passou a ser o El Dorado do governo.

Para ele, uma crise no abastecimento de carne para o ano de 1901 era meramente especulação, não só pelo fato de haver marchantes importando gado argentino, o que garantia o abastecimento até o mês de agosto, sendo que, após esse mês, o governo passaria a importar gado do Ceará e enviar para a Ilha do Marajó. Os animais importados, mais

---

22 *Ibidem.*

a criação local, por sua vez, atenderiam às necessidades da população a partir daquela data.[23]

Alguns dias antes da apresentação do relatório, em 15 de janeiro daquele ano, a *Folha do Norte* publicava que já havia se passado três anos desde que Paes de Carvalho e a Intendência de Belém prometeram empenhar-se em promover abundância, qualidade e preços baixos da carne. No entanto, os rumores de escassez e carestia da carne (2$500) chegavam ao conhecimento da população, contrariando o discurso de Paes de Carvalho.[24]

Para a *Folha do Norte*, a situação poderia piorar caso fosse eleito para governador Augusto Montenegro, que possuía fazendas em Chaves, ou Lyra Castro, fazendeiro em Cachoeira e vice-governador (1902), e que, anos depois, presidiu a comissão organizadora do Congresso de Fazendeiros de 1907. Assim, o jornal comentava que a carne subiria para 3$000 réis e haveria a prisão para quem reclamasse. Por fim, sabe-se que quem sucedeu Paes de Carvalho foi Augusto Montenegro.[25]

A parceria da qual o jornal tratava autorizava Antônio Lemos, mediante Resolução n° 38 de 6 de dezembro de 1898, a atuar em parceria com o governo, a fim de evitarem juntos possíveis crises de alimentos, em especial de carnes verdes destinadas ao consumo da população. É interessante observar o apoio dispensado pelas autoridades à Intendência naquele ano, indo de recursos materiais até trabalhadores para os serviços de fiscalização do abastecimento por "conta do Thesouro do Estado e melhorar, desde já, as condições do curro publico, em ordem a facilitar o desembarque a accommodações do gado nesse estabelecimento".[26]

---

23 CARVALHO, Paes de, 1901. *Op. cit.*, p. 49-50.

24 A FOME. *Folha do Norte*. Belém, p. 1. Terça-feira. 16 de janeiro de 1901.

25 *Ibidem*.

26 LEMOS, Antônio. *Conselho Municipal de Belém*. Leis e Resoluções Municipaes (1898) do Senador Antonio José de Lemos. 1899, p. 70.

2.2 A imprensa paraense e a questão das carnes verdes

Em contraste com esses discursos políticos, percebeu-se nos jornais *O Binoculo*,[27] *O Holophote* e a *Folha do Norte* que tais periódicos tentavam definir as posições e as interpretações das práticas administrativas dos políticos do estado ao dar visibilidade a problemas ocorridos na produção, no comércio e na distribuição de alimentos na cidade. Desse modo:

> A imprensa local foi um instrumento importante para a publicização dessas preocupações e dos anseios de muitos moradores, na medida que se utilizavam desse meio para deixarem suas impressões sobre os problemas enfrentados, bem como para reclamarem direitos que consideravam desrespeitados cotidianamente.[28]

Contudo,

> Os diversos materiais da Imprensa, jornais, revistas, almanaques, panfletos, não existem para que os historiadores e cientistas sociais façam pesquisa. Transformar um jornal ou revista em fonte histórica é uma operação de escolha e seleção feita pelo historiador e que supõe seu tratamento teórico e metodológico. Trata-se de entender a Imprensa como linguagem constitutiva do social, detém uma historicidade e peculiaridades próprias, e requer ser trabalhada e compreendida como tal, desvendando, a cada momento, as relações imprensa/sociedade, e os movimentos de constituição e instituição do social que esta relação propõe.[29]

---

27 Ver: NEVES, Maira Wanderley. *O mundo binoquiano: narrativas, mulheres e modernidade em Belém do Pará.* Belém: Instituto de Filosofia e Ciências Humanas, Programa de Pós-Graduação em História Social da Amazônia, Belém, 2010. Dissertação de Mestrado em História.

28 LACERDA, Franciane Gama. "Reclamações do Povo": Luta por direitos na cidade, seringais e núcleos coloniais da Amazônia brasileira (séculos XIX e XX). In: *História e Direito – Revista Projeto História*, nº 33. São Paulo, EDUC, dezembro 2006, p. 64.

29 CRUZ, Heloiza; CUNHA PEIXOTO, Maria do Rosário. Na oficina do historiador: conversas sobre história e imprensa. In: *História e Imprensa – Revista Projeto História*, nº 35. São Paulo,

Além disso, é necessário estar atento à intencionalidade dos artigos publicados e às relações de poder existentes em suas publicações, pois, segundo Eduard P. Thompson, "temos de ler, não só as entrelinhas das cartas recebidas, mas também as cartas que nunca foram enviadas".[30] A posição política da *Folha do Norte* em relação à Intendência é clara. Nesse caso, Antônio Lemos, na condição de administrador político da época (1897-1911), e os governadores Paes de Carvalho (1897-1901) e Augusto Montenegro (1901-1909) foram alvos prediletos das críticas disparadas por Enéas Martins e por Cipriano Santos, sócios e fundadores da *Folha do Norte*.

É pertinente ressaltar que Enéas Martins veio a ser governador do estado entre os anos de 1913 e 1917. Não por acaso, foram formuladas inúmeras críticas aos administradores da época, vindas dos redatores, articulistas e colunistas da *Folha do Norte*. Após o rompimento entre o partido Republicano Federal, implantado no Pará por Lauro Sodré em 1898, e o Partido Republicano Paraense, a tensão política entre Antônio Lemos e Lauro Sodré se tornou pública e dividiu a população.[31]

Assim, é fácil interpretar, ou até mesmo entender, as "causas e consequências" da deficiência no abastecimento de carnes verdes que eventualmente afetaram a população de Belém, publicadas na *Folha do Norte*. Dessa maneira, é preciso investigar o tema do abastecimento de carnes não somente pelo ativismo e pelo radicalismo das alianças, como também pelas disputas políticas visíveis nas publicações da imprensa paraense de oposição. Desse modo, procurou-se recuperar, diante das

---

EDUC, dezembro 2007, p. 260.

30   THOMPSON, E. P. Um exército de justiceiros. In: *A formação da classe operária inglesa III*: A força dos trabalhadores. Rio de Janeiro: Paz e Terra, 1987, p. 55.

31   Alan Watrin Coelho faz referência a esse embate em sua dissertação intitulada: *A ciência do governar*: positivismo, evolucionismo e natureza em Lauro Sodré. Dissertação de mestrado em História Social da UFPA. 2006.

tensões[32] existentes entre os jornais e as autoridades políticas, os usos políticos da ideia de escassez no contexto da *belle époque* paraense.

Portanto, as dificuldades relacionadas ao provimento de alimentos precisam ser analisadas como um campo tenso e instigante, que envolve a formação e a manutenção de monopólios do fornecimento e da circulação da carne e as tentativas das autoridades de imporem/regularem o abastecimento desse gênero por meio de uma política de intervenção sistemática do Estado, aprovada pela câmara municipal, o que contrariava a doutrina do liberalismo econômico adotado por alguns governadores do Pará.[33] Tal articulação, participação e controle do Estado em um mercado livre foi pensada e justificada, seguramente, no benefício e no interesse dos grandes comerciantes envolvidos nesse negócio.

Essa intervenção política no mercado da carne verde foi justificada pelo discurso de regularização do provimento desse alimento para a população. Em contrapartida, e em "nome do povo", os jornais também se empenhavam na luta contra a fome, anunciando como "causa" da escassez de carne verde a política de abastecimento adotada pelo governo da época. Nesse ínterim, o povo foi incluído compulsoriamente no debate, como uma desculpa para a execução de projetos e para a intervenção no mercado. É certo que a documentação disponível não traduz de fato os anseios, os desejos e as visões da população, pelo fato de que quem detinha o poder de denunciar e de criticar eram os políticos e os jornalistas. Acrescente-se a esse debate que a elite passou a se organizar nesse contexto com o Estado para defender os seus interesses.

---

32 LACERDA, Franciane Gama; SARGES, Maria de Nazaré. De Herodes para Pilatos: violência e poder na Belém da virada do século XIX para o XX. In: *História e Violência – Revista Projeto História*. nº 38. São Paulo, EDUC, jun. 2009.

33 Dentre eles, Henrique Pedro Carlos de Beaurepaire Rohan, natural de Niterói e presidente da província do Pará entre os anos de 1856-1857, e Francisco Carlos de Araújo Brusque, de Porto Alegre e presidente entre 1861-1863.

Considera-se que a escassez, a carestia e a falta de carne resultavam da ação de monopolistas, como Miguel Pedro Shelley, A. F. d'Oliveira, José Joaquim d'Assumpção, Gracie Filho, Antônio Pontes, Nunes Ferreira, Penna & Filhos, Monard & Cardoso e a Companhia Pastoril, que regulavam o abastecimento de carne por meio dos contratos de privilégio para o fornecimento desse produto. Percebe-se que esses negociantes,[34] ao reterem esse alimento, objetivavam a elevação do seu preço, reconhecido no material consultado referentes aos séculos XIX-XX, estabelecendo, assim, relações com o conceito de economia moral da multidão, cunhada por E. P. Thompson, a respeito dos motins da fome na Inglaterra do século XVIII. Para o autor, esses motins não foram uma reação contra a fome, pelo contrário. Thompson acreditava haver um padrão no comportamento da multidão, motivado pela destruição das formas tradicionais de vida a partir da ganância dos comerciantes que aumentavam o preço dos alimentos (pão e trigo, por exemplo), regulados pelos costumes tradicionais, impondo dificuldades à população.[35]

O conceito de economia moral se mostrou fundamental para questionar o papel da população de Belém, a partir dos documentos consultados, em relação à falta de carne nesse período. Por certo, a imprensa, ao assumir uma posição política, buscava sinalizar aos leitores os caminhos a serem seguidos. Parece que esses jornais acreditavam ser portadores da verdade, ao questionarem o problema do abastecimento. Mas é preciso se perguntar quais os interesses e os motivos das inúmeras publicações sobre a escassez de carne constante em seus artigos.

---

34   Segundo Bates: "[...] O comércio – por atacado e a varejo – estava nas mãos dos portugueses, que ali somavam 2.500". BATES, Henry Walter. O Pará. In: *Um naturalista no Rio Amazonas*. Belo Horizonte: Ed. Itatiaia; São Paulo: Ed. da Universidade de São Paulo, 1979, p. 25.

35   THOMPSON, Eduard Palmer. A economia moral da multidão inglesa no século XVIII. In: *Costumes em comum*: estudos sobre a cultura popular tradicional. São Paulo: Companhia das Letras, 1998, p. 152.

Outro ponto importante é que a *Folha do Norte*, defendia em seus artigos os interesses do Partido Republicano. Apoiando Lauro Sodré, fazia campanha e denunciava os possíveis desvios administrativos de Antônio Lemos. Sua leitura sobre o contexto não foi imparcial, assim, revelou ser, em suas páginas, uma espécie de vitrine, expondo as tensões, as negociações e os problemas no abastecimento de carne verde, o que se confirma no episódio da concorrência para o serviço de navegação a vapor e para o abastecimento de carne, entre Buenos Aires e Belém, aberta em 7 de dezembro de 1898.

O periódico transcreveu, em 8 de janeiro de 1899, uma notícia sobre a abertura de um edital, publicado no jornal *A Província do Pará*, o qual denominou de "jornal do coronel intendente", provavelmente pelo fato de que *A Província do Pará* pertencia a Antônio Lemos e à família Chermont (representada por Antônio e Pedro Chermont).[36] Não obstante, no dia 7 de janeiro, o periódico publicou o referido edital, em que denunciava o recebimento, por parte da Intendência, de propostas para os serviços de navegação e de abastecimento de carne da Argentina. Ainda conforme o edital, o prazo final para o recebimento era segunda-feira, 9 de janeiro, até às 10 horas, uma vez que o domingo era feriado.

A escassez ou carestia de carne se tornou, para os anos deste estudo, um tema privilegiado apenas nos jornais de oposição ao governo. Isso se confirma quando da consulta da *Província do Pará*, em que notícias a propósito da escassez e da problemática da carne eram desconhecidas dos redatores daquele jornal. Esse periódico tentou construir uma representação da cidade, à semelhança dos grandes centros europeus.

Aqueles silêncios evocados, de modo geral, sugerem a tentativa de resguardar certos problemas enfrentados pela população, a partir das alianças efetuadas entre alguns periódicos e os grupos políticos da

---

36 Consta na obra *O Annuario de Belém* que Bento e José Chermont, filhos de Antonio de Lacerda Chermont, Visconde de Arari, foram correspondentes na capital paraense do jornal do Comércio do Rio de Janeiro. MOURA, Ignacio. ANNUARIO DE BELÉM: EM COMMEMORAÇÃO DO SEU TRICENTENARIO 1616-1916: Historico, Litterario e Commercial. 1915. p, 171.

época. Selecionado e legitimando uma história oficial sobre a alimentação pública da população de Belém, emoldurando-a no *foyer* das grandes obras da Intendência.

Por outro lado, conceber o pressuposto de que a imprensa paraense atuava como porta-voz dos direitos da população – principalmente em defesa do fornecimento regular, da qualidade e dos preços baixos da carne – por meio da publicação de seus dramas da vida cotidiana,[37] geralmente nas primeiras páginas ou nas colunas de destaque, merece ser repensado, pois havia, nesse contexto, diversos grupos sociais com diferentes concepções e representações sobre o problema no abastecimento de carne.

De toda forma, deve-se considerar que as informações a respeito de um problema alimentar enfrentado pelas camadas economicamente desfavorecidas de Belém estavam atreladas àqueles que detinham o poder e os interesses com a "invenção" da escassez de carne. Assim, é preciso rever esse saber institucionalizado e elitizado sobre a questão das carnes verdes. Questiona-se neste momento: até que ponto a escassez desse gênero alimentício afetou a dieta e a sobrevivência da população de Belém?

Em meio aos problemas do provimento de carne experimentado pela população, no recorte selecionado para este livro, não foi possível

[37] A ideia de vida cotidiana usada neste texto segue os preceitos de Agnes Heller. Segundo ela: "A vida cotidiana é a vida do homem inteiro; ou seja, o homem participa na vida cotidiana com todos os aspectos de sua individualidade, de sua personalidade. Nela, colocam-se "em funcionamento" todos os seus sentidos, todas as suas capacidades intelectuais, suas habilidades manipulativas, seus sentimentos, paixões, idéias, ideologias. O fato de que todas as suas capacidades se coloquem em funcionamento determina também, naturalmente, que nenhuma delas possa realizar-se, nem de longe, em toda sua intensidade. O homem da cotidianidade é atuante e fruidor, ativo e receptivo, mas não tem nem tempo nem possibilidade de se absorver inteiramente em nenhum desses aspectos; por isso, não pode aguçá-los em toda sua intensidade.
A vida cotidiana é, em grande medida, heterogênea; e isso sob vários aspectos, sobretudo no que se refere ao conteúdo e à significação ou importância de nossos tipos de atividade. São partes orgânicas da vida cotidiana: a organização do trabalho e da vida privada, os lazeres e o descanso, a atividade social sistematizada, o intercâmbio e a purificação". HALLER, Agnes. Estrutura da vida cotidiana. In: *O cotidiano e a história*. São Paulo: Paz e Terra, 2008, p. 31-32.

visualizar nenhuma forma de revolta contra as autoridades ou comerciantes na busca por melhores preços de carne, sua abundância no mercado e na qualidade, como os motins da fome na Inglaterra do século XVIII, a exemplo do:

> Grande Motim do Queijo" na Feira do Ganso em Nottingham, em 1764, quando queijos inteiros rolaram pelas ruas; ou o motim na mesma cidade, em 1788, provocado pelo alto preço da carne, quando as portas e venezianas dos açougues foram arrancadas e incendiadas, juntamente com os livros de contas dos açougueiros, na praça do mercado.[38]

Ou como o motim ocorrido na cidade de Salvador no ano de 1858, conhecido como 'Carne sem osso, farinha sem caroço', no qual a população protestava contra os elevados valores da farinha e da sua escassez, ocasionando atos de violência na cidade.[39]

Aceitar que o mal-estar da falta de carne desencadeasse manifestações populares em Belém é limitar a resistência popular, deixando à margem as formas e práticas de sobrevivência. De acordo com Maria Odila Leite da Silva Dias, as estratégias de sobrevivência utilizadas pelas mulheres pobres da cidade de São Paulo do século XVIII foi o contrabando, diante das irregularidades no fornecimento de alimentos, do fisco e monopólio. Para a autora, "não se declarava de onde nem como vieram: tinham também um pouco da aura do mágico e do furtivo".[40]

O jornal bissemanal *O Holophote*, que circulou na capital entre os meses de maio e abril de 1897, não se furtou em criticar a Intendência em seus artigos, com a pretensão de "clarear" os problemas do abastecimento de carne experimentada pela população. Por trás da vitrine da

---

38 THOMPSON, E. P. As fortalezas de Satanás. In: A formação da classe operária inglesa 1: A árvore da liberdade. Vol. 1, 4 ed. Rio de Janeiro: Paz e Terra, 1987, p. 67.

39 AGUIAR, Manoel Pinto de. O motim de 1858. In: *Abastecimento*: crises, motins e integração. Rio de Janeiro: Philobiblion, 1985, p. 67.

40 DIAS, Maria Odila Leite da Silva. Padeiras e quitandeiras da vila: a resistência contra o fisco. In: *Quotidiano e poder em São Paulo no século XIX*. 2 ed. São Paulo: Brasiliense, 1995, p. 76.

belle époque, o periódico noticiou, em 2 de maio de 1897, sob o título "Carnes Verdes", as ligações ou vínculos políticos do Diário de Notícias com os partidos políticos, denominando de Sindicato da Fome os grupos envolvidos nesse negócio.[41]

Ele advertia que a fartura de carne naquele momento "é para inglez vêr e não duradura, dois dias de fome, indicam o prodomos de grandes machinações tramadas contra o povo e em via de excecução".[42] Ora, essa representação do periódico reitera as considerações e as leituras observadas nas páginas da *Folha do Norte*.

Não foi por acaso que se observou no artigo publicado no *Holophote*, direcionado ao administrador público, que: "O povo, esse que só é lembrado quando tem de com seo concurso, collocar nas culminancias do pobre esses personagens".[43] Dessa forma, para o jornal, a população deveria ser aparada nas circunstâncias de fome e de miséria em que se encontrava.

Assim, esse periódico, através do seu discurso inflamado, procurava incitar a população contra o descaso das autoridades em relação à instabilidade no abastecimento de carne.

> Povo acordai! Desprezai esse servilhismo que vos querem impor e impondes tambem aquelles, os vossos direitos e razões.
> Ide á caza ou o logar onde estejam os que tem por obrigação zelar sobre a vossa alimentação e façais com que elles deixem a figura de lesma de que se acham revestidos e venham comprir com os deveres de seos cargos, vos deneficiando, quando mais não seja, ao mesmo com a alimentação!
> A occazião é a melhor, e se não aproveitardes o ensejo de vos tomardes conhecido e grande, elegendo um Conselho sem peias, independente e patriotico,

---

41 "Carnes verdes". *O Holophote*. Belém, p. 1. 2 de maio de 1897.
42 *Ibidem*.
43 *Ibidem*.

serás novamente escravizado, perseguido e morto, pela fome, impostos e veixames.[44]

Certamente, O *Holophote* não estava comprometido apenas com a situação da alimentação popular, ele tentava criar no "povo" uma consciência crítica a respeito do seu comportamento diante dos problemas vivenciados cotidianamente. Tal debate permeou o conteúdo das publicações referentes ao tema da alimentação nesse periódico. Essa preocupação deixa claro o interesse comercial do jornal pela questão quando se observam os preços da assinatura.

Sabe-se que a assinatura desse periódico custava por mês, na capital, 3$000 réis; com direito a reclame, 5$000 réis; o número avulso do dia, 120$. Para o interior, a assinatura por mês era 3$500 réis, com reclame, 5$500, e o número atrasado custava 500$ réis. Sua circulação ficou restrita ao estado do Pará, e ao seu público leitor, os quais parece terem sido os grupos de poder aquisitivo elevado, face aos seus valores. Convém lembrar que a *Folha do Norte*, nesse mesmo período, cobrava por assinatura (com circulação e distribuição para toda a região Amazônica) 16$000 réis o semestre ou 30$000 réis por ano. Para outras regiões, fora das fronteiras da Amazônia, a assinatura por semestre custava 20$000 réis, 38$000 réis por ano, 100$ réis pelo avulso do dia e 500$ réis a publicação atrasada.

No artigo do *Holophote* publicado no dia 6 de maio de 1897, o jornal se apresentava ao leitor como guia leal e amigo sincero da população. Projetando-se como espelho da sociedade, noticiava que permanecia deficiente a quantidade de animais abatidos para o consumo da população. O periódico discutia que a ação dos monopolistas no mercado provocava a carestia e escassez de carne; contudo, "no dia que o povo comprinder que deve vingar-se dos que especulam com sua vida, negando-lhes por preço regular á alimentação, nós ao lado do mesmo povo, iremos procurar os turpes especuladores da carne verde e os aprezentaremos a execração

---

44   *Ibidem*.

publica".[45] Assim, o jornal pintou o quadro administrativo do governo à imagem e à semelhança de Judas, chamando para si a responsabilidade de informar e atuar em defesa da população.

O periódico denunciava a relação da imprensa paraense com os monopolistas, que se deixavam seduzir pelo ouro, prejudicando as camadas populares. Não sendo o caso do *Holophote*, ele, que militava a favor do povo e iria continuar denunciando os meios utilizados para explorar a fome da população, destacando a elevação do preço da carne. Portanto, *O Holophote* deixava de ser um instrumento de comunicação e se tornava um aliado, defensor e representante da população desfavorecida. Diante disso, escrevia em tom apelativo: "Explore-se todo, menos com a carne e o que tiver relação com á alimentação do povo".[46]

Seguindo essa concepção, o jornal *O Binoculo*, no ano de 1898, tendo em vista o enfoque aguçado dos problemas da carne verde, publicava alguns artigos a respeito da passividade da população e dos interesses e das articulações das autoridades. Esse periódico circulava nos espaços elitizados da cidade, ou seja, cafés, restaurantes e hotéis, como o Café Chic, o Bouquet Paraense, o Estaminet, o Novo Centro, o Paraíso das Flores, a Maison Dorée, Estrela Polar, Maison D'or, Restaurante Carneiro, Café Mendes Nunes e o High-Life Hotel, tendo em vista a adesão das camadas abastadas da cidade nos seus projetos contra o administrador público.

Ele convocava ainda o povo a se levantar contra as impunidades cometidas pelos marchantes e políticos nos negócios da carne, tendo como referencial a cabanagem, em 1835, em que o povo, diante da opressão das autoridades, tomou a cidade de Belém e implantou um novo governo. Desse modo, no dia 3 de junho de 1898, *O Binoculo* publicava, sob o título de "Prodomos da fome? 1", a insatisfação do jornal com a

---

45   "Carnes verdes". *O Holophote*. Belém, p. 2. 6 de maio de 1897.
46   "Carnes verdes". *O Holophote*. Belém, p. 1. 9 de maio de 1897.

falta de alimentos, principalmente de carne e de farinha, acusando os marchantes de promoverem aquela situação. De acordo com o jornal:

> Sim: é ela que bate-nos á porta; é ella que ameaça-nos com as suas fauces escancaradas. Acautelemo-nós! é o grito que parte de nós, pequenos, mas que já sentimos-lhe o effeito, é o grito que parte de nós, pequenos, que não possuimos cartões para mandar ao açougueiro.
> E esse grito que damos, é o grito que parte do povo, pequeno como nós, mas que sabe fazer-se grande, quando sente a agudez do martyrio; grande como soube fazer-se em 1835, depois de soffrer, humilde, a todos os vexames que lhe eram impostos.
> Não faciliteis, com a pacatêz deste povo, srs. que julgaes dominar tudo com o poder do vosso dinheiro.[47]

O periódico destacava que os marchantes justificavam a insuficiência no abastecimento de carne pela falta de transporte, o que provavelmente ocorreu na tentativa de provocar a carestia desse gênero em Belém. No entanto, o redator publicava que esses marchantes haviam fechado contrato para o abastecimento de carne para Manaus. A partir dessas informações, ficou claro que a escassez e carestia de carne, na realidade, foram objeto de especulação monopolista dos comerciantes e do governo, que, através de acordos, objetivavam "regulamentar" o fornecimento de carne, por meio de intervenção das autoridades, subvenções e importação de gado.

A prática do monopólio das carnes executada pelos marchantes, fazendeiros e grupos políticos aliados procurava acabar com qualquer concorrência. Ao assumir o controle do abastecimento, esses grupos podiam estipular qualquer valor para a carne. No contexto deste livro, foi de fácil constatação a prática da redução da oferta desse gênero como modo de forçar a subida do preço, pois os marchantes eram os únicos fornecedores de carne na época. Cabe ressaltar que, caso houvesse a

---

47 "Prodomos da fome? I." *O Binoculo*. Belém, p. 1. 3 de junho de 1898.

entrada de um novo concorrente – como Antônio Pontes, anteriormente apresentado –, por controlarem o mercado, eles rebaixariam o valor a níveis que dificilmente motivassem a entrada ou a permanência de concorrentes nesse mercado.

O *Binoculo* transcreveu uma notícia publicada pelo jornal *A Província do Pará* acerca da reunião ocorrida entre o governador do Estado e os marchantes, referente ao abastecimento de alimentos à capital. *A Província do Pará* avaliou, a partir das intervenções impetradas por Paes de Carvalho, governador do Estado naquela ocasião, que:

> 2º - que essa escassez desappareceu já com a importação, devido as providencias tomadas pelos interessados no commercio de carnes verdes.
> 3º - que não ha receio de falta de gado para regular o abastecimento do nosso mercado etc.
> 4º - que não ha tambem motivo para recear o augmento do preço da carne verde além da taxa de 1$600 por kilogramma, principalmente se der-se, como suppõe-se, a ascenção cambial".
> E o sr. Governador do Estado, accrescenta o referido jornal, "a vista destas conclusões, ficou convencido de que não ha por hora necessidade de utilizar-se da auctorisação que lhe foi concedida pelo Congresso legislativo para agir em caso de crise alimenticia.[48]

Diante desse discurso, pode-se concluir que o governo paraense tentava escamotear a falta da carne e a elevação do seu preço, como também evitava aplicar medidas para contornar esse estado, seguramente pelo fato de o comércio das carnes ser administrado pelos marchantes, que procuravam, através da escassez, especular o valor desse gênero de acordo com o interesse dos políticos. Porém, *A Província do Pará*, na visão do *Binoculo*, divulgava a ideia de fartura da carne verde, sendo consideradas, na opinião do jornal, as frequentes queixas e o descontentamento popular a respeito dessa questão. No caso, eram:

---

48   *O Binoculo*, 1898. *Op. cit.*, p. 1.

> Mentiras, sr. dr. Paes de Carvalho: no mesmo dia em que foi publicado o resultado da reunião foi diminuta a quantidade de carne no mercado, sendo raros os açougues que abriram-se nos bairros! Illudiram-n'o sr. dr. Governador. Quereis vê e ouvir o que o povo sente? Ide aos bairros afastados, á porta dos açougues.[49]

De acordo com o *Binoculo*, o que a população viu e experimentou, publicado no dia 3 de junho, foi uma experiência, "o balão de ensaio".[50] Sua observação, contudo, tentava alertar a povo sobre o "segundo arranco que não deve demorar muito!"[51] Com um tom irônico, informava que, para o alívio da população, os marchantes comunicaram ao governo que a carne não sofreria um reajusta maior que 100$ réis. Registrava que "comer carne de gado magro e caxingó, por 1$600, nada mais razoavel e barato. E devemos nos dar por satisfeitos e felizes emquanto... todos os vapores caxingentos não vão para as officinas concertar-se".[52] Por fim, a carne disponível na quinta-feira não foi suficiente, alertando a população.

Na continuação dos Prodomos da fome III? *O Binoculo* publicava, no dia 17 de junho de 1898, em contrapartida à aparente fartura alimentícia apresentada anteriormente, que a situação não poderia ser considerada como um problema resolvido e que a população precisava ficar preparada para lutar contra a fome, pois a prosperidade alimentícia evidenciada era uma estratégia de mercado:

> Não nos illudamos com a regularidade que, por estes dias, tem havido, em carnes verdes para o abastecimento da população.

---

49 *O Binoculo*, 1898. *Op. cit.*, p. 1.
50 "Prodomos da fome? II". *O Binoculo*. Belém, p. 1. 10 de junho de 1898.
51 *Idem*.
52 *Idem*.

> Acaouelemo-nos! O mal cerceia, e elle apparecerá quando de... bois só tivermos o cheiro da passagem para Manãos.
> Contrista-nos, devéras, vêr que o Estado dispende bôa parte de suas rendas para ter uma camara de representantes... do povo, a qual nada faz em beneficio deste.
> Ainda ha poucos dias encerrou-se o Congresso, e o que fizeram os Lycurgos?
> Votaram subvenções para navegações cujo fim são serviços eleitoraes; verbas para pontes e construções que nunca se acabam; privilégios etc.
> Tratou-se de subvencionar uma companhia de vapores para o transporte do gado rio da Prata, e como iam ferir interesses de marchantes, virou-se a lei do avêsso e votou-se outra; tratou-se de garantir as classes proletarias contra as desarrazoadas exigencias dos proprietarios do casas e ...a lei foi torcida e outra votada.[53]

Merece destaque na publicação do *Binoculo* a inoperância do governo em relação aos negócios dos marchantes, não podendo interferir no comércio do abastecimento de carnes por eles controlado, sendo as medidas adotadas correspondentes a simples engodo. Por isso, foi imediatamente abandonada a proposta do governo de subvencionar uma companhia de vapores voltada para o transporte do gado platino.

A seção Gazetilha da *Folha do Norte* privilegiou em seus artigos o tema da carne, sempre com críticas ásperas. Com efeito, o jornal afirmava, em 22 de maio de 1899, que os marchantes estavam inventando uma crise no abastecimento de carne como estratégia de mercado, forçando a elevação do preço desse gênero. De acordo com o jornal, durante três dias a população de Belém lutou contra a escassez de carne nos mercados.[54]

---

53 "Prodomos da fome? III". *O Binoculo*. Belém, p. 1. 17 de junho de 1898.
54 "A fome". *Folha do Norte*. Belém, p. 2. Segunda-feira, 22 de maio de 1899.

As manchetes, as colunas, as seções e os artigos sobre o tema da carne verde publicados pela *Folha do Norte* estavam obviamente para além da simples ênfase no assunto. O jornal definia o que poderia e deveria ser escrito entre os anos de 1897-1909. Assim, esse periódico marcava definitivamente sua posição na sociedade paraense do final do século XIX e início do XX, ao selecionar e excluir informações a respeito de outros temas. Desse modo, suas publicações foram escritas a partir dos interesses e das vontades dos seus proprietários e aliados.

Pensando nisso, no dia 19 de abril de 1902, a *Folha do Norte* publicou que a população estava consumindo carne barata ao valor de 2$000 réis em função da rivalidade entre marchantes: "Assim, a carnesinha verde, que já se não conseguia apear do Bond de 1$800, vale mil réis integral, desprezada a fracção, para honra dos nossos estomagos e louvor das nossas algibeiras".[55] Por conseguinte, o consumo da carne cresceu:

> Quem, apertando a barriga, se limitava a comprar dois, quando, para dar de comer ao familhão, precisava de quatro kilos, agora faz o abastecimento completo com o pequeno augmento de um cruzado na verba do açougue.[56]

Conforme *A Folha do Norte*, os baixos valores do quilo da carne, foram decorrentes da rivalidade entre os marchantes, embora o periódico alertasse que era preciso tomar cuidado para a elevação dos valores da carne, "especialmente depois de um periodo de perdas sensiveis como o que estão atravessando".[57] Não raro, os novos marchantes eram fazendeiros da Ilha do Marajó, de acordo com a *Folha do Norte*, em artigo publicado no dia 22 de abril de 1902. Desse modo, o jornal informava que eles entraram nesse ramo tendo em vista valorizar o gado

---

55 "E' barato! E' barato!". *Folha do Norte*. Belém, p. 1. Sabbado, 19 de abril de 1902.
56 *Ibidem*.
57 "E' barato! E' barato!". *Folha do Norte*. Belém, p. 1. Terça-feira, 22 de abril de 1902.

produzido na ilha, onde a indústria pastoril havia sido afetada pela importação de animais platinos e do caxingó. Em contrapartida:

> E' preciso que V.S. traduza o termo valorizar – pela expressão – duplo do seu justo valor – por quanto querem certos fazendeiros vender o seu gado, pois por pouco menos estavam elles vendendo, ainda não ha muito tempo, mediante gordos adeantamentos, no tempo das vaccas gordas, que já lá vão para a valla commum do passado. Como não ha bem que sempre dure... os alludidos fazendeiros, collocados na triste posição de quem é forçado a abster-se de um habito inventado, trataram de procurar meios que lhes illudisse o viciosinho tão bom a que estavam acostumados.[58]

O jornal acusava os marchantes de serem gananciosos. Assim, uma solução imediata para tal questão era abrir a marchanteria para "de uma cajadada, matar dous coelhos: dar uma ensinadela nos marchantes, cuja ganancia é, felizmente, por todos reconhecida, e valorisar o gado de Marajó!"[59] Visto que foi uma estratégia baixarem os valores da carne "afim de fazerem crêr que agem animados pelo desejo de favorecer o povo".[60]

Pode-se concluir, portanto, que o povo foi utilizado, nesse contexto, para a implantação de projetos e de mediações políticas da época. Os marchantes buscaram naquele momento defender o gado marajoara frente às importações de animais de outras regiões, por meio de valores abaixo do mercado para a carne, o que não atraía o interesse de outros marchantes. Isso ocorreu provavelmente pela presença de proprietários no governo. Em contrapartida, para a *Folha do Norte*:

> Baixando, porém, o preço da carne, obedeceram a outro movel mais pratico e conveniente aos proprios interesses, pois acreditam que forçarão os

---

58   *Op. cit.*
59   *Folha do Norte*, 1902. *Op. cit.*, p. 1.
60   *Ibidem*

> marchantes enfraquecidos pela crise que esta praça atravessa a ceder-lhes o logar que haviam conquistado a peso de sacrificios, e, tomando esse logar mesmo mediante qualquer accôrdo, elevarão logo, no dia seguinte, o preço da carne para 2$000 o kilo, ou 2$500, talvez. Quem sabe onde irá parar a valorisação do gado de Marajó?[61]

Mas havia outras formas de controle do mercado de abastecimento de carne no início do século XX. Portanto, tão emblemático quanto o título do artigo, "Carne a pobreza", foi o conteúdo da notícia publicada na quinta-feira, 1º de maio de 1902, na *Folha do Norte*, a respeito da distribuição de quinhentos cartões de 2 quilos de carne à população. De acordo com a matéria, um amigo não identificado do agente das loterias federais de Belém, o sr. Moura Ferro, ia promover, no dia 3 de maio, "aos pobres que para esse fim alli se apresentarem, habilitando-os a receber em talhos indicados no proprio cartão aquella quantidade de genero".[62] Mesmo que beneficiasse a população, essa atitude permitia perceber os novos caminhos seguidos pelos marchantes a fim de manipular a população.

Dentro dessa perspectiva, observa-se na crônica de Diognes, divulgada na *Folha do Norte* em 15 de junho de 1902, sob o título "A volta á magreza", o controle dos marchantes sobre o comércio da carne em Belém. O cronista escrevia que o caixeiro dos marchantes, ao prestar contas, no dia 14 de junho, do faturamento daquele dia, comentava ao açougueiro, com um sorriso malicioso: "Você amanhã não faça venda da carne sem reparar no Boletim da entrega. Que não vá você chorar na cama, depois, que é logar quente".[63]

Diognes publicou que estava na cena onde se desenrolou esse acontecimento: "Espetei as orelha, arregalei os olhos, e, já fóra de mim, chamei de parte o caixeiro e, muito humilde, muito timido, muito

---

61 *Op. cit.*

62 "Carne á pobreza". *Folha do Norte*. Belém, p. 1. Quinta-feira, 1 de maio de 1902.

63 "A volta á magreza". *Folha do Norte*. Belém, p. 1. Domingo, 15 de junho de 1902.

discreto".[64] Decerto, tal presença, no calor do momento, evocava dúvidas sobre a veracidade da matéria. Além disso, continuava Diognes a perguntar: "Meu caro senhor, preste-me por obsequio um relevante serviço: que quis o sr. dizer com aquelle negocio de boletim? Desculpe-me inserir no caso o meu bedelho, mas palpita-me que tenho que ver com o negocio".[65]

O cronista Diognes é objetivo nos seus questionamentos para com o açougueiro, buscando o máximo de informações sobre o negócio da carne. Com um toque de heroísmo contra o mal dos marchantes para com a população e os revendedores do gênero, traçou um perfil do açougueiro: tímido, humilde, sorriso encabulado, mostrando a passividade de vendedor em relação às ações dos marchantes. Observa-se ainda que, diante da questão levantada por Diognes, o açougueiro responde: "Assim, assim. Trata-se do preço da carne. De amanhã em deante o meu amigo dará 1$500 pelo kilinho, se quizer passar a boi".[66]

Buscando sensibilizar os leitores para a questão do monopólio e suas consequências, escrevia Diognes:

> Desorientado, com as extremidades geladas, recolhi à familia, a quem notifiquei a extranha nova.
> O meu povo ergueu um brado ao céo, unimo-nos todo na solidariedade de um protesto commum, que se traduzio por palavras energicas, cortantes, ferinas contra os srs. marchantes.
> Pela primeira vez depois que a carne desceu a mil réis, faltou-me o voraz appetite: limitei a minha parca refeição a uns quatro ou cinco bifes e a um pedaço de assado.
> Visivelmente afflicta, a mulher tambem nada comeu: limpou apenas o prato dos bifes, onde restavam uns quatro, e acabou com o assado.
> As meninas tambem foram acommettidas de egual fastio.

---

64 *Ibidem*

65 *Ibidem*

66 *Folha do Norte*, 1902. *Op. cit.* p. 1.

> Depois da sobria refeição, encerrei-me com as minhas tristezas no meu quarto, despi a camisa, e em mangas da dita, revi-me a um espelho.
> Em que Apollo de Belvedere, nutrido, forte e modelado me transformou a carne barata!
> Que forte busto! E tudo isso, de hoje em deante, vae cahir, declinar, emmurchecer por culpa e obra dos desalmados marchantes!
> Carne a mil e quinhentos! Mas isto é o desequilíbrio de todos os lares, a volta á magreza, outra vez os dias maus, a paciente e resignada espectativa diaria do badalar do meio-dia para ir ao açougue ver se a carne já baixou!
> Com que cara voltarei eu, de novo, a apparecer á visinhança fóra das horas normaes da provisão matutina depois de, por tanto tempo, ser o primeiro a ir ao açougue, com espalhafato e com ruido, para dar mesmo na vista?
> E' de um homem enterrar-se mil metros abaixo da terra![67]

Ainda no dia 15 de junho, foi publicada na seção Gazetilha a informação referente ao aumento do preço da carne em 1902. De acordo com a matéria, o povo teria uma surpresa desagradável em virtude da elevação de 1$000 para 1$500 réis o quilo desse gênero, como resultado da "combinação para isso entre os srs. marchantes",[68] um dia antes dessa publicação.

Se bem que, na segunda-feira, 23 de junho de 1902 – para alegria da população, Zé Povinho e Diogenes – foi exposto, em uma pequena nota, que a carne seria vendida a 800 réis o quilo.[69] Engana-se quem pensa que isso foi motivado pela sensibilidade dos marchantes com as dificuldades da população com a carestia da carne ou por pressão do jornal. As oscilações dos valores do quilo desse gênero fazem parte do

---

67 Ibidem.
68 "Carne a 1$500". *Folha do Norte*. Belém, p. 2. Domingo, 15 de junho de 1902.
69 "Carne a 800 réis". *Folha do Norte*. Belém, p. 2. Segunda-feira, 23 de junho de 1902.

conjunto de estratégias dos marchantes pelo controle do fornecimento da carne verde.

Algum tempo depois, em 14 de abril de 1905, a *Folha do Norte* noticiava que o abastecimento de carne à população era controlado pelos marchantes. O jornal considerava que esses negociantes, por sua ganância, exploravam a população, que esperou em vão que o preço do quilo da carne baixasse depois de algumas horas, como ocorria diariamente. No entanto, excepcionalmente nesse dia, os negociantes resolveram preservar o valor de 1$500 o quilo, tendo prejuízo, pois "O povo recorre ao gênero de preço inferior, ao pescado e ao salgado, e deixa ás moscas, nos talhos, a carne verde que lhes não querem ceder com a differença irrisoria de dois a tres tostões".[70] Portanto, fica claro que havia outras alternativas para a alimentação da população para além da carne.

Desse modo, a *Folha do Norte* informava que, naquela quarta-feira, haveria no bagageiro de S. João, uma hora da tarde aproximadamente, "mil e tantos kilos de carne acondicionada em saccos e retirada do mercado publico, do mercadinho do Reducto e de diversos talhos",[71] que estavam localizados no caminho por onde o veículo passou. Mas com a proximidade do período de quaresma, no qual os católicos eram proibidos de consumirem a carne, os marchantes passariam a ter grandes prejuízos com a distribuição do seu produto.

A retirada imediata da carne tinha uma finalidade: a sua reutilização após alguns procedimentos realizados no curro, ou seja, ela era lavada, desossada e passada por um processo de salgamento. Por fim, essa carne seria comercializada ao valor de mil réis o quilo. Para o jornal, os marchantes tinham condições de vender a carne a esse valor sem prejuízos, mas por privilegiarem o lucro e a má vontade, privavam a população desse alimento. A partir dessa percepção, o jornal publicou:

---

70 "A carne verde". *Folha do Norte*. Belém, p. 1. Sexta-feira, 14 de abril de 1905.
71 *Ibidem*.

> Pois, evitando o dispendio do sal, do transporte e dos empregados incumbidos do beneficiamento da carne e o prejuizo resultante do peso dos ossos que são excluidos, não seria melhor que estabelecessem logo e definitivamente o preço de mil réis para o kilogramma da carne verde, o mesmo que pedem para a carne salgada?[72]

A *Folha do Norte* interpretava todos esses acontecimentos como uma ação passiva da Intendência de Belém frente à ganância dos marchantes. A despeito da inércia do poder público, pode-se acreditar que os marchantes e os políticos estavam articulados, inclusive para enfrentar a concorrência, uma vez que o administrador público não fazia nada, de acordo com o jornal, contra os "srs. marchantes, que estão a especular com a miseria do povo, com o proposito de auferirem lucros exorbitantes".[73]

Outra crítica, disparada por esse periódico, referia-se à remoção, pelos marchantes, das sobras das carnes que estavam postas à venda. Para o jornal, tal prática poderia ocorrer, mas com o intuito de serem as carnes inutilizadas, devendo ser cremadas, como medida de higiene, de tal forma que, às 13 horas, aquela carne passava a ser imprópria para o consumo, "visto ter sido o gado abatido no dia anterior quase ás mesmas horas".[74]

A constante rivalidade entre os marchantes trazia consequências favoráveis ao consumo de carne para a população, pois o gênero sofria reajustes significativos no preço do quilo. Para a *Folha do Norte*, o povo deveria rogar a Deus para que se perpetuassem esses conflitos. "Com efeito", escrevia o periódico, "ao longo de três ou quatro dias a população desfavorecida tem tido acesso, logo pela manhã, à carne ao valor de 800 réis".[75]

---

[72] *Folha do Norte*, 1905. Op. cit., p. 1.
[73] Ibidem.
[74] Ibidem.
[75] "A carne". *Folha do Norte*. Belém, p. 1. Sexta–feira, 25 de maio de 1905.

Nesse conjunto das críticas disparadas aos marchantes, incluía-se ainda a inconstância do preço da carne. Para a *Folha do Norte*, tais críticas estavam associadas às negociações entre os marchantes e as autoridades públicas. À primeira vista, parece que os marchantes tinham certa autonomia no mercado das carnes em Belém. Nesse caso, o periódico acusava que, "Como no imprevisto de uma magica diabolica, subiu hontem, bruscamente, de preço – de 1$300 para 1$500 –"[76] o quilo da carne. O motivo dessa alta, para o periódico, estava relacionado ao acordo entre os marchantes, em que, "podendo cada um abater o numero de rezes que quizer".[77] Tal acordo permitiria que eles reduzissem o número de reses a serem abatidas, provocando a subida do preço das carnes.

O comércio das carnes passava então a ser controlado por esses comerciantes, que poderiam tabelar os preços da carne. Além disso, o preço das carnes comercializadas nos açougues da cidade estava regulado por horários. De acordo com o jornal, esse pregão se iniciava ao valor de 1$500 réis, caindo para 1$300 às 10h30 da manhã, nos açougues que podiam ser dos próprios marchantes, e somente às 11 horas da manhã a carne era vendida nos açougues do mercado. E "o que vale ao publico é que estas combinações entre marchantes têm a duração das rosas do Malherbe. Lá vem um bello dia, tão imprevisto como este, em que a carne desce e o povo respira desappresso, uma hora ao menos".[78]

Em 17 de junho de 1906, a *Folha do Norte* publicou na sua primeira página que os marchantes de Belém

> estão em negociações para formar um trust de marchanteria, afim de firmar em 1.300 reis o preço da carne verde do mez de junho em deante, mediante concessões reciprocas que têm por fim evitar os prejuizos que lhes acarretam a matança da fórma porque é feita actualmente e a instante fluctuação

---

76 "A carne verde". *Folha do Norte*. Belém, p. 1. Quarta-feira, 2 de maio de 1906.
77 *Ibidem.*
78 *Ibidem.*

do preço do artigo, ao sabor da phantasia de cada um com o designio de prejudicar o outro.⁷⁹

Por mais que os marchantes vivessem uma união tensa e conflituosa com seus pares, eles dependiam dessa aparente união para preservar seus interesses e para regular os preços da carne. Desse modo, inegavelmente, os marchantes assumiram o controle do mercado das carnes na capital paraense. Seu poder ultrapassava as alianças com o Estado de outrora, atuando na condição de manipuladores em prol dos próprios interesses, quem sabe até amparando o governo, ao mesmo tempo em que se desvinculava dele.

Em relação aos pregões da carne, foi publicado, em 15 de fevereiro de 1907, na *Folha do Norte* que, no dia anterior, havia ocorrido um ato de impiedade contra a população que aguardava a queda do valor da carne. Conforme o jornal, os marchantes resolveram manter o preço de 1$300 até as 11 horas. A partir desse horário, baixaram para 1$000 réis, acarretando problemas para a população. O periódico declarava que havia um complô contra a população.⁸⁰

Algum tempo depois, a *Folha do Norte* noticiava que os moradores de Belém lutavam contra a escassez e a elevação do preço dos gêneros alimentícios, pois, segundo o jornal, os marchantes e o intendente Antônio Lemos estabeleceram um acordo, fixando o número de animais que deveriam ser abatidos diariamente. Outra medida aprovada pelo intendente foi uma tabela do "Pará-Electrie", que estabelecia o número de viagens diárias dos bondes, dificultando o deslocamento da população e o acesso aos alimentos que eram comercializados no centro da cidade.⁸¹

O jornal contava que, de acordo com um informante, os marchantes, que anteriormente estavam obrigados a abater diariamente 30 animais, passariam a abater 20 animais após esse decreto, tendo como

---

79 "A carne". *Folha do Norte*. Belém, p. 1. Domingo, 17 de junho de 1906.
80 "A carne". *Folha do Norte*. Belém, p. 1. Sexta-feira, 15 de fevereiro de 1907.
81 "A carne". *Folha do Norte*. Belém, p. 1. Quarta-feira, 17 de abril de 1907.

resultado uma menor quantidade de carne para o consumo da população, sendo claramente um recurso para a elevação do preço e uma forma de venderem toda a mercadoria. Para o jornal, tal prática forçava a manutenção do preço (1$300 réis), na medida em que a carne logo se escasseava antes do horário estipulado para a diminuição dos seus valores.[82]

Certamente essa ação prejudicava a população, que se dirigia em vão aos açougues e não encontrava o alimento, "ou se, por acaso, encontra algum resto, porque foi refugado por ser de má qualidade, tem de se sujeitar ao preço de 1$300".[83] A *Folha do Norte* criticava as tabelas de horários e de preços publicadas diariamente pelos "jornais do intendente", obrigando que o povo "andasse de Herodes para Pilatos em busca de carne de $600 e $800, inutilmente".[84] Essas tabelas, conforme o periódico, objetivavam mostrar para outras cidades um suposto baixo custo de vida na capital do Pará, sendo um ilusão propagada e aceita por Lemos.

Em 1908, a *Folha do Norte* escreveu que os marchantes estavam a "ferro e fogo" nos seus negócios da carne. A tensão entre os marchantes afetava diretamente a rotina alimentar de homens e de mulheres da capital, pois o valor do quilo da carne despencou em detrimento dessa questão. Desse modo, o jornal sugeria que os negociantes permanecessem no embate por toda sua existência.

Assim, os srs. Nunes Bezerra & Cia. informaram que, a partir do dia 23 de junho de 1908, a carne passaria a ser comercializada ao valor de 1$200 réis o quilo, o preço inicial, e o aumento do número de reses abatidas para o fornecimento de mais de 20 quilos. Seus açougues estavam localizados nos Mercados de Ferro e Mercado Municipal e na rua Aristide Lobo nº 50, travessa 1º de Março, Benjamin Constant nº 61 e na avenida S. Jerônimo nº 4.[85]

---

82 *Ibidem*.
83 *Ibidem*.
84 *Folha do Norte*, 1907. *Op. cit*., p. 1.
85 "Carne a 1$200". *Folha do Norte*. Belém, p. 1. Terça-feira, 23 de junho de 1908.

2.3 Os editais e os concorrentes para o abastecimento de gado platino

Retomando as questões do edital, observa-se que ele apresentava as seguintes condições aos candidatos:

1.ª – Uma linha regular de navegação a vapor com duas viagens mensaes, por meio de vapores com capacidade para 2.000 tonelladas de carga e 10 milhas de marcha, por hora, no minimo.

2.ª – Importação annual de *9.600 bois de pezo de 300 kilos* de carne no minimo, cada um, de accôrdo com a taballa que baixar o intendente para a importação mensal, devendo os referidos bois serem abatidos para o consumo publico, por conta do contractador, a preço nunca superior de 450 réis, ouro, por kilo.

3.ª – O gado poderá ser importado tambem de outra procedencia extrangeira ou do Estado do Rio Grande do Sul, nos termos da clausula 2.ª, contando que o total supprido annualmente nunca produza menos de 2.880.000 kilogrammas de carne verde.

4.ª – O intendente de Belem garantirá ao contractador até 14 talhos no mercado publico, para a venda da carne, ficando ao mesmo contractador o direito de estabelecer outros talhos fóra do mercado para o mesmo fim e nos termos contractados.

5.ª – A Intendencia obriga-se a fazer abater e beneficiar diariamente, no curro publico, pagas todas as despezas pelo contractador, 26 rezes diárias, podendo este numero ser augmentado, no juízo do intendente.

6.ª – O contractador tambem poderá vender carne de gado lanígero ou suino importado do Rio da Prata, sem prejuizo da venda de carne de gado vaccum, a que se obrigar pelo contracto.

7.ª – o contracto terá a duração *maxima de 2 annos*, a contar da chegada do primeiro vapor a este porto.

8.ª – A primeira viagem dos vapores deverá ser feita dentro de 90 dias, contados da data da assignatura do contracto, devendo o primeiro vapor dar entrada n'este porto dentro d'este praso.

9.ª – O contractador ficará obrigado ás seguintes multas:
• De 5:000$000 e perda da subvenção por viagem não effectuada.
• De 10:000$000 por interrupção, até 60 dias do abastecimento de gado contractado, além da multa por falta de viagem já mencionada.
• De 1:000$000 a 4:000$000 quando, em cada viagem, não fornecer o gado de accôrdo com o numero e pezo estabelecido na tabella de que trata a clausula 2.ª.
• De 20:000$000 e rescisão do contracto, quando exceder de 60 dias a interrupção do serviço contractado.
10.ª – A subvenção, pelo contracto, será paga pelo thesouro do Estado, mediante certificado do intendente municipal (grifos nossos).[86]

Observe-se no item nº 9 que não há referência, por parte do governo, a multas, quando da rescisão ou da anulação do contrato: logo, percebe-se que era um contrato de risco quanto ao processo de envio de propostas e recibos, critérios de seleção e de publicação oficial dos pareceres resultados. Ficam proibidas, no item nº 2, propostas que ultrapassem de 450 réis, ouro, por quilo, sendo que o animal em pé devia ter no mínimo 300 quilos, sendo obrigado o fornecido anual durante a vigência do contrato de 9.600 reses, o que corresponderia aproximadamente a 26 bois.

No item nº 4 consta que o intendente oferece até 14 talhos para o contratante; não se sabe, porém, se para o comércio da carne do Tesouro ou do marchante, podendo ainda ter mais talhos fora do mercado. Essa é uma situação agravante na medida em que esse negociante passaria a fornecer e a comercializar a carne, havendo a possibilidade de regular os valores das carnes, o que configura a formação de um monopólio apoiado literalmente pelas autoridades.

E além disso, a Intendência obrigava, no item nº 5, que diariamente deveriam ser abatidos 26 animais no matadouro da cidade, com

---

86 "Intendencia Municipal de Belem". *Folha do Norte*. Belém, p. 4. Domingo, 8 de janeiro de 1899.

um detalhe: a quota poderia ser aumentada de acordo com o juízo do Intendente. Acredita-se também que poderia haver a possibilidade de retenção dos animais, visando à elevação do preço do quilo da carne. Contudo, abatendo 26 reses ao dia, com aproximadamente 300 quilos cada animal, ter-se-ia por volta de 7.800 quilos de carne em uma cidade onde a população estava por volta de 96.560 habitantes,[87] portanto, entende-se que o consumo diário por pessoa estava em torno de 0,087 gramas, o que era muito pouco.

Tal fato também foi observado na obra *História Econômica da Amazônia*. Roberto Santos, ao tratar da produção animal e derivados, da Amazônia, faz um panorama histórico da introdução do gado vacum na cidade de Belém em 1644, passando pelas primeiras fazendas do Marajó, que, para o autor, transformou-se no maior núcleo produtor de gado, que, com o passar dos anos, dividiu espaço com a produção do Baixo Amazonas até o princípio do século XX, quando houve uma baixa significativa da produção. Ele considera que, diante do aumento demográfico da população paraense, a qual saltou de 689.801 em 1900 para 790.230 em 1912, a produção bovina se viu insuficiente para o consumo dos habitantes.[88]

Um dia após o encerramento do prazo para a apresentação das propostas à Intendência, um articulista da *Folha do Norte* chamou a atenção para os procedimentos necessários quando do ato de abertura e de leitura das propostas pelo Conselho. Mas diante da importância dos serviços a serem contratados para a população, não houve, no ato da entrega das propostas, essa preocupação. Sequer foram abertas, lidas ou tiveram recibos, que para o jornal:

> Era natural, á vista da praxe seguida pelo actual intendente, reunir-se o Conselho em sessão para ahi

---

87 IBGE – Sinopse do Recenseamento de 1920, Rio de Janeiro, 1926.
88 SANTOS, Roberto Araújo de Oliveira. Visão geral dos setores econômicos: novos impulsos da demanda. In: *História econômica da Amazônia (1880-1920)*. São Paulo: T. A. Queiroz. 1980, p. 185-186.

> serem recebidas as propostas que, nas especialíssimas circumstancias de hoje deviam ficar rubricadas pelos menos, senão lidas, para que não pudesse restar duvida sobre a imparcialidade e criterio com que são ellas acceitas ou registradas e para que se conhecessem os termos dos que foram apresentados, sem se conhecerem os outros.[89]

Aos poucos, as contradições em torno da contratação dos serviços passaram a emergir. Naquele dia, até as 10h25min da manhã, apenas quatro propostas tinham sido entregues. Dentre os candidatos estavam A. F. d'Oliveira, José Joaquim d'Assumpção, Gracie Filho e, com um toque de proposição e insinuação do periódico, o quarto interessado seria a Companhia Pastoril.

A propósito desse concorrente, Antônio Lemos, de acordo com a lei nº. 180, de 14 de março de 1898, publicou nas Leis e Resoluções municipais a rescisão de contrato com aquela Companhia para o provimento de carnes para a cidade, em função do não cumprimento das cláusulas. Consta no art. 1 do referido documento que o contrato havia sido firmado em 19 de junho de 1893.[90] Portanto, acredita-se que, por meio desse evento, a Companhia Pastoril não tinha chances reais de competir com os demais candidatos.

No tocante às disputas, procurou-se saber do secretário J. Coelho se havia mais propostas, além das quatro apresentadas. Assim, ele respondeu para a *Folha do Norte*: "até aquella hora eram sómente aquellas, mais que talvez fossem entregar mais alguma ou algumas ao sr. intendente em sua residencia!!"[91] Diante desse discurso, até que ponto havia seriedade no evento, uma vez que seria difícil comprovar o horário da entrega das propostas? A casa do intendente passou a ser a sede do

---

89 "A fome – concorrência 'sui-generis'". *Folha do Norte*. Belém, p. 1. Terça-feira, 10 de janeiro de 1899.

90 LEMOS, Antônio. *Leis e Resoluções Municipaes*. (1898) Codificadas na Administração do Senador Intendente Antonio José de Lemos. Pará. Tipographia d'O PARÁ. 1899, p. 4-5.

91 *Folha do Norte*, 1899. *Op. cit.*, p. 1.

governo? Havia funcionários para receber e protocolar o recebimento das propostas? Tais ações eram entendidas, em sua época, como licitas?

A impressão que se tem diante do exposto é que o vencedor já estava cotado, proporcionando "prejuisos que d'esta irregularidade podem resultar para os desfavorecidos e ás vantagens para os afilhados dispensam commentarios".[92]

Na segunda página do dia 10 de janeiro, esse debate continuava, e a *Folha do Norte* anunciava que os proponentes convidados para a seleção ao serviço de navegação e abastecimento, ao apresentarem suas propostas, "trazem a convicção de que foram attrahidos como comparsas ingenuos a uma comedia",[93] em função da falta de transparência por parte dos organizadores da concorrência.

Nesse sentido, conforme o jornal, os candidatos não foram informados sobre a quantidade de concorrentes à prestação do serviço e as suas propostas. Havia também a possibilidade de vazamento de informações privilegiadas, ou até o surgimento, de última hora, de um novo candidato consciente das propostas apresentadas, uma vez que, na casa do Intendente, também era permitido o recebimento das propostas. Nesse ponto, a candidatura da Companhia Pastoril era suspeita para o jornal.

Isso motivado, diz o articulista do jornal, por uma série de escândalos envolvendo o abastecimento das carnes. Assim, "O assumpto aliás estava a pedir que o poder publico se isentasse da mais pequena suspeita, e, desde o recúo da assignatura do contracto sem concorrencia com a Companhia Pastoril, é forçoso confessar que toda a suspeita é legitima".[94] Outro fato que chama a atenção é que o teor do contrato já havia sido noticiado no *Jornal do Comércio do Rio de Janeiro*, portanto, exigia a *Folha do Norte* uma concorrência seria e leal, sem influência política.

---

92 *Op. cit.*

93 "O assumpto do dia". *Folha do Norte*. Belém, p. 2, Terça-feira, 10 de janeiro de 1899.

94 *Folha do Norte*, 1899. *Op. cit.*, p. 2.

Nessa série de críticas apresentadas pelo jornal, conclui-se a matéria, questionando-se novamente a imparcialidade da Intendência a respeito dessa concorrência, perguntando: "Que historia é essa de propostas que podiam ser apresentadas em casa do intendente? A concorrencia foi official, da municipalidade ou particular, do intendente".[95]

As considerações observadas prosseguiram, e o jornal noticiou que a questão das carnes se revelou uma "comédia", sendo comparada ao escândalo ocorrido no município de Barcarena a respeito das eleições. Assim: "ridicula e triste comedia é isso que está representando a intendencia n'esta questão de carnes".[96] De qualquer forma, as evidências de irregularidades e as críticas públicas sobre a atuação da Intendência no negócio da carne não impediram "as faltas graves dadas ante-hontem por occasião da apresentação da apresentação das propostas á concorrencia para subvenção".[97]

Outro detalhe refere-se à omissão de informações por parte dos jornais ligados ao governo, que não informavam os detalhes sobre as propostas e os candidatos concorrentes, abrindo precedente para irregularidades na medida em que os pretendentes não recebiam recibos das suas propostas, e nem elas foram contadas, numeradas e rubricadas em público, ou como escrevia o jornal:

> Concorrencia mais desleal e que incuta menos confiança, não se póde conceber. A facilidade com que se atropelaram todas as leis do escrupulo e todas as praxes estabelecidas, é, n'estes casos, um crime a deixar a sangrar a ferida da suspeição que, desde a tentativa do contracto clandestino com Pastoril, estava necessariamente em pé.[98]

---

95 *Ibidem.*
96 "O Assumpto do dia". *Folha do Norte*. Belém, p. 2. Quarta-feira, 11 de janeiro de 1899.
97 *Ibidem.*
98 *Idem.*

Nota-se aí a suspeita da realização de possíveis contratos clandestinos entre a Intendência e os negociantes de carne, o que favorecia diretamente os administradores públicos envolvidos. Resta saber até que ponto as propostas recusadas pelo governo, como conta Paes de Carvalho em passagem anterior, realmente iam contra os interesses do povo ou priorizavam a prestação de serviços sem contrato oficial, em função das vantagens provenientes de acordos e de negociações. Não se tratou aqui de apontar quem eram o vilão e as vítimas desse episódio, procurou-se apenas examinar as tensões, as contradições e de polêmicas em torno dos negócios da carne a partir dos artigos publicados na *Folha do Norte*, não perdendo de vista suas disputas políticas.

O jornal retoma sua crítica sobre o fato de a análise das propostas serem feitas na residência do Intendente. Segundo ele, tal fato poderia ser justificado pelo motivo de o administrador municipal encontrar-se doente, logo impedido de exercer suas obrigações públicas. Duvidando dessa situação, fez o seguinte questionamento em tom de ironia:

> Pois ignora alguem n'esta terra que o sr. inten dente Antonio Lemos acha-se, infelizmente, enfermo de doença grave que lhe impõe o maior isolamento e repouso? Não sabem todos que o sr. Antonio Lemos, por prescripção medica, está prohibido de ler e entregar-se a qualquer ordem de trabalho?
> Para que então essa comedia de dizer que é s.s. quem tudo resolve?[99]

Em 12 de janeiro de 1899, seria realizada uma sessão do Conselho de Fazenda do Tesouro, ao meio dia, para a abertura das propostas de navegação e abastecimento de carnes verdes entre Buenos-Aires e Belém. Porém,

> O que se passou na Intendencia a respeito do recebimento das propostas, foi tão irregular, que, dada a circumstancia de o governo ter sido apenas o portador das mesmas, facil é receiar-se que ellas não

---

99 *Folha do Norte*, 1899. *Op. cit.*, p. 2.

cheguem ao Thesouro com as garantias exigidas. E n'esse caso, claro é de ver que fica em grande parte prejudicada a acção justiceira e honesta do Conselho de Fazenda.[100]

Em seguida, o artigo criticava novamente a ausência de informações referentes à quantidade de propostas e de proponentes a essa atividade. E continuava: "forçoso é suspeitar da falta de seriedade em todo este negocio, por parte da autoridade municipal".[101]

No dia seguinte, o jornal trazia a síntese das propostas enviadas à Intendência. Assim, C. R. Romariz & C. A. F. de Oliveira propunham estabelecer uma navegação regular, com duas viagens mensais entre as capitais. Esses negociantes estavam dispostos a ceder a praça dos vapores à Intendência para que ela encontrasse algum interessado na execução do transporte do gado, mediante o frete de 4 libras e 10 shillings (1$729) nas duas primeiras viagens.

Após esses transportes, cada animal passaria a custar 4 libras, mais frete e 3% por boi embarcado, somando 13 libras cada boi em pé. Informava também que, quando da ausência de carregadores particulares, recairia sobre a Intendência a responsabilidade pela carga dos navios.[102]

A proposta de José Joaquim D'Assunção converge com a proposta apresentada acima no que se refere à realização de duas viagens mensais. Ao contrário de Romariz e Oliveira, esse negociante se comprometia a abastecer a cidade com carne ao valor de 450 réis, bem como indenizar a Intendência pelas perdas durante a viagem.

Uma questão relevante foi a proposta de fornecimento ao público de carne sem subvenção, por menos de 50 réis do preço estipulado paras as instituições Santa Casa e Misericórdia, Colégio do Amparo, Asilo de

---

100 "O assumpto do dia". *Folha do Norte*. Belém, p. 1. Quinta-feira, 12 de janeiro de 1899.
101 *Folha do Norte*, 1899. *Op. cit.*, p. 1.
102 "A fome". *Folha do Norte*. Belém, p. 1. Sexta-feira 13 de janeiro de 1899.

Santo Antonio e Orfanato Paraense, todos administrados pelo governo. Ou com subvenção mensal de 6$500.[103]

A terceira proposta foi a de Pedro Gracie Filho, que, em termos sólidos, era a mais evasiva dentre as apresentadas. Conforme o jornal, o proponente:

> Declara não conhecer o edital, mas acceitar a subvenção que n'elle fôr offerecida, obrigando-se, ao nos pareceu ouvir, a introduzir gado em pé a 11 libras cada boi, não sabemos se para talhar por sua conta ou para o vender.
> De todas as propostas, foi esta, aquella de que menos exactos apontamentos podemos tomar.[104]

E por último, confirmando as suspeitas do jornal quanto à identidade do quarto concorrente, tem-se a Companhia Pastoril, que já havia rescindido um contrato anterior, em março de 1898, pelo não cumprimento de suas cláusulas; além do que, mantinha contratos clandestinos com a Intendência, como foi constatado. Nessa seleção, ela se propunha a realizar duas viagens ao mês, com subvenção de 7 contos mensais e mais 4 contos no primeiro mês.

Porém, o quilo da carne seria comercializado a 500 réis, transgredindo um item do edital, que estipulava que a carne não poderia ultrapassar o valor de 450 réis. Propunha-se também a realizar somente uma viagem durante o mês e mais 4 contos de réis, sem alterar o valor da carne. Parece que essa proposta e a de José Joaquim ofereciam mais vantagens para a população. No entanto, o governo tinha outros interesses, principalmente os que acumulavam capital nos cofres.

No dia 14 de janeiro, a *Folha do Norte* retomava a polêmica, destacando o silêncio dos jornais da Intendência e a tentativa de justificar a integridade da municipalidade quando da questão da entrega das propostas e do recibo aos candidatos, como também o número e nomes

---

103 Ibidem.
104 Ibidem.

dos proponentes. Ele contava ainda que a Companhia Pastoril lançou a proposta de 500 réis o quilo da carne, quando no item nº 2 do edital ficava proibido ultrapassar o valor de 450 réis,[105] fato esse já apontando.

Contudo, não surpreende – talvez por ser essa companhia a construtora e exploradora do Matadouro Modelo, concluído em 1908 – que, segundo Carlos Rocque, esse contrato tivesse sido assinado no dia 28 de fevereiro de 1905, com o prazo de três anos para a conclusão e a concessão de quarenta anos para a Pastoril.[106] Outro detalhe importante: Pedro Geyselar Chermont de Miranda, que foi presidente da Companhia Pastoril (1902), foi também deputado estadual pelo partido Republicano, o mesmo do intendente Antônio Lemos e do parente Vicente Chermont de Miranda, que também foi intendente de Belém, suplente da diretoria da Companhia Pastoril (1902) e tesoureiro da comissão organizadora do Congresso de Fazendeiros (1907). Ambos os Chermont descendiam de uma tradicional família de latifundiários e de criadores de gado no Marajó. Fica claro que a presença de fazendeiros no governo garantia maior poder para esse grupo.

Diante dessas informações, a *Folha do Norte* sugeria que a proposta da Companhia Pastoril teria privilégios junto ao governo para obter a concessão do fornecimento de carne, como também acreditava que a Companhia prestava serviços mesmo antes da abertura do edital, ou "talvez fosse a do contracto clandestino que foi gorado, e ainda pudesse talvez ser substituida á ultima hora por outra mais rasoavel e harmonica com as restantes, se o diabo não lhes tivesse dado outro destino."[107]

Além disso, o governo abriu outras concorrências, como para a prestação dos serviços de abastecimento. Nesse momento, a análise se concentrava no edital publicado em 7 de dezembro de 1898 e encerrado

---

105 "A questão das carnes". *Folha do Norte*. Belém, p. 2. Sábado, 14 de janeiro de 1899.
106 ROCQUE, Carlos. Considerações gerais. In: *Antonio Lemos e sua época*: história política do Pará. 2 ed. Revista e ampliada. Belém: Cejup, 1996, p. 445.
107 *Folha do Norte*, 1899. *Op. cit.*, p. 2.

no dia 9 de janeiro de 1899, mas sabe-se de outras concorrências para os mesmos serviços. Inclusive, no ano de 1899, foi publicado em 15 de março, com prazo para conclusão em 15 de junho, outro edital, cujo prazo final para o recebimento de propostas se encerrava em 23 de dezembro de 1898, e outra concorrência foi aberta em 29 de dezembro de 1899.

Percebeu-se nesses editais que eles foram abertos em curto período de tempo, sugerindo, à primeira vista, que as propostas não atendiam às exigências como também à necessidade de abastecimento imediato de alimentos. Além disso, essas publicações podem revelar a tentativa de um controle do mercado através do beneficiamento de alguma concessionária.

Diante da situação, o jornal cobrava "que fins tiveram as propostas para os fornecimentos a fazer desde 1 do corrente, cujo praso de concorrencia terminou a 23 de dezembro".[108] Com efeito, ainda não se sabia quem estava encarregado de fornecer carne na cidade a partir do dia 1 de janeiro de 1899, questionando-se a seriedade do governo quanto a essa questão.

Nesse clima de incertezas e polêmicas, a *Folha do Norte* publicou, em 17 de janeiro do mesmo ano, que o fornecimento de carne em Belém estava prestes a ser regulado, por estar a par da situação o sr. procurador fiscal e pela chegada do vapor Felippe Lussick, carregado de bois do Rio da Prata. Por outro lado, pairava a dúvida quanto ao valor do quilo da carne, que segundo o jornal, estava custando 2$000 réis em função do patriotismo e da benemerência dos poderes competentes.[109]

Para o jornal, esse preço não se justificava, na medida em que o contratante, diante das perdas ao longo da viagem, não tivera grandes prejuízos, mas a população continuava sendo extorquida pela Intendência e pelos marchantes. Sob os aspectos da moralidade e da

---

108 Idem.
109 *Folha do Norte – Jornal da manhã, quotidiano e independente* 17-1-1899. Folha do Norte. Belém, p. 1. Terça-feira, 17 de janeiro de 1899.

seriedade da concorrência para o provimento de carne, o jornal apresenta algumas perguntas elaboradas ao longo de três dias de provocações:

> 1° Em que consistiu a moralidade do executivo municipal no negocio da recepção das propostas para o abastecimento de carne e nevegação de Buenos-Ayres?
> 2° A qual dos proponentes passou elle recibo da proposta, conforme lhe ordenava o mais rudimentar escrupulo?
> 3° Foi ou não o sr. secretario da intendencia interrogado sobre as irregularidades praticadas pelo proponente sr. A. F. d'Oliveira?
> 4° Respondeu-lhe ou não o sr. secretario que <<não sabia qual era o numero das propostas, pois poderia ir alguma á casa do sr. intendente, aonde todas seriam abertas>>?
> 5° Era ou não da Pastoril a proposta tirada da gaveta e na qual o sr. secretario da intendencia diz ter escripto – Desconhecida?
> 6° Se é verdade, como o affirmou o Pará, em nome da intendencia, que foi passado recibo a todos os proponentes, a quem se passou recibo da proposta Desconhecida?
> 7° Como explicar que a Pastoril fizesse aquella proposta, exigindo 500 réis, ouro, por kilo, depois de o edital marcar o Maximo de 450 réis?
> 8° Porque não se disse logo que as propostas fossem aprsentadas no thesouro, se ellas para lá haviam de ir, passando por cima do conselho municipal?
> 9° Porque é que os jornaes da intendencia guardaram absoluto segredo sobre o numero das propostas entradas e os nomes dos proponentes?
> 10° Porque se não deliberou ainda sobre as propostas de fornecimentos á intendencia desde 1 de janeiro, tendo terminado o praso da concorrencia a 23 de dezembro?[110]

É claro que as denúncias publicadas pelo periódico tinham fundamento. Dessa forma, parece que uma das grandes preocupações do

---

110 *Op. cit.*

jornal estava no fato de a imprensa e dos responsáveis pela concorrência não divulgarem o número de candidatos e os seus respectivos nomes, favorecendo assim a inclusão ou a exclusão de candidatos, como o caso da Pastoril, cuja proposta, o jornal insistia em dizer, teria sido tirada da gaveta. Portanto, podem-se observar, a partir das questões postas acima, as tensões que habitavam o universo da alimentação. Igualmente foi tarefa da Intendência responder a essas questões ou contestá-las, e para o periódico, caso isso não acontecesse, a população teria todo o direito de acreditar na carência de seriedade e de moralidade na administração pública da cidade.

Em outro artigo, o periódico questionava: enquanto o sr. Virgilio Sampaio, procurador fiscal do Tesouro, não analisasse as propostas e o Lussick não chegasse com os animais platinos, quais seriam as medidas aplicadas para evitar a escassez de carne e conter o seu preço, que já ostentava 2$000 réis naquele ano?

A *Folha do Norte* transcrevia uma notícia publicada na *Gazeta Comercial e Financeira* do Rio de Janeiro, em 17 de dezembro de 1898, sobre a Companhia Pastoril: "a intendencia de Belem assignou contracto com a Companhia Pastoril para fornecer gado do Prata a 480 réis ouro o kilo e com subvenção".[111] Sobre o episódio descrito, o jornal acreditava que era impossível que essa notícia chegasse ao Rio de Janeiro entre os dias 8 e 17 de dezembro, especulando que ela fora transmitida quando o contrato estava prestes a ser assinado.

Perguntando ainda:

> Porque razão a Pastoril que vio regeitada, nas bases da concorrencia, o seu preço de 500 réis ouro, e, segundo as noticias indiscretas, contractou o fornecimento a 480, porque, chamada concorrencia a 450, no maximo volta a pedir os mesmos 500 réis ouro?[112]

---

111 "A fome". *Folha do Norte*. Belém, p. 2. Quinta-feira, 19 de janeiro de 1899.

112 *Ibidem*.

Finamente, na sexta-feira o vapor Lussick aportava em Belém com o gado proveniente do Rio da Prata. Essa informação foi rapidamente divulgada pelo jornal O Pará, que para a Folha do Norte, era um órgão da Intendência, e não dos marchantes.[113]

A partir da matéria publicada no O Pará, a Folha do Norte conta que durante a viagem morreram 173 reses das 493 que saíram de Buenos Aires, tendo como causa da mortandade o forte calor ocorrido entre os dias 1 e 2 de janeiro. Tal fato parece ter sido uma exceção, pois, "nem mesmo transportando bois para o Natal, em Africa"[114] ocorreriam tantas perdas. Esse acontecimento implicava diretamente o comércio da carne ao valor de 2$000 réis o quilo, ou seja, acreditava-se haver uma estratégia de mercado voltada para a manutenção do preço, sendo justificada no sentido que "O que é bom custa caro",[115] como se observara na Folha do Norte.

Este pressuposto se confirma a partir do caso do vapor Acne, que possivelmente, no mês de dezembro de 1898, também veio a sofrer perdas em sua carga, em aproximadamente "cento e tantos bois".[116] Assim, era inviável negociar o quilo da carne por menos de 2$000, ou como escrevia o periódico, "Felicidade será se a carne não fôr a 2$500".[117]

Pode-se concluir diante disso que as autoridades estavam conscientes de que um estado de abundância de carne no mercado de Belém faria com que os preços despencassem, portanto as mortes ao longo das viagens atuavam como um mecanismo regulador dos preços desse alimento.

Igualmente, esse aparente holocausto dos animais, divulgado pelo jornal O Pará, despertava suspeita sobre a Folha do Norte. Para ele,

---

113 "A fome". Folha do Norte. Belém. p. 2. Domingo, 22 de janeiro de 1899.
114 Folha do Norte, 1899. Op. cit., p. 2.
115 Ibidem.
116 Ibidem.
117 Ibidem.

a população não devia ser penalizada pela perda dos 173 animais do vapor Lussick, pois os marchantes contavam com o lucro dos fretes e o seguro das cargas. Partindo desta premissa, "um e outro recurso combinados cobrem sobejamente prejuisos d'essa natureza, mesmo quando estes sejam reaes".[118] Diante do ocorrido, pode-se verificar que a *Folha do Norte* parecia não acreditar na morte dos animais, muito em função, segundo ela, da falta de seriedade do negócio das carnes.

Tal prática fez com que se especulasse que os supostos cem animais mortos a bordo do vapor Acne, na realidade, tivessem sido comercializados em Pernambuco, de modo a garantir a elevação de preço da carne, convencionando-se em uma estratégia de controle do mercado. Nessa perspectiva, publica o jornal:

> Entretanto, essa supposta mortandade, esse prejuiso imaginario, serviu de pretexto para realisar o sonho dourado dos nossos cardadores – a carne a 2$000 o kilo!
> E' verdade que se diz, tambem, e n'isso o cremos, que esse desembarque foi feito sem conhecimento dos marchantes importadores do gado, e que estes vão intentar ou estão intentando acção contra o commandante do vapor.[119]

Mas apesar da comprovação do crime e da respectiva indenização, o jornal perguntava quem iria se responsabilizar por ressarcir a população, que efetuou o pagamento de 2$000 réis ao quilo da carne. "Se elle falar um pouco alto – é questão de mais uns 500 réis no kilo da carne, para castigo".[120]

Supõe-se que o jornal *O Pará*, ao publicar a morte dos animais, tentou criar um ambiente favorável para a especulação econômica da carne pelos marchantes que se encontravam, naquela ocasião, em prejuízo,

---

118   *Idem.*
119   *Folha do Norte*, 1899. *Op. cit.*, p. 2.
120   *Ibidem.*

uma vez que seus gêneros estavam supostamente escassos. Em meio a essa polêmica, escrevia o jornal: "a carne deve estar a 2$000, para cobrir os prejuízos que o frete de generos e o seguro já cobriram".[121] A população se tornava refém da ganância do Estado e dos marchantes.

A esse respeito, a publicação da *Folha do Norte*, do domingo, dia 29 de janeiro, informava que o seu serviço de telégrafo do Rio de Janeiro trouxe, no dia 28, um telegrama referente ao dia 27, em que foi retomada a questão do Lussick e as suas consequências. Nesse caso, a asfixia dos animais em função do calor impediu que quatro companhias de Buenos Aires realizassem os seus embarques.[122]

Através do cancelamento da importação do gado platino, recorreu-se a outras fontes fornecedoras, em especial do Marajó, Ceará e Piauí, cujos pastos haviam se desenvolvido. Mas não foi simples assim. Para o jornal, foi:

> (...) preciso fechar o Rio da Prata para, sob pretexto de carestia aggravada, vender-se a carne que estava guardada em Marajó e a outra, que já pode ir a apparecendo, pelo preço ha muito sonhado e já estabelecido, graças á fraqueza dos poderes publicos e á apathia da população, que deixa-se espoliar, comtanto que lhe dêm um pedaço de para um pouco de caldo.
> Carne de Marajó e dos caxingós a 2$000, reconhecida officialmente! Vamos tel-a.[123]

Deve-se notar que o abastecimento de carnes nacionais não visava a amenizar os problemas enfrentados pela população, principalmente em relação a seu valor e oferta. Essa nova rota de comércio das carnes configurava uma estratégia de mercado voltada para a normalização da produção e a manutenção do preço da carne.

---

121 *Ibidem.*
122 "A fome". *Folha do Norte*. Belém, p. 1. Domingo, 29 de janeiro de 1899.
123 *Folha do Norte*, 1899. *Op. cit.*, p. 1.

É interessante observar que, segundo a *Folha do Norte*, para a população obter a carne em abundância, de boa qualidade e barata, não bastavam os resultados da concorrência aberta, mas também da navegação regular para o Prata, com a praça livre, ou seja, disponível para quem quisesse atuar no comércio de gado: "o stock a exigir dos marchantes que fizeram da marchanteria profissão regular e – os talhos municipaes para equilibrar o preço e evitar a ganancia".[124]

O jornal também passou a exigir das autoridades a prestação de contas sobre os animais comprados no Marajó e que seriam negociados a 1$600 réis o quilo. Na opinião do jornal, o binômio abundância/preço baixo não estava ocorrendo, pois a carne continuava a preços elevados, chegando a 2$000 réis. Cabe observar que a produção de carne voltada para o mercado interno estava pressionada por um conjunto de estratégias intervencionistas das autoridades e marchantes, que por sua vez estabeleciam um controle sobre esse mercado, atuando principalmente no fornecimento e na distribuição do produto.

De acordo com um artigo da *Folha do Norte*, talvez fosse divulgado, ao meio-dia, do dia de 2 de fevereiro daquele ano, o parecer final do Tesouro Estadual sobre as propostas para o abastecimento de carne. O artigo voltou a informar detalhes sobre a morte dos animais relacionados ao caso Lussick. Agora eles começavam a morrer ainda no porto de Buenos Aires em função das más condições da viagem.

A informação de asfixia era falsa, no entanto, a população ficava obrigada a consumir carne de qualidade inferior. O jornal sugeria ainda que os interessados no serviço de fornecimento de gado estavam em processo de finalização dos contratos "com uma pessoa do Prata que actualmente está n'um hotel de Belem",[125] tendo em vista competir com os oficiais.

---

124 *Ibidem*.
125 "A fome". *Folha do Norte*. Belém, p. 1. Quinta-feira, 2 de fevereiro de 1899.

Foi publicado em 12 de fevereiro que duas das quatro propostas submetidas à avaliação do Tesouro do Estado poderiam ser descartadas. A primeira seria a do sr. A. F de Oliveira, e a segunda da Companhia Pastoril. De qualquer modo, havia outra que não despertava muita confiança, sendo apontada pelo jornal como razoável caso fosse cumprida, que era a do Gracie Filho. Por fim, diante dos candidatos restantes, a proposta mais vantajosa era a de J. J. d'Assunção. Somada a essas especulações, havia a possibilidade de anulação da concorrência.[126]

A julgar pelas notícias apresentadas, o negócio das carnes não inspirava confiança quanto à administração política da época, sendo divulgada uma série de reclamações contra os marchantes e os seus consórcios com o governo, que para a *Folha do Norte*, era uma das causas principais para o problema de abastecimento desse gênero alimentício.

Nas amargas notícias publicadas à população ao longo dos meses, o periódico destacava ainda que os marchantes e as autoridades revelaram que, a partir do mês de fevereiro, não haveria mais problemas relacionados ao fornecimento de carne. Mas ela voltou com o término do mês de fevereiro. O jornal apontava que essa crise fora inaugurada em novembro, e naquela época a carne custava em torno de 1$800 réis, passando a custar 2$000 no período da publicação.[127]

Ao observador atento do texto fica reservado uma surpresa: diferentemente do que se esperava da concorrência aberta em 7 de dezembro de 1898 sobre o serviço de navegação e o abastecimento de carnes vindas de Buenos Aires, o governo resolveu comunicar à Intendência que acreditava ser conveniente cancelar aquela concorrência e abrir outra no mês de junho.

Em contrapartida, essa atitude traria vantagens significativas à Companhia Pastoril, que estava no fim do seu contrato de abastecimento em Manaus, pois passava a saber, diante dos fatos, quais as melhores

---

126 Iidem.
127 "A fome". *Folha do Norte*. Belém, p. 2. Terça-feira, 7 de março de 1899.

condições das propostas e os possíveis concorrentes. É preciso observar que a falta de carne elevava o seu valor e havia rumores da anulação da concorrência. Assim, em tom de sarcasmo e apelando aos céus, escrevia a *Folha do Norte*:

> Levantemos, porém, as mãos ao Altissimo, qual fariam os judeus no deserto á espera do maná e das codornizes, e, se até o Altissimo estiver surdo, resignemo-nos: – o fim do mundo ahi vem, e as nossas autoridades não querem que entremos mal na outra vida.
> A miseria começa desde já para chegarmos diante do julgador final purificados dos nossos pecados pelo martyrio da fome.[128]

As especulações sobre o cancelamento da concorrência foram abandonadas por volta do dia 17 de março, com a publicação de um novo edital, "apezar de não se haver em acto algum declarado nulla a primeira concorrência"[129] para o abastecimento de Belém. O jornal também criticava a não publicação dos pareceres da primeira concorrência, assim como a ausência de notícias a respeito do novo edital por parte dos jornais ligados à Intendência.

Em torno desse debate, a *Folha do Norte* declarava que as informações sobre o edital começaram a ser publicadas no silêncio e na imprensa ligada ao governo. Para ele, a *Província do Pará* só era consultada sob aviso prévio, e o *Diário Oficial* seria um ilustre desconhecido da população. Assim, o fato de anunciar o edital nesses veículos, restritos e específicos pode sugerir a possibilidade de ocultação de informações ao público das ações das autoridades nos negócios da carne. Aliás, eram discretas algumas notas publicadas pela *Província do Pará* sobre a chamada de um novo edital para o abastecimento de carne, vagas e com

---

128 *Folha do Norte*, 1899. Op. cit., p. 2.
129 "A questão das carnes". *Folha do Norte*. Belém, p. 1. Sexta-feira, 17 de março de 1899.

poucas informações dos prazos de envio e encerramento, como se observa na publicação da terça-feira dia 4 de abril:

> A PROVINCIA DO PARÁ está publicando, na secção competente, um edital da intendencia municipal chamando de novo concorrentes a um serviço regular de navegação a vapor entre Buenos-Aires e Belem e abastecimento de gado a esta capital.[130]

Ainda nesse cenário, a *Folha do Norte* tratou imediatamente de publicar, em 17 de março de 1899, o edital na "íntegra", a partir do *Diário Oficial*, ou melhor, com alguns acréscimos na redação, o que não alterou o conteúdo. O destaque maior foi na cláusula n° 2, onde se receitava que a carne não poderia ultrapassar o valor de 450 réis o quilo. Essa frase foi posta em caixa alta provavelmente para chamar a atenção do leitor em decorrência do caso da Companhia Pastoril. No entanto, na publicação da *Província do Pará*, observa-se apenas o itálico sinalizando a proibição.

Procurando outras versões dos artigos da *Folha do Norte*, que não aquelas motivadas pelo desejo de "verdade" e de "justiça" sobre o caso da nova concorrência para o abastecimento, recorreu-se ao edital publicado na Província do Pará de 20 de março de 1899.

O edital consultado, que não era imparcial muito menos inocente, informava apenas as preferências e os objetivos da Intendência; diferentemente do noticiado pela *Folha do Norte*, que tentava a todo o momento em sua narrativa revelar os erros e os tropeços da administração pública, tendo em vista outras intenções, como possivelmente a venda de seus exemplares.[131]

---

130 *Informações*. A Provincia do Pará. Belém. p. 2. Terça-feira, 4 de abril de 1899.

131 Nessa procura, deve-se observar o que Ginzburg aponta sobre o perigo de se deixar seduzir pelas fontes, tão comum aos historiadores. Contudo, "o medo de cair no famigerado positivismo ingênuo, unido à exasperada consciência da violência ideológica que pode estar oculta por trás da mais normal e, à primeira vista, inocente operação cognitiva, induz hoje muitos historiadores a jogar a criança fora junto com a água da bacia". GINZBURG, Carlo. Prefácio a edição italiana. In: *O queijo e os vermes:* O cotidiano e as idéias de um moleiro perseguido pela Inquisição. São Paulo: Companhia das Letras, 1987, p. 22.

Desse modo, o edital publicado pela *Província do Pará,* em 20 de março de 1899, foi aberto para a concorrência em 15 de março, e tinha como prazo final para o recebimento das propostas do serviço de abastecimento o dia 15 de junho do mesmo ano (três meses em processo). Apresentava mais exigências que o edital publicado em 7 de dezembro de 1898 (dez itens).

Mas afinal, quais motivos levaram a essa nova concorrência e ao cancelamento da primeira? Nessa trama, encontram-se especulações comerciais nos dezoito itens do edital que ofuscavam os interessados nos serviços, ao mesmo tempo em que iluminava a questão posta acima:

INTENDENCIA MUNICIPAL DE BELÉM

Concorrencia para um serviço regular de navegação a vapor, entre Buenos-Aires e Belem e abastecimento de gado a esta capital.

1ª – O contractante obrigar-se-á: ao estabelecimento de uma linha regular directa, com duas viagens por mez, por meio de vapores com capacidade para duas mil toneladas de carga e dez milhas de marcha por hora;

2ª – A' importação quinzenal de gado vaccum, que depois de abatido forneça para o consumo cento e cinco mil kilogrammas de carne verde, no minimo, e por elle contractante vendida ao preço nunca superior a quatrocentos e cincoente réis, oiro, (£.0-1/,8), regulando para a venda durante o mez a taxa cambial que vigorar para pagamentos no thesoiro do Estado; e

3ª – A' importação quinzenal de cento e cincoenta carneiros, para serem para o consumo publico e vendidos pelo contractante ao preço maximo de quinhentos réis, oiro, o kilogramma (500 réis), (£ 0 – 1 – 1/2), vigorando para a venda a mesma taxa cambial da clausula 2ª.

4ª – Todo o gado fornecido deve satisfazer ás melhores condições para o córte, sujeito o contractante ás disposições municipaes que regularem a materia.

5ª – O contracto terá a duração maxima de dois annos, a contar da chegada do primeiro vapor a este porto, *podendo, entretanto, ser rescindido por proposta de qualquer das duas partes, prevenida a outra parte com tres mezes de antecedencia, ficando obrigada a parte que propozer a rescisão a entregar á outra parte a quantia de dez contos de réis, oiro (£ 1.125 – 0-0), a titulo de indemnisação.*

6ª – No caso de fechamento dos pastos por motivo de guerra ou epidemia, que interrompa o serviço por mais de sessenta dias, poderá ser rescindido o contracto, se assim convier a qualquer das partes, sem a indemnisação de que trata a clausula antecedente.

7.ª – *O proponente juntará á sua proposta um recibo de deposito feito nos cofres do thesoiro do Estado da quantia de dois contos réis (2.000$000), papel- moeda nacional, que poderá se não assignar o contracto dentro do praso de oito dias, contados da data da acceitação da proposta.*

8ª – O contractante depositará nos cofres do thesoiro do Estado, *como garantia da bôa execução do contracto, a quantia de dez contos de réis, oiro, (£ 1.125 – 0.0).*

Este deposito será completado pelo contractante dentro do praso de trinta dias, sempre que ficar desfalcado pelo pagamento das multas a que se referem as clausulas 12ª e 15ª.

9ª – A intendencia municipal de Belém, garante ao contractante:

a) Os talhos necessarios e indispensaveis no mercado publico para a venda de carnes verdes, mediante o pagamento dos respectivos alugueis.

b) O papel necessario ao serviço de venda de carnes verdes, correndo a despeza por conta do contractante.

c) A matança e beneficiamento diario no curro até metade do gado necessario para o consumo publico, pagando o contractante os impostos devidos.

10ª – O governo do Estado assegura ao contractante uma subvenção annual até setenta e dois contos de réis, oiro, (£ 8:100 0.0) paga em vinte e quatro quotas, correspondentes ás vinte e quatro viagens do contracto.

11ª – A primeira entrada n'este porto dos vapores com o gado para abastecimento da capital deverá effectuar-se dentro de noventa dias, contados da assignatura do contracto.

12ª – O contractante fica sujeito ás seguintes multas:
a) *De um conto de réis, oiro, (£ 112 - 10.0), por cada dez mil kilogrammas ou fracção de dez mil kilogrammas que faltarem para o peso de cento e cinco mil kilogrammas estipulados na clausula 2ª.*
b) *De dois contos de réis, oiro, (£. 225. 0.0) e perda de uma quota da subvenção por uma viagem que deixar de effectuar.*
c) *De quatro contos de réis, oiro, (£ 450 – 0 - 0) e perda de duas quotas da subvenção por duas viagens successivas não effectuadas.*
d) *Da perda do deposito e das tres quotas da subvenção e rescisão do contracto por tres viagens successivas não effectuadas.*

13ª – As multas serão descontadas da subvenção ou do deposito a que se refere a clausula 8ª.

14ª – As importancias em oiro a que se referem as clausulas 5ª, 8ª, Ioª e I2ª serão calculadas á taxa cambial que vigorar para os pagamentos no thesoiro do Estado.

15ª – *O contractante não poderá fornecer gado para qualquer outro ponto do paiz nos vapores da linha contractada, sem prévia auctorização do governo do Estado e só depois de ter preenchido as condições exigidas n'este contracto, sob pena de multa de quatro contos de réis, oiro, (£ 450 – 0-0) calculado conforme estabelece a clausula 14.ª*

16ª – *Da subvenção que o contractante tiver de receber mensalmente serão descontados 2% para as despezas de fiscalização da navegação, nos termos das disposições em vigor, ficando também sujeito ao pagamento do imposto de 2% marcado na tabella E, n. 1, annexa á lei do orçamento da receita do Estado, proporcionalmente a cada prestação que tiver de receber.*

I7.ª – A tabella de fretes deverá ser submettida á approvação do governo do Estado.

18.ª – *A abertura das propostas apresentadas será feita na intendencia municipal de Belém, em dia, hora e logar previamente indicados.*
Secretaria da intendencia municipal de Belem, 15 de março de 1899 – J. Coelho secretario (grifos nossos).[132]

É possível considerar que a revisão e a ampliação desse edital foram motivadas em grande parte pelas críticas vinculadas ao primeiro edital, aberto em 7 de dezembro de 1898. Acrescente-se a essa observação que muitas das cláusulas não motivaram as competições entre possíveis candidatos à prestação do serviço, quem sabe, uma estratégia para a contratação sem vínculo oficial.

Como se pode notar no item nº 2, dever-se-ia importar gado vacum a cada quinzena, e depois de abatido, deveria ter no mínimo 105 quilos. Além disso, estava escrito em destaque que o valor do gado não poderia ultrapassar os 450 réis, a fim de evitar erros, como o da Pastoril na concorrência passada.

Outra inovação na redação do edital se refere à possibilidade de rescisão de contrato por ambas as partes, apresentada na cláusula nº 5. Faz-se necessário esclarecer que o conteúdo do edital, de forma geral, era uma armadilha perigosa para os concorrentes, que tinham mais a perder do que a Intendência Municipal. Retomando as obrigações do item, no caso da rescisão do contrato, devia-se, com antecedência de três meses, avisar a outra parte e entregar 10 contos de réis como indenização. Por outro lado, consta no item nº 6 que havia a possibilidade de rescisão sem indenização, caso houvesse o fechamento do porto por mais de 60 dias por motivos de guerra ou epidemia.

Para comprovar a veracidade e a moralidade da concorrência além das críticas da *Folha do Norte*, o edital previa, no item nº 7, que o proponente devesse juntar à sua proposta um recibo de 2 contos de réis,

---

132 INTENDENCIA MUNICIPAL DE BELÉM. A Provincia do Pará. Belém. p. 8. Segunda-feira, 20 de março de 1899.

afastando dessa concorrência candidatos de menor expressão financeira, abrindo caminho para a Companhia Pastoril e para negociantes de outros estados que tivessem maior poder financeiro.

O contratante, na sequência, deveria apresentar a importância de 10 contos de réis como garantia de boa execução do contrato e de pagamentos de possíveis multas, exigências da cláusula nº 10. Outro golpe para os candidatos.

Na contramão, a Intendência garantia apenas os talhos, sem especificar a quantidade. Com um detalhe: o contratante devia pagar os aluguéis dos estabelecimentos, devendo também pagar os impostos da matança e do beneficiamento da metade do gado necessário ao consumo da população (item nº 9).

Outro aparente benefício foi a subvenção anual do Estado, de até 72 contos de réis divididos em 24 quotas, correspondendo ao número de viagens a serem realizadas e previstas no contrato, publicado na cláusula nº 10. Essas quotas não tinham valor real, eram um mecanismo de coerção da Intendência, caso o contratante não cumprisse as obrigações do item nº 12.

Sem nenhum esforço em subtrair as quotas, prescrevia a multa de 1 conto de réis para cada 10.000 quilos ou fração de 10.000 que faltasse para o peso de 105.000 quilos. A multa para uma viagem não realizada seria de 2 contos e a perda de uma quota; caso não realizasse duas viagens sucessivas, seria de 4 contos de réis e a perda de duas quotas. Sem sombra de dúvidas, o contratante podia se considerar falido a partir do momento que não efetuasse três viagens consecutivas. Além de perder o seu depósito, daria adeus as três quotas e rescindiria o contrato. Assim, deveria indenizar a Intendência com mais 10 contos de réis.

Tomando como experiência o caso do vapor Acne, ficava proibido ao contratante fornecer gado a qualquer outra região sem autorização, podendo ser multado com 4 contos de réis, somados ao valor de 111 contos de réis. Isso impediria qualquer tentativa do contratante em realizar outros negócios. Por fim, o item nº 18 revela o quanto foram impactantes as críticas por parte da *Folha do Norte*, em relação à cerimônia de abertura das propostas. O edital deveria ser aberto na Intendência, em dia, hora e lugar previamente indicados.

Por fim, além de o contratante ter que oferecer garantias ao Tesouro – que seriam descontadas em formas de multas da subvenção que viria a receber – aquelas 24 quotas, que juntas somam 72 contos de réis, seriam descontados 2% para as despesas de fiscalização da navegação e mais 2% de imposto, ficando 69,12 contos de réis para serem distribuídos em outras multas.

É evidente que os termos desse contrato afugentavam os concorrentes, tentando livrar-se de um "presente de grego" oferecido pelo governo. Com isso, podem-se ter algumas respostas para a questão apresentada anteriormente. Os contratos informais eram interessantes para o governo, assim como as multas de rescisão de contrato, os depósitos e uma série de pagamentos de impostos à administração.

Já no dia 30 de março de 1899, observava-se que "a questão das carnes volta a ser e será sempre, enquanto as autoridades não quizerem fazer o seu dever, um assumpto de inteira actualidade".[133] A crítica tratava da estreita ligação entre as autoridades e os marchantes, o que permitia a manutenção das concessões de talhos a esses comerciantes ao mesmo tempo em que eles passavam a regular os preços. Nesse sentido, tanto a carne do Marajó como a da Prata eram comercializadas a 2$000 réis.

A voz do jornal continuava a ecoar em tom de denúncia, citando:

> A marchanteria, que para os nossos poderes publicos representa a industria pastoril do Estado, conseguira com reconhecimento official, e devido á inercia e á impotencia da autoridade para arcar com ella, aquella que desde março de 1895 tentavam. A carne de Marajó e a do caxingó a 2$000![134]

---

[133] "O assumpto do dia". *Folha do Norte*. Belém, p. 1. Quinta-feira, 30 de março de 1899.

[134] *Idem*.

Diante dessas determinações, a medida tomada pelo governo foi a introdução de carne platina no mercado ao valor de 1$600, ou seja, com uma diferença de 400 réis da carne tabelada pelos marchantes. Não obstante, isso ocorreu na medida em que a administração não teve perdas em seus carregamentos. Por outro lado, tal iniciativa visava a recuperar a credibilidade do executivo, cada vez mais desprestigiado pelo caso dos contratos clandestinos.

De acordo com o jornal, logo após a abertura do comércio com o Prata, autorizado pelo congresso, iniciaram-se as notícias acerca da morte de animais ao longo da viagem. A ligação entre marchantes e políticos despertava dúvida quanto à veracidade dessas mortes. Ainda assim, o serviço regular de vapores para o Prata era uma das formas mais viáveis para o periódico em relação ao abastecimento de Belém.

A despeito da posição do jornal sobre o assunto, as fontes consultadas permitem perceber que as crises eram, na realidade, provocadas pelos marchantes apoiados pelo governo:

> Abunda o genero porque todo mundo que se quizer metter no negocio conta com o transporte certo, regular e apropriado para a sua mercadoria nos vapores subvencionados e abundando barateará, porque com os talhos municipaes a intendencia evitará a especulação gananciosa e o abuso até agora victoriosos, porque nos não temos autoridades que queiram ou possam acabar com ella.[135]

Endossando essa polêmica, o jornal continuava a notícia apresentando que era necessário estabelecer um regulamento ou normas acerca da profissão do marchante, de tal forma que exigia-se deles um estoque de gado para que, em momentos de crise, fossem postos no mercado. Caso isso não acontecesse, a concorrência que se encontrava em andamento não teria sentido.

---

135 *Folha do Norte*, 1899. *Op. cit.*, p. 1.

No sábado, 1 de abril de 1899, a *Folha do Norte* publicava em sua secção intitulada "Publicações a pedido", sob o título "A carne e a fome", algumas informações que provavelmente foram omitidas sobre a proposta do sr. Gracie Filho para a prestação dos serviços de navegação e de abastecimento de carnes entre as cidades de Buenos Aires e Pará.

Ele propunha fornecer gado vacum de primeira qualidade, ao valor de 10 libras por cada animal que tivesse o peso mínimo de 300 quilos, efetuando duas ou mais viagens entre essas cidades por mês, tendo em vista o abastecimento regular. Assim:

> Obrigava-se, ainda mais, quando fôsse com elle contactado o talhamento do gado importado, a vender a carne a preço para kilo, relativo ao taxado, de 10 libras para cada boi de 300 kilos, o que daria, com o cambio de 7 dinheiro, o preço de 1:142 réis de nossa moéda, por kilo de carne.[136]

É interessante observar que alguns dados do fragmento posto acima diferem da publicação do dia 13 de janeiro de 1899, em que o referido negociante parecia desconhecer completamente o edital. Agora se percebe que o sr. Gracie Filho estava de fato informado sobre o conteúdo do edital, visto que a proposta revelou ser mais interessante para a população, haja vista que a população urbana de Belém poderia pagar 1.142 réis no quilo da carne, em contraste com os 2$000 réis por quilo observados nas publicações anteriores, em que o preço da carne chegou ao patamar.

Cada boi custava 11 libras, independentemente do peso, ao contrário do publicado no dia 1 de abril. Diante disso, provavelmente a *Folha do Norte* almejava formar e apresentar uma postura crítica e moral sobre as atitudes da Intendência e do governo.

Além disso, sabe-se que as quatro propostas submetidas à seleção foram rejeitadas, assim como a concorrência para o abastecimento havia sido anulada. Mas subitamente, para surpresa do articulista da *Folha*

---

[136] "A carne e a fome". *Folha do Norte*. Belém, p. 2. Sábado, 1 de abril de 1899.

do Norte, foi publicada no dia 30 de março, quinta-feira, uma matéria no jornal, segundo ele, de maior circulação da República, provavelmente o *Jornal do Commercio do Rio de Janeiro* e no jornal paraense aliado do governo, sobre o sr. Gracie Filho, aquele cuja proposta havia sido a princípio recusada pelo governador. No entanto, Gracie Filho propôs:

> (...) o abastecimento de carne de gado vaccum e lanigero ao mercado d'esta capital até que entre em definitivamente em execução o contracto para o qual acha-se aberta concorrencia publica ao preço de 400 RÉIS OURO![137]

A transcrição continua:

> (...) o senador intendente submetteu a proposta à apreciação do exm. Sr. dr. Paes de Carvalho afim de ser resolvido o assunpto de accôrdo (sempre accôrdo) com os interesses (sempre interesse) publico conciliados os do Estado com os do municipio.[138]

Em outras palavras, certamente a Intendência, em acordo com o governo, colocou em prática um contrato clandestino sob a justificativa da prestação de serviços até o resultado da concorrência. Essa observação pode ajudar a entender os motivos do cancelamento da concorrência de 7 de dezembro de 1898, de maneira que Gracie Filho ficasse encarregado do abastecimento por três meses, podendo-se estender, caso a nova concorrência que se encerrava no dia 15 de junho, também fosse anulada pela ausência de candidatos, em decorrência das exigências e pesadas multas prescritas no novo edital.

Essa acolhida certamente teve apoio dos administradores políticos. De acordo com a *Folha do Norte*, Gracie Filho propôs a concorrência ao sugerir o comércio de reses que pesassem no mínimo 300 quilos ao valor de 342$850 réis. É preciso deixar claro que essa fonte tem algumas passagens ilegíveis, dificultando sua leitura.

---

137 *Folha do Norte*, 1899. Op. cit., p. 2.
138 Ibidem.

Nas tramas da "escassez" 195

Observava-se que o couro e as vísceras do gado platino estavam cotados em 46$000 réis naquela época. Assim, ao subtrair 46$000 de 342$850, os 300 quilos passavam a custar 296$850 réis, ou 989 cada quilo de carne. Para a *Folha do Norte*, "podia, portanto, o governo fazer o seguinte negocio, com que muito favorecia os seus subditos e dava lucros ao thesouro".[139] Vendendo esses 300 quilos por 1$200 cada, lucraria 360$000 réis, somando com os 46$000 das vísceras e couro, teria como total 406$000 réis.

Deste modo, 342$850 somado ao carreto (3$000) e à vendagem ao açougueiro (9$289), teria 355$139 réis, sendo assim, o governo lucraria em cada boi o valor de 50$870. Porém, essa proposta foi recusada, como todas as outras, por não oferecer vantagens ao governador: "Agora vamos ter o mesmo sr. Gracie Filho como contractante exclusivo para vender a mesma carne, no mesmo mercado, e ao mesmo Zé-povo, ao preço de 400 réis ouro, o que equivale a 1$582 do nosso pobre dinheiro que não é OURO!"[140]

Constava ainda no jornal que o sr. Gracie Filho iria lucrar, com a mesma proposta recusada pelo governo, os seguintes valores: cada quilo de carne custaria 1$543, logo, um boi com no mínimo 300 quilos estava valendo 462$900 réis, mais 46$000 das vísceras e couro, um total de 508$900. Desse valor eram subtraídos 13$870 da vendagem, 3.000 do carreto e 7$500 do imposto municipal, ou seja, 24$ 370 réis. Com esses descontos, o boi era comercializado a 484$530.

Observe-se que esse comerciante se candidatou a vender o boi de 300 quilos ao valor de 342$850, rendendo ao tesouro 50$870 réis. Isso era pouco para o governo, então o mesmo sr. Gracie Filho firmou um contrato temporário com o governo para solucionar essa questão. Assim, os mesmos animais geraram ao tesouro a renda de 141$680 réis por cada animal que era vendido a 484$530 réis. Esses 141$680 somados

---

139 *Folha do Norte*, 1899. *Op. cit.*, p. 2.
140 *Idem.*

ao imposto municipal se transformavam em 149$180, quase o triplo da proposta inicial.

Desse modo, no domingo, dia 2 de abril, a *Folha do Norte* transcrevia novamente a matéria publicada em 30 de março, agora no "jornal do intendente", sobre os contratos com Gracie Filho. Esse artigo informava que Gracie Filho, também negociante em São Paulo, havia proposto à Intendência de Belém o fornecimento de carne de gado vacum e lanígero até que fosse executado o contrato para qual se encontrava aberta a concorrência pública. O marchante se comprometia a retalhar a carne de gado vacum ao preço de 400 réis/ouro.[141]

Ele se comprometia a tomar a seu encargo todos os ônus e vantagens do fretamento do vapor *Lousiania*, realizado pelo governador do estado para o transporte temporário de reses do Rio da Prata. Segundo a transcrição, Antonio Lemos havia submetido essa proposta à apreciação de Paes de Carvalho, tendo em vista resolverem o assunto: "de accôrdo com os interesses publicos, conciliados os do Estado com os do município".[142] A *Folha do Norte* contava que, no dia 29 de março, a imprensa do Intendente publicou uma nota do secretário do governo, em que Paes de Carvalho autorizava os srs. A. F. de Oliveira & Cia. a transferirem a Pedro Gracie Filho a carta de frete do vapor Lousiana com todas as vantagens.

Conforme a *Folha do Norte*, em 1º de abril, foi publicado no "jornal do coronel" que seria assinado, nesse dia na Intendência Municipal, o contrato com Gracie Filho para o abastecimento de gado à capital, não havendo subvenções ao negociante. A *Folha do Norte*, querendo tornar públicas as irregularidades dos administradores, solicitou informações à Intendência, às 15h30, sobre os contratos, e a resposta foi que eles não haviam sido assinados, sob o argumento de que

---

[141] "A carne". *Folha do Norte*. Belém, p. 1. Domingo, 2 de abril de 1899.
[142] *Idem.*

o contrato ficaria para a próxima semana, pois era necessário incluir novas emendas.[143]

É interessante observar as formas de negociação e de acordos em torno do abastecimento de carne "que não se fez com a Pastoril, apanha-o o sr. Gracie".[144] Assim, a imprensa procurava a responsabilidade do governo para o caso, esclarecendo ao público as questões, solicitando a Paes de Carvalho a protelação da assinatura do contrato por alguns dias e a sua publicação com os pareceres da Junta do Tesouro, fato esse não realizado pela Intendência com as propostas apresentadas referentes à navegação de 9 de janeiro.

No dia seguinte, foi apresentada na seção "Publicações", a pedido, uma carta aberta ao governador Paes de Carvalho em nome dos Bezerras, fazendeiros da Ilha do Marajó, que trazia em seu conteúdo denúncias sobre o contrato clandestino entre a autoridade e Gracie Filho. V. B., pseudônimo do articulista, dizia estar contente por sabotar os planos do governo, "por ter feito com que o contracto Gracie ficasse sendo ainda lido e meditado, mesmo depois de ter sido dado como cousa feita, ou pelo menos assentada, como o annunciou o jornal maior em diversos locaes transcriptos por este".[145]

Diante do ocorrido, V. B. escreveu ao governador solicitando que as observações feitas sobre o contrato de Gracie Filho estariam certamente provocando questões que sustavam o contrato feito com o negociante, "até que entre em vigor o contracto para o qual está aberta concorrencia publica".[146]

Ainda no mês de abril, a *Folha do Norte* cobrava do governador informações da última concorrência, antes de assinar um contrato provisório. Diante de tal situação, esse periódico fez um balanço das

---

143 *Folha do Norte*, 1899. *Op. cit.*, p. 1.

144 *Idem.*

145 "Carta aberta ao dr. Governador do Estado". *Folha do Norte*. Belém, p. 3. Segunda-feira, 3 de abril de 1899.

146 *Ibidem.*

publicações do jornal ligado à Intendência sobre o caso Gracie Filho. A *Folha do Norte* contava, a partir da publicação da imprensa, que apoiava o governo, que o negociante havia se prontificado a abastecer a capital com carne a 400 réis o quilo, até que entrasse em vigor o contrato definitivo. Contudo, ela seria inicialmente vistoriada pelo governador, e depois foi noticiado que o contrato de 400 réis seria assinado.[147]

Foi publicado no dia 21 de abril, na *Folha do Norte*, sob o título "A eterna questão!", o caso Gracie e as manobras políticas da Intendência em relação ao contrato com o referido negociante. Nesse processo de denúncias, observou-se que esse periódico justificava as suas críticas e os seus pontos de vistas "pelo dever que nos impuzemos",[148] em representar os interesses da população contra a exploração do comércio das carnes, ou seja, a pretensão de interlocutor das vozes vencidas. Trata-se, em contrapartida, de um discurso ambientado nas disputas e nas aspirações políticas por parte dos diretores da *Folha do Norte*, que se utilizaram dos problemas alimentares como um recurso para a tomada de consciência da população, com intuito de revelar as estratégias políticas da época.

Entre esses discursos e essas posições políticas dos jornalistas, marchantes e políticos, observa-se a construção política da população, que, de modo geral, foi representada como um agente passivo e desprovido de consciência crítica, totalmente manipulada por esses personagens. Tentando superar uma leitura oficial a respeito dos usos e operações políticas do abastecimento, recorreu-se ao conceito de cultura política, reconhecendo nele a possibilidade de ir além de interpretações homogêneas a respeito do comportamento político "de atores individuais e coletivos, privilegiando suas próprias percepções, lógicas cognitivas, memórias, vivências e sensibilidades".[149] E ainda:

---

147 "Uma providencia a tomar". *Folha do Norte*. Belém, p. 1. Quarta-feira, 5 de abril de 1899.
148 "A fome". *Folha do Norte*. Belém, p. 1. Sexta-feira, 21 de abril de 1899.
149 ABREU, Martha; SOIHET, Rachel; GONTIJO, Rebeca. (Orgs.) Apresentação. In: *Cultura política e leituras do passado*: historiografia e ensino de história. Rio de Janeiro: Civilização Brasileira, 2007, p. 13.

> De modo geral, pode-se se dizer que as culturas políticas têm formas pelas quais se manifestam e se evidenciam mais frequentemente, como um projeto de sociedade, de Estado ou uma leitura compartilhada de um passado comum. Têm igualmente algumas instituições-chave, como a família, os partidos, os sindicatos, as Igrejas, as escolas, embora grupos sociais diversos também possam ser importantes para sua transmissão e recepção. Por outro lado, as culturas políticas exercem papel fundamental na legitimação de regimes ou na criação de identidades, sendo seus usos extremamente eficientes e pragmáticos. Em todos os casos, as culturas políticas articulam idéias, valores, crenças, símbolos, ritos, vocabulário, imagens e memórias em prol de lutas políticas e culturais.[150]

Diante dessas considerações, deve-se ficar atento às representações e as leituras do problema do abastecimento de carne verde em Belém entre os anos de 1897 e 1909. É preciso refletir ainda sobre a atuação e o interesse dos diversos grupos no comércio da carne.

Essa notícia traz outra informação sobre a nova concorrência, que tinha como prazo final 15 de junho. Segundo a *Folha*, constava na *Província do Pará*, que Gracie Filho estava disposto a fornecer gado para a capital até a efetivação do contrato que "está correndo (agosto ou setembro)".[151] Parece que o prazo foi dilatado, o que beneficiaria Gracie Filho. Trata-se, portanto, de disputas de grupos políticos, um no poder e outro na oposição, que usam os respectivos jornais para fazer críticas ao governo e as defesas da administração pública.

Afinal, o jornal questionava os motivos para o não aceite da proposta do negociante, que naquele momento era a mais vantajosa para a população dentre as propostas apresentadas pelos outros concorrentes, na medida em que a carne poderia chegar ao valor de 300 réis o quilo, caso fosse o contrato firmado com esse negociante. Porém os

---

150 *Ibidem*.
151 *Folha do Norte*, 1899. *Op. cit.*, p. 1.

administradores públicos optaram pelo contrato sem concorrência, com Gracie Filho, e ao valor de 450 réis o quilo do produto. O contrato não foi assinado, apesar de estar lavrado na Intendência. A *Folha do Norte* declarava ser o segundo contrato imoral realizado pela Intendência e apoiado pelo governo.

Parece óbvio que as autoridades buscavam ampliar as rendas e o monopólio através de contratos como o de Gracie Filho, na medida em que se elevavam os valores dos impostos e as negociações voltadas para o benefício dos administradores, pois Gracie Filho passaria a ser um prestador de serviços para o Estado.

A *Folha do Norte* informava que havia sido publicado no *Jornal do Commercio do Rio de Janeiro* a notícia de que foi expedida do Pará, em 31 de março, a seguinte informação:

> De accordo dom o governo do Estado e com a Intendencia, o sr. Pedro Gracie contractou o fornecimento de carnes verdes do Rio da Prata á população desta cidade, havendo duas viagens mensaes.[152]

Outra observação importante versa sobre o informante do *Jornal do Comércio*, que seria o funcionário municipal e um dos diretores do jornal *A Província do Pará*, o sr. Antonio L. Chermont: "portanto bem enfronhado no que vae pela intendencia, especialmente ainda porque é companheiro do coronel intendente na direcção da "Provincia" e da politica do escravisamento do povo á carne pela hora da morte".[153]

A estes aspectos foi acrescentada a dúvida sobre o lavramento do contrato. Assinado ou não o referido, o que se tem de concreto é que Gracie Filho obteve do governo a cessão do fretamento completo do vapor Felippe Lussick, que estava contratado para trazer gado do Prata e ser talhado por conta do Tesouro do Estado. A *Folha do Norte* afirmou

---

[152] *Ibidem*.
[153] *Ibidem*.

que esse estímulo combinado, e perguntava: "Não feito o contracto planejado – o que succede?".[154] E ainda:

> Fica o governo sem o vapor nas condições favoraveis em que obtivera, para um serviço regular e suspende a sua intervenção no mercado de carnes para garantir a população?
> Ou contunúa o governo o abastecimento e vae agora fazer procurar "outro vapor", em condições que por força ainda são mais onerosos, pela circumstancia em que é preciso tomal-o?[155]

Convém lembrar que, no dia 30 de março, o governo forneceu carne à população com uma diferença de 400 réis em relação à carne comercializada pelos marchantes. Tal situação se agravava com a chegada do vapor da Pastoril, pois sem o vapor Lussick e o gado do Tesouro, o valor da carne foi para 2$000, fosse ela do Marajó ou do Prata. E ainda, o fato de que o governo comercializava a carne platina a 1$600 ou 1$800, teve efeitos colaterais, ameaçando o monopólio, sendo imediatamente cancelada essa importação.

Sem nenhuma surpresa pelo que se observou até aqui, o jornal declarava que os objetivos dos administradores políticos foram alcançados:

> E conseguiu-a, finalmente, a carne toda a 2$000, o fito que desde muito tem a especulação e a ganancia da marchanteria e da politica que ella sustenta.
> Até onde iremos, nesse crescendo?[156]

As páginas da *Folha do Norte* revelaram em seus artigos as propostas, negociações, tensões e relações de poder existentes no mercado das carnes. De qualquer maneira, essa imprensa adquiriu um papel

---

154 Ibidem.
155 Ibidem.
156 *Folha do Norte*, 1899. *Op. cit.*, p. 1.

destacado na visualização da outra face da *belle époque* paraense, em especial no campo da alimentação.

Ao que tudo indica, nos meses seguintes a *Folha do Norte* não veio a publicar informações sobre os resultados da concorrência para a prestação dos serviços de abastecimento, talvez pelo fato do sr. Gracie Filho passar a atuar no abastecimento de farinha.

De volta à mensagem de Paes de Carvalho, percebeu-se que ela, em certo ponto, apresenta algumas confusões. Segundo o governador, no mercado da capital havia uma fartura de gêneros alimentícios, exceto pela escassez periódica de carne. Por outro lado, alguns alimentos atenderiam às necessidades da população quase que diariamente, e a preços módicos, sendo o caso dos frutos do mar e das aves.

O governador acreditava que a população quase nada sofria, nos dias de escassez de carnes verdes ou até mesmo nos de falta absoluta, fatos esses que raramente ocorriam, conforme Paes de Carvalho,[157] consumindo somente moluscos, peixes e aves. Se havia alternativas para o abastecimento da população, por que o administrador público insistia na importação de carne verde?

Acredita-se que a instabilidade do abastecimento e os preços elevados da carne obrigaram a população de pouco poder aquisitivo a buscar alternativas de sobrevivência, dentre elas: cultivar pequenas hortas e criar animais em seus quintais voltados para sua subsistência ou até para o comércio do excedente. Com efeito, a criação e o cultivo de galinhas, de porcos, de hortas e de frutas eram proibidos no art. 51 das Leis e Resoluções Municipais de 1900.

É significativo pensar que, para sobreviver na capital, os habitantes poderiam recorrer a práticas ilícitas, como roubos, falsificações e contrabando de alimentos. Ou ainda, como foi publicado no dia 29 de março de 1900 pela *Folha do Norte,* destinava-se ao povo um possível

---

157 PARÁ, Governo da Província do. Mensagem do Presidente José Paes de Carvalho no dia 1 de Fevereiro de 1901. Disponível em: <www.crl.edu/areastudies/LAMP/indez.htm>. Acesso em: 7 ago. 2006, p. 50.

remédio para a falta de carne: Dias Martins & Cia., localizado na travessa Ribeiro número 8 no bairro da Cidade Velha, dispunha à população que lutava contra a falta de carne uma carga de jabutis com preços reduzidos.[158] Portanto, o discurso de uma fome crônica que afligia os habitantes da capital não se justificava, na medida em que a população criava suas formas e suas estratégias de negociar e de burlar a vigilância e a repressão dos agentes sanitários.

Portanto, "do exposto infere-se que não ha entre nós, embora o augmento consideravel e precipitado da população, necessidade dos poderes publicos intervirem na marcha regular do mercado".[159] Sendo esses os possíveis motivos para o fracasso dos projetos apresentados ao longo da mensagem, podendo ser também uma estratégia das autoridades à manutenção do estado de crise.

A questão do monopólio da carne foi observada de forma breve em um fragmento do capítulo "A política da prosperidade", inserida na obra *A borracha na Amazônia*: expansão e decadência (1850-1920), de Barbara Weinstein. A autora escreveu que, diante do aumento demográfico da população urbana de Belém, os fazendeiros da Ilha do Marajó lucravam até com o comércio do gado magro, pois estavam protegidos da concorrência pelo elevado custo do transporte do gado e pela escassez desse gênero nas regiões do Norte do Brasil. Barbara Weinstein acredita que essas condições foram favoráveis ao monopólio do comércio da carne marajoara, direcionando os investimentos necessários às fazendas para outros ramos, como as firmas aviadoras, os bancos e os serviços públicos.[160]

Essa indústria pastoril necessitava de capital financeiro para controlar as doenças, a contratação de profissionais e a introdução de

---

158 "Ao povo – Um remedio para a falta de carne". *Folha do Norte*. Belém, p. 4. Quinta-feira, 29 de março de 1900.

159 CARVALHO, José Paes de, 1901. *Op. cit.*, p. 50-51.

160 WEINTEIN, Barbara. A política da prosperidade. In: *A borracha na Amazônia:* Expansão e decadência. (1850-1920). São Paulo: Hucitec/Edusp, 1993, p. 136.

novas raças na Ilha do Marajó. No entanto, o governo não investia, sendo oneroso para os pecuaristas drenarem os pântanos, construírem canais, açudes, faróis e a fiscalização do gado contra o roubo.[161] Para a autora, as consequências da ausência de recursos nesse setor ocasionaram momentos de escassez e aumento do preço desse alimento. Porém, o Estado, diante dessa situação, hesitou em investir parte da receita na pecuária a fim de solucionar essa questão.

Tal situação revela as estratégias e as negociações ocorridas no universo do abastecimento de alimentos. É naturalmente lógico que, escasseando-se os gêneros alimentícios, proporcionalmente se elevam os preços e a demanda. Portanto, partiu-se do pressuposto de que a importação do gado de outras regiões e a criação de empresas subvencionadas a essas importações arrecadariam mais divisas para os cofres públicos e para a elite da época, ao invés dos elevados investimentos necessários para a produção e o transporte do gado marajoara.

Em relação à formação de um monopólio do comércio das carnes verde, Tito Franco faz referência à Lei do Máximo, do ano de 1850. Para o autor, essa lei foi uma estratégia intervencionista das autoridades no mercado interno, favorecendo um estado de escassez, de carestia e, possivelmente, de uma crise generalizada de carne para o provimento da sociedade, visto que a lei, ao adquirir o caráter de permanência, tornava-se opressora e inútil.[162] Para o autor, "a produção definha, e morre, e em quanto não toca ao termo fatal, recorre á fraude para prolongar sua precária existência".[163]

Conforme o autor, essa lei passou a vigorar no ano de 1856, sendo ela inútil, perniciosa e opressiva, de maneira que tendia a anular a estrutura pecuária da província, especialmente a do Marajó, assim como a

---

161 WEINSTEIN, 1993. *Op. cit.*, p. 137.

162 ALMEIDA, Tito Franco. *A ordem do dia:* a questão das carnes verdes ou apontamentos sobre a criação de gado na ilha do Marajó. Pará: Typ. de Santos e Filho, 1956.

163 *Ibidem*, p. 125.

elevação do valor do gênero e sua escassez, estimulando a comercialização direta de gado de outras províncias brasileiras:

> A lei do Maximo em vigor, além de oppressiva, é inutil, e perniciosa. Inutil por que não impede, que a carne seja vendida por maior preço a titulo de gratificação, ou tomando a aparência de carne de carne salgada; e Perniciosa por dar lugar a taes fraudes, e por concorrer para a raridade de carne verde no mercado, por elevar o preço dos outros comestíveis, e finalmente porque tende a aniquilar a creação de gado na província.[164]

Essas críticas revelaram que as autoridades políticas, do contexto anterior às balizas para esta pesquisa, estabeleceram um controle sistemático sobre o mercado da carne verde, de forma a garantir uma política de abastecimento de carne pautada na importação de outras províncias.

Tomando como referência a análise realizada por Luciana Marinho a respeito do relatório do presidente Francisco Carlos de Araujo Brusque, de 1863, onde revela a existência de um monopólio da carne, fruto da lei nº 264, de 14 de outubro de 1854, que estabelecia o preço máximo por libra de carne a 120 réis. Para a autora, esse fato evitava que os fazendeiros enviassem os animais para os talhos, resolvendo negociar diretamente com os marchantes, o que proporcionava uma ação em cadeia, pois esses marchantes passavam a fornecer a carne aos açougueiros com os valores ajustados; estes, por sua vez, impunham os reajustes no preço final do quilo da carne.[165]

As Leis e as Resoluções Municipais parecem ter sido, para a época, um instrumento disciplinador da Intendência, na medida em que

---

164 Ibidem.
165 BATISTA, Luciana Marinho. Uma economia nos tempos da borracha: as relações entre a agricultura e o extrativismo no Grão-Pará oitocentista. In: *Muito além dos seringais*: elite, fortunas e hierarquias no Grão-Pará, c. 1850 – c. 1870. Rio de Janeiro: Universidade Federal do Rio de Janeiro, 2004. (Dissertação de Mestrado em História). p. 92-93.

tentava regular a vida dos habitantes da cidade, inclusive os alimentos que deveriam ser comercializados pela população.[166] Desse modo, o art. 13 do capítulo 1 do documento supracitado fazia referência aos gêneros destinados ao consumo. Nele ficava proibido o comércio das carnes de qualquer espécie caso ela não fosse abatida no dia anterior ao qual era exposta à venda, como também, um médico devia examinar, procurando reconhecer sua qualidade.[167]

Estava proibido, no parágrafo único do documento, vender a carne doente, cansada ou em estado de magreza extrema. Também os animais abatidos sem a permissão do médico ou do agente municipal confiados a essa atividade. Caso esses animais chegassem ao matadouro mortos ou moribundos, não seriam comercializados. Por fim, as carnes, independentemente das espécies, só eram proibidas caso comprovada a sua insalubridade.[168]

Nos parágrafos 2° e 3°, consta que as carnes próprias à alimentção pública deveriam ser conservadas durante a noite, penduradas no depósito do matadouro ou nos talhos. E as vísceras deveriam ser comercializadas mediante o seu peso e após a sua limpeza, sendo proíbido a saída do matadouro diante dessas condições. Considerando o que foi dito, fica evidente uma preocupação das autoridades com a higiene e com a conservação dos alimentos. A pena para a transgressão dos artigos seria a multa de 100$ réis e a apreensão da carne, que segundo o documento seria inutilizada.[169]

Um ano antes, em 29 de dezembro de 1899, o Conselho Municipal de Belém determinava, sob a lei n° 252, que o comércio

---

166 SARGES, Maria de Nazaré. Belém: a urbe das riquezas. In: *Belém*: riquezas produzindo a *Belle-Époque* (1870-1912). Belém: Paka-Tatu, 2002, p. 145.

167 BELÉM. Conselho Municipal de. *Leis e Resoluções Municipaes. (1900)*. Codificado na Administração Municipal do Senador Antonio José de Lemos. Pará-Belém. Typ. de Tavares Cardoso &Ca. Rua Conselheiro João Alfredo-50, 1901, p. 21.

168 *Ibidem*.

169 *Ibidem*.

das vísceras, somente seria realizado por peso.[170] Nota-se por essa medida uma tentativa de controle e de regulação da venda dos gêneros alimentícios pelas autoridades. As vísceras, por não serem uma parte nobre do animal, e portanto mais acessíveis em relação ao valor, provavelmente era naquela época demasiadamente consumida pelas camadas mais desfavorecidas da população de Belém, sendo alvo das regulamentações das autoridades.

Por sua vez, as reses obrigatoriamente deviam ser abatidas apenas no matadouro municipal ou em locais autorizados pela Intendência. O não cumprimento dessa legislação acarretaria na multa de 100$ réis e a apreensão da carne (art. 21).

No artigo nº 22, constava que o número de reses que deviam ser abatidas diariamente no matadouro para o provimento da população, conforme dispõe o regulamento ou instruções do intendente, em casos excepcionais ou de crise alimentícia.[171] Também continuava proibida a matança dos animais antes das 14 horas, e o seu transporte aos talhos ocorreria das 4 às 6 da manhã, através de carroças e carretões apropriados, de acordo com os modelos que foram aprovados pela Intendência.

Essas carroças e carretões, conforme o documento, estavam sujeitos a um rigoroso asseio, sendo lavados diariamente, e os seus condutores, empenhados da atividade de carregamento e da organização das carnes no matadouro, açougues ou talhos, deviam ter como uniforme uma blusa branca de oleado ou fazenda impermeável, sempre limpa. A multa correspondia a 30$ réis e a suspensão até o preenchimento das condições estabelecidas.[172]

---

170 LEMOS, Antônio José de. *Leis e Resoluções Municipaes (1899)*: Codificadas na administração Municipal do Senador Antonio José de Lemos. 1900, p. 69-70.
171 LEMOS, 1900. Leis e Resoluções Municipaes *Op. cit.*, p. 25.
172 *Ibidem.*

Já em 1903, o "Intendente Senador" Antônio Lemos escrevia que, nos mercados públicos de Belém, eram abundantes e de boa qualidade o peixe, a carne verde, os legumes e as aves. A demanda desses gêneros no mercado ultrapassava a procura, sendo repassada aos consumidores a preços módicos: "Periodicamente visito esses estabelecimentos, tendo sempre notado completo asseio e a melhor ordem".[173] É interessante observar que, mesmo diante da fartura de carne, a importação desse gênero continuou a todo vapor, o que sugere não haver, nesse contexto, uma crise crônica de carne verde, mas sim práticas especulativas.

Noutro relatório apresentado ao Conselho Municipal de Belém, na 4ª reunião ordinária de 1903, o Intendente apresentou que: "Mau grado as multiplas e ponderosas circumstancias que pareciam conspirar em favor de uma proxima crise alimenticia".[174] Por outro lado, segundo o administrador da cidade, os mercados de Belém estavam totalmente abastecidos de carne verde de boa qualidade, abundante e barata, com o valor de 800 a 1000 réis o quilo.[175]

Antônio Lemos escreveu ainda que não se iludiu com a suposta abundância de alimentos, em especial a carne verde, nos mercados públicos da cidade e seu valor abaixo do normal. Fica evidente que Antônio Lemos sugeriu que a rivalidade existente entre os marchantes seria uma provável causa do problema de abastecimento da carne verde, na medida em que eles eram os distribuidores desse gênero alimentício e muito provavelmente proprietários dos animais e dos talhos.[176]

É importante refletir sobre a questão das reservas ou de estoque de carne dos marchantes, que revela um controle sobre o mercado desse gênero (disponibilidade e valor). O intendente tecia uma crítica velada aos

---

173 LEMOS, Antônio. *O Município de Belém*: Relatório apresentado ao Conselho Municipal. Belém na 1.ª reunião ordinária do anno de 1903, p. 13.

174 LEMOS, Antônio. *O Município de Belém*: Relatório apresentado ao Conselho Municipal. Belém na 4.ª reunião ordinária do anno de 1903, p. 36.

175 *Ibidem*.

176 *Ibidem*.

marchantes na medida em que apresentava que essas múltiplas e poderosas circunstâncias implicavam uma conspiração em favor de uma crise.

Um ano depois, Antônio Lemos publicou, no relatório municipal de Belém, que durante o ano de 1904 houve na cidade uma abundância de carne, de peixes, de aves, de legumes, de frutas e de cereais. Com o propósito de apresentar uma visão de fartura de alimentos, Lemos escreveu que a Intendência não recebeu, nesse período, nenhuma reclamação acerca dos serviços do mercado, mesmo diante das secas que assolaram a região Norte. Havia gado vacum, lanígero e suíno de boa qualidade e com preços acessíveis.[177]

Antônio Lemos considerava a carne verde como gênero de primeira necessidade na capital, por isso providenciava o abastecimento regular. Diante do bom estado sanitário da carne do Rio da Prata, foi permitida a importação do gado da república da Argentina durante o ano.[178] Para dinamizar a oferta de carne à população, consta no relatório que, no início do último trimestre de 1904, foi inaugurado no Mercado Municipal um talho específico ao comércio de carne de vitelo pelos marchantes Nunes, Monard & Cardoso.

Tal iniciativa fracassou em meados de dezembro, quando os proprietários estavam se preparando para abrir outros estabelecimentos do mesmo gênero nos principais bairros da cidade. Isso ocorreu em função da pouca demanda pela carne de vitelo. Antônio Lemos escreveu que quase não compreendia a pouca procura dessa carne, sendo ela de boa qualidade e seu preço um pouco superior ao da carne bovina. Talvez a rejeição da população por essa carne se devesse aos valores, ao invés da informação que lhe foi passada de que a carne de vitelo era proveniente de fetos extraídos dos animais no processo de abatimento.[179]

---

177 *O Municipio de Belém*. Relatorio apresentado ao Conselho Municipal de Belém na sessão de 15 de novembro de 1905 pelo INTENDENTE Senador Antonio José de Lemos. Belém do Pará. Archivo da INTENDENCIA MUNICIPAL. 1905, p. 122.

178 *Ibidem*, p. 122-123

179 *Ibidem*, p. 123.

Para o intendente, as informações referentes à carne de vitelo não procediam, causando uma surpresa a Antônio Lemos o fato de a população da capital não gostar desse tipo de carne, pois constavam pratos que continham a carne de vitelo no cardápio dos restaurantes e dos hotéis. O autor do relatório acreditava que essa desconfiança não se justificava, porque ninguém questionava a superioridade da carne e as suas vantagens para as pessoas "obrigadas a um regimen alimentar delicado e leve".[180] Portanto, é provável que a carne de vitelo tinha como público alvo as camadas burguesas e refinadas da cidade, isto é, aquelas que podiam frequentar os restaurantes e hotéis.

Consta ainda que, no Mercado de Ferro, a população era abastecida diariamente de carne, de peixe fresco, de farinha, de mariscos, de verduras, de frutas e de outros gêneros. De acordo com Antônio Lemos, também não houve nenhuma ocorrência, e ainda, esse estabelecimento recebia duas visitas ao dia por um médico municipal encarregado de examinar os gêneros postos a venda. Durante o ano de 1904, o dr. Eduardo Jansen condenou os seguintes gêneros: 3.209,5 quilos de carne verde, 1.600 quilos de pescado, 6 de peixe seco e 25 paneiros de açaí.[181]

O documento tinha como intenção apresentar um estado de abundância e superar as suspeitas e desconfianças acerca do papel da vigilância sanitária municipal. Compreende-se, diante dos documentos consultados, que tanto a importação de carne proveniente de outras regiões como a publicação de editais para o abastecimento de carne foram, para a época, uma medida paliativa e apropriada para as autoridades, que só lucravam com a arrecadação de tributos sobre a importação.

Supõe-se que a atuação dos grupos políticos no abastecimento de carne e as sistemáticas intervenções nesse assunto objetivavam a manutenção, construção e a reprodução do poder, uma vez que a importação desse gênero, de certa forma, beneficiou os marchantes que estavam

---

180 *Ibidem.*
181 *Ibidem*, p. 132.

ligados ao governo, favorecendo as crises de tal forma que a carne marajoara não conseguia competir no mercado com a carne platina e a sulista.

Em uma tentativa de refletir a problemática do abastecimento de carne verde em Belém, percebeu-se que os discursos de escassez, de carestia e de fome foram, para a época, construções políticas. Assim, a carne assumia um papel central no comércio, tornando-se um gênero de primeira necessidade na capital, mas também em constante escassez, de péssima qualidade e com preços elevados.

Percebeu-se a escassez sob outro ângulo, isto é, ela superava a relação com as causas naturais/climáticas, como também o resultado da economia da borracha, das péssimas condições dos pastos, da higiene e do transporte. Partiu-se da premissa de que o desabastecimento de carne foi motivado pelas intervenções do governo e pela atuação dos marchantes. Pode-se acreditar que a escassez e a carestia eram um problema de ordem política.

Assim, a anormalidade no fornecimento de carne em Belém entre os anos recortados pode ser compreendida como uma "fabricação" da escassez e da carestia, estando essencialmente associada às tentativas de dominação e de legitimação das intervenções do Estado, o que provocou a formação de monopólios no âmbito do comércio desse alimento.

No próximo capítulo, serão analisadas as transformações urbanas ocorridas na cidade de Belém e as suas implicações nos hábitos e nas práticas alimentares da população.

CAPÍTULO III

OS AÇOUGUEIROS E AÇOUGUES DA CIDADE: TRANSFORMAÇÕES URBANAS, NORMAS DE CONDUTA E A HIGIENIZAÇÃO DOS ALIMENTOS

Uma grande cidade se reconhece à primeira vista pelos seus monumentos, pelas suas construções públicas ou particulares.

Jerônimo Coelho, Presidente da Província, 1848

Os "novos ricos" construíram suas residências inspirados no *Art Noveau*, com azulejos de Portugal, colunas de mármore de Carrara e móveis de ebanistas franceses.

Nazaré Sarges

Belém: riquezas produzindo a *belle époque*
A cidade, de forma metafórica, pode ser comparada a um palco de representações, onde se desenrolam as mais variadas tramas, entre atores que por ali desfilam com seus sonhos, dramas, tensões, alegrias, as mais diversas sensações e emoções características do cotidiano vivenciado pelo ser humano.

Yvone Dias Avelino

Uma Universidade Católica em São Paulo (1946-1984)

A cidade de Belém está localizada ao norte do estado do Pará, porta de entrada do delta dos rios Amazonas e Tocantins, situada em uma península às margens da Baía do Guajará, a noroeste, e do Rio Guamá, ao sul. Sua geografia é privilegiada, o que possibilitou, ao longo de seus quase 400 anos de existência, constante contato com outras regiões, por meio dos rios, fazendo dessa cidade importante entreposto comercial entre a Amazônia e o resto do mundo.

Belém, a capital do estado, abriga atualmente em sua área urbana uma população estimada em torno de 1.392.031 habitantes, sendo considerada a maior densidade demográfica da Região Norte, com 1.307,17 hab/km^2, de acordo com o IBGE de 2010.[1]

O processo histórico de conquista e a ocupação do Vale Amazônico, pelos portugueses, foram iniciados em 12 de janeiro de 1616, por Francisco Caldeira Castelo Branco, tendo como marco a fundação do Forte do Presépio.[2] Em plano geral, a sociedade paraense do século XIX vivenciou uma intensa erupção de eventos, assinalando-se a vida social, econômica, política e cultural como a Adesão do Pará à Independência do Brasil (1823), a eclosão da Cabanagem (1835-1840)[3] e o boom da borracha e o fausto da *belle époque* (1870-1910).

---

1 Disponível em: <http://www.ibge.gov.br/estatistica/populaçao/estimativa2010/POP2010-DOU.pdf>. Acesso em: 23 ago. 2010.

2 Como núcleo embrionário da cidade de Belém, considera-se a cidade velha, a partir do Forte do Presépio, fundado em 1616, símbolo da conquista portuguesa na Amazônia. Para maiores informações, consultar a dissertação de Dayseane Ferraz: Biografias do Forte do Presépio. In: *Além da pedra e cal:* a (re) construção do Forte do Presépio (Belém do Pará, 2000-2004). Belém. Dissertação de Mestrado (História). Universidade Federal do Pará, 2007.

3 A Cabanagem foi um movimento sociopolítico realizado na Província do Grão-Pará entre os anos de 1835-1840, tendo com participantes diversos sujeitos e múltiplos significados para seus integrantes. Para Mário Médice, o 7 de janeiro de 1835 marcou a história e a memória amazônica em função da invasão e do controle da capital da Província pelos cabanos. Pois os "paraenses dos mais diversos segmentos e projetos sociais, que em sua maioria eram mestiços, brancos de pequenas posses, negros libertos, índios, tapuios, além de grandes proprietários escravistas, tomaram e exerceram o poder político na capital do Grão-Pará, mesmo com todas as adversidades que enfrentaram naqueles idos, de janeiro à junho de 1835 e de agosto do mesmo ano à maio de 1836". BARBOSA, Mário Médice. Sete de Janeiro da Cabanagem: As

É oportuno apresentar que a concepção deste capítulo emergiu a partir de uma inquietação sugerida pelos esforços de Antônio Lemos em modernizar os espaços de Belém no final do século XIX e princípio do XX, tendo como referencial o modelo parisiense de Hausmann. Acredita-se que essas alterações urbanísticas e arquitetônicas definiram novos padrões de comportamento para a população, na mesma proporção em que promoveram impactos nos hábitos alimentares, condicionando-os e enquadrando-os aos preceitos de higiene, de moral e de civilização, preocupação essas do governo republicano.

É pertinente destacar que este estudo se desenvolve na primeira década da República no Pará,[4] sendo um momento de intensas transformações de natureza urbana, política, econômica e social, em que se almejava modernizar e civilizar a capital paraense. Nesse contexto, uma das grandes inquietações dos administradores públicos parecia estar relacionada à criação de ações públicas voltadas à fiscalização sanitária e ao comércio de alimentos. O fato de inspecionar os mercados da cidade não revela apenas o objetivo de promover e de proteger a saúde da população em função das normas de civilidade, mas a definição de padrões de comportamento e de disciplina do povo. Pensando nisso, foram analisados, neste momento, somente os artigos das Leis e das Resoluções Municipais do ano de 1900 referentes aos açougues, aos açougueiros e à carne.

---

efemérides cabanas e as dissonâncias sociais em Belém (1985-2002). In: NEVES, Fernando Arthur de Freitas; LIMA, Maria Roseane Pinto. (Org.). *Faces da História da Amazônia.* Belém: Paka-Tatu, 2006, p. 491. Sobre a cabanagem, ver: DI PAOLO, Pasquale. *Cabanagem:* a revolução popular da Amazônia. Belém: Cejup, 1985; FERREIRA, Eliana Ramos. *Motins políticos ou a história dos principais acontecimentos políticos da província do Pará desde o ano de 1821 até 1835.* Belém: UFPA, 1970; Salles, Vicente. *Memorial da Cabanagem:* esboço do pensamento Político-Revolucionário no Grão-Pará. Belém: Cejup, 1992; RICCI, Magda Maria de Oliveira. Dos sentidos aos significados da Cabanagem: percursos historiográficos. In: *Anais do Arquivo Publico do Pará,* Belém, 3(2): 241-274, 2001.

4   Para uma leitura mais aprofundada, consultar: CARVALHO, José Murilo. *Os Bestializados:* O Rio de Janeiro e a República que não foi. São Paulo: Companhia das Letras, 1987.

De fato, essas questões relacionadas à vida cotidiana e à reordenação do espaço belenense não podem ser dissociadas da influência europeia. No entanto, há de se respeitar os aspectos mais íntimos da cidade, os projetos e as tensões. O que está em jogo não é a relevância da economia do látex e as políticas de Antônio Lemos para a reordenação da malha urbana. Porém, torna-se necessário manter uma postura crítica referente às questões anteriormente apresentadas, evitando-se uma aparente homogeneidade.

Sobre a redefinição do espaço urbano da capital paraense, criou-se uma "camisa de força" ao apresentar a reordenação urbana através do binômio economia do látex e da administração de Antônio Lemos. Nesse sentido, buscaram-se novos horizontes historiográficos a partir de uma questão central: como pensar as reformas urbanas de Belém para além desses modelos cristalizados pela historiografia paraense? Desta forma, o que se está buscando é analisar as transformações urbanas de Belém e a sua relação com os discursos de higienização do espaço urbano e a fiscalização sanitária dos gêneros alimentícios nas últimas décadas do século XIX e início do XX, pois se pressupõe que esses fatores provocaram transformações no consumo e nos padrões alimentares dos moradores de Belém.

Cabe ressaltar que, neste momento, realizou-se um debate sobre as transformações urbanas a partir da leitura de documentos de natureza administrativa e da bibliografia histórica sobre o tema, tendo em vista lançar luz diante da preocupação sugerida anteriormente. Acredita-se que o embelezamento da cidade se configurava como um mecanismo voltado a soterrar um passado permeado pelos conflitos da cabanagem, transcendendo, dessa forma, a proposta de um projeto político e civilizador dos barões da borracha. É pertinente destacar que não se tem a pretensão de focar o processo de urbanização da cidade no que se refere à modernização e ao remodelamento da cidade, do ponto de vista arquitetônico, pois há uma bibliografia que trata desse tema.⁵ O propósito aqui, já pontuado, é discutir a relação entre cidade e higiene no processo de urbanização, marcando tal relação significativamente, o objetivo que se tinha na época em que a população da cidade começava a conviver com as referências da modernidade e do progresso da civilização ocidental.

Heraldo Maués verificou que, ao longo da conquista europeia da bacia Amazônica, projetaram-se inúmeras imagens referentes à nova terra, ou seja, as Amazônias, oscilando entre um paraíso terrestre e um inferno, como Mar Dulce, Eldorado, País da Amazonas, Império das Drogas do Sertão, Celeiro do Mundo, Ouro Negro, Ciclo da Borracha, Inferno Verde e mais recentemente Pulmão do Mundo. Esses discursos têm como objetivo integrar a região ao mundo, muito embora deixando de lado as especificidades locais, produzindo estereótipos sobre a população, o clima e os costumes.⁶

Nos mapas, nos documentos e nas bibliografias consultados para a feitura desta pesquisa, parece claro o anseio de civilizar-se. Portanto, as normas de disciplina e o processo de higienização, integrando-se aos moldes europeus, eram objetivos fundamentais, isto é, implantar uma Paris na selva Amazônica, financiada pelos lucros do látex.

Desse modo, na planta de 1753 da cidade do Pará, observam-se as edificações militares que outrora guarneciam a cidade e seus habitantes de possíveis ataques estrangeiros ou nativos. Cabe ressaltar que essas construções protegiam e garantiam a efetivação da empresa colonial portuguesa. Dentre os prédios que protegiam a cidade no período colonial, destacam-se o Forte do Presépio, o Forte de São Pedro Nolasco,

---

5   SILVEIRA, Rose. *Histórias invisíveis do Teatro da Paz:* da construção à primeira reforma, Belém do Grão-Pará (1869-1890). Belém: Paka-Tatu, 2010; CASTRO, Fábio F. de. Cartografias da modernidade de Belém. In: *Belém da saudade:* a memória da Belém do início do século em cartões postais. 2 ed. Belém: Secult. 1998.

6   MAUÉS, Raymundo Heraldo. "Amazônias": identidade regional e integração nacional. In: Uma outra "invenção" da Amazônia. Belém: CEJUP, 1999, p. 84.

a Fortaleza da Barra e o Reduto de São José. Foram observados ainda (Imagem III) o processo de urbanização e a formação do traçado da malha urbana para além da cidade velha, em crescente de 90°. Contudo, a cidade ainda era dividida pelo pântano do Piry, um desafio para a expansão urbana de Belém até o início do século XIX.

Imagem III – Planta geométrica da cidade de Belém do Gram Pará

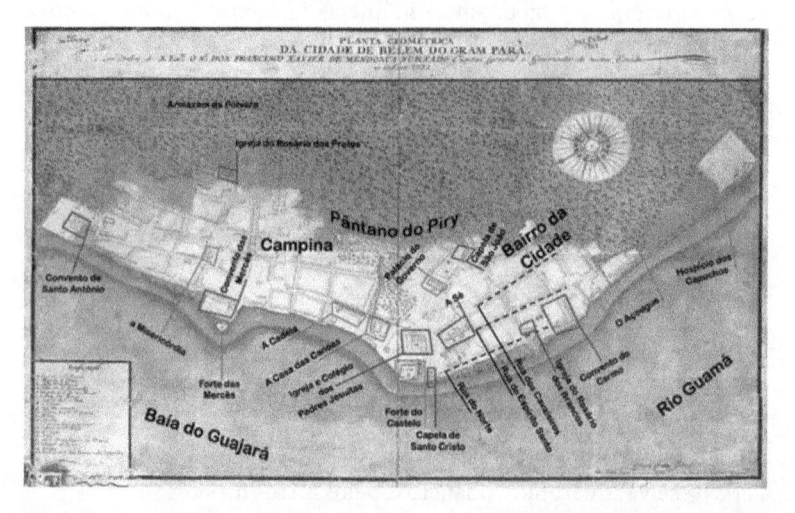

Fonte: Fundação Biblioteca Nacional. Disponível em: <http://catcrd.bn.br/scripts/odwp032k.dll?T=gs&GPR=fbn_cartografia&PR=cartografia_pr&DB=cartografia&use=kw_livre&ssnew&disp=list&sort=off&ARG=planta+da+cidade+de+bel%E9m>. Acesso em: 07 mai. 2010. Planta adaptada pelo autor deste livro.

É lugar comum na historiografia Amazônica a identificação das reformas urbanas ocorridas na Belém da *belle époque* como sendo o resultado da economia da borracha tal como planejada e executada pela intendência de Antônio José de Lemos. Esses estudos esquecem que a cidade é o cenário onde se desenrolam as diversas tramas entre os atores que "desfilam com seus sonhos, dramas, tensões, alegrias, e as mais diversas sensações e emoções características do cotidiano vivenciado pelo ser humano".[7]

O que causa inquietação nessas pesquisas é a forma mecânica e generalizada de abordagem da cidade. Este livro não questiona o papel da economia da borracha, muito menos as preocupações higienistas e civilizadoras de Antônio Lemos na urbanização de Belém. Ao contrário, esses paradigmas historiográficos precisam ser ampliados, tendo em vista novas áreas de investigação e novos olhares acerca das transformações urbanísticas.

Foi aceito aqui que as reformas urbanas e arquitetônicas[8] executadas na cidade representaram uma modernização caótica, florescendo outras cidades circunscritas no mesmo espaço urbano. A redefinição da malha urbana projetada para a capital paraense não respeitou as especificidades locais, o que ocasionou profundas e constantes contradições ao se priorizarem os aspectos: embelezamento visual e saneamento.

Entende-se que esses eventos podem ser interpretados como medidas que sugerem a segregação de uma parcela da população que não desfrutou dos lucros da borracha. Essas problematizações podem ser observadas na obra de Geraldo Coelho, *No coração do Povo*: o monumento à República em Belém 1891-1897. No entanto, ressalta-se que o objetivo do autor não era analisar essas tensões.

> [...] a belle époque da Belém de Antônio Lemos, como a do Rio de Janeiro de Pereira Passos, *seria*

---

7   AVELINO, Yvone Dias. Uma Universidade Católica em São Paulo (1946-1984). In: AVELINO, Yvone Dias; FLÓRIO, Marcelo (Org.). *Polifonias da Cidade*. São Paulo: Editora D'Escrever, 2009, p. 293.

8   Segundo Nazaré Sarges, os lucros da borracha transformaram o espaço urbano de Belém, como se pode observar: *"Esse reflexo se expressa na construção de prédios como Teatro da Paz, o Mercado do Ver-o-peso, Palacete Bolonha, Palacete Plínio, criação de uma linha de bondes, instalação de bancos (em 1886 já funcionavam quatro estabelecimentos bancários) e companhias seguradoras, estas últimas ligadas ao sistema financeiro estabelecido na região (...) implantação da iluminação a gás, sob a responsabilidade da Pará Eletric Railway and Lighting Co. Ltd, autorizada a funcionar pelo Decreto Federal n°5.780 de 26.01.1905."* SARGES, Maria de Nazaré. Belém: Riquezas produzindo a belle époque (1870-1912). 2ª ed. *Belém*: Paka-Tatu, 2002, p. 83-38.

elitista e elitizante, discricionária e excludente, tratando-se de invenção e da viabilização de um espaço urbano reflexivo das práticas culturais e dos costumes de uma ideologia burguesa transnacionalizada, tornada hegemônica pelos processos do capitalismo industrial[9] (grifo nosso).

Dalcídio Jurandir apresenta por meio do seu romance histórico publicado originalmente na década de 1960, intitulado *Belém do Grão-Pará*, uma Belém artificial e revestida de contradições, em que "Normais eram as obras de fachadas do Governo, os luzimentos do Senador, as companhias teatrais desembarcando da Europa",[10] mas que tentava preservar o requinte do fausto da borracha através do seu teatro, do cinema, das praças, dos cafés, dos *bulevares* e dos prédios luxuosos que segregavam a população.

As abordagens sobre a segregação social e espacial na virada do século e a transição política se fazem presentes em trabalhos de grande envergadura, como a obra de Nicolau Sevcenko, *Literatura como missão*, e de Margareth Rago, *Do cabaré ao lar*, para citar apenas alguns. Cabe aqui o desafio de estabelecer um diálogo sólido e coerente com essa produção historiográfica, e pensar as suas contribuições para essa pesquisa, respeitando-se os limites cronológicos, sociais e culturais desses trabalhos.

Sobre o Rio de Janeiro, Nicolau Sevcenko apresenta que a destruição da cidade velha, de feição colonial e amoral, fazia-se necessária para dar nova expressão à cidade que estava urbanisticamente emergindo, soterrando com ela a herança imperial e desvelando uma sociedade triunfante. A demolição do cenário antigo, isto é, dos casarões e dos palacetes,

---

9   COELHO, Geraldo Mártires. *No coração do Povo*: O Monumento à República em Belém- 1891-1897. Belém: Paka-Tatu, 2002, p. 28.

10 JURANDIR, Dalcídio. *Belém do Grão-Pará*. Belém: EDUFPA; Rio de Janeiro: Casa Rui Barbosa, 2004, p. 61– (Coleção Ciclo do Extremo Norte).

é classificada pelo autor como "regeneração". Segundo ele, esses espaços estavam localizados no centro e eram ocupados pela população pobre.[11]

A reformulação arquitetônica e os padrões de vida da população estavam conectados a quatro tópicos importantes abaixo descritos, representando pontos de convergência com a proposta de segregação espacial da população de Belém. Conforme o autor, na primeira sessão houve uma condenação dos hábitos e dos costumes que rememorassem a sociedade tradicional; na segunda, negou-se todo e qualquer elemento que remetesse à cultura popular, que viabilizasse a distorção da imagem civilizada da sociedade dominante. No terceiro e quarto tópicos, observa-se:

> [...] uma política rigorosamente de expulsão dos grupos populares da área central da cidade, que será praticamente isolada para o desfrute exclusivo das camadas aburguesadas; e um cosmopolitismo agressivo, profundamente identificado com a vida parisiense.[12]

Fica evidente, portanto, que essa política de segregação de grupos a partir do poder aquisitivo foi pensada no sentido de selecionar os centros urbanos, para o deleite de uma determinada camada social privilegiada.

Barbara Weinstein, em análise mais regional sobre a expansão e a decadência da borracha na Amazônia, propõe que, na década de 1890, Belém se revelava como núcleo residente da elite da região, sendo composta por fazendeiros, grandes seringalistas, comerciantes e profissionais liberais.[13]

---

11 SEVCENKO, Nicolau. A inserção compulsória do Brasil na *belle époque*. In: *Literatura como Missão*: Tensões Sociais e Criação Cultural na Primeira República. 2º ed. São Paulo: Companhia das Letras, 2003, p. 43.

12 *Ibidem.*

13 WEINSTEIN, Barbara. Crescimento comercial e estagnação estrutural. In: *A borracha na Amazônia:* Expansão e decadência, 1850-1920. São Paulo: Hucitec; Edusp, 1993, p. 105.

Desta forma, a fisionomia da cidade necessitava ser redimensionada para atender à demanda desse grupo que surgiu sob os auspícios do látex, o qual marcou um distanciamento da população. Nazaré Sarges entende que a Cidade Velha, antes da expansão da borracha, foi um espaço reservado à moradia e às demais atividades da população; no entanto, ao adquirir a função de centro comercial, sua população migrou para regiões distantes, formando os atuais bairros de Nazaré, de Umarizal e de Batista Campos, de forma que essa área era denominada de Rocinha, e habitada por uma população humilde, que naquele momento vendia os lotes a um valor irrisório, passando assim a ocupar lugares distantes do centro, que segundo a autora, nos dias atuais são considerados bairros periféricos.[14]

É importante refletir sobre as análises de Ronaldo Raminelli, referentes à História Urbana. O autor apresenta que o crescimento e a expansão das cidades europeias marcaram a história do século XIX, revelando, portanto, alterações na vida urbana em cidades como Londres e Paris.[15] Nesse ponto, existe um tema de convergência para a proposta deste capítulo, pois como foi anteriormente ressaltado, Belém, como urbe, espelhava-se no modelo parisiense.

No caso europeu, as transformações e as contradições urbanas foram favorecidas pela Revolução Industrial, promovendo as primeiras tentativas de reordenação do espaço e de configuração de uma cidade ideal, cabendo aos governos propostas higienizadoras e soluções para a vida urbana.

Ao se pensar as reformas urbanas estabelecidas em Belém, *locus* da pesquisa, é impossível não abordar uma referência comum aos

---

14 SARGES, Maria de Nazaré. O Pará na economia da borracha: transformações econômicas e sociais. In: *Belém*: Riquezas produzindo a belle époque (1870-1912). Belém: Paka-Tatu, 2002, p. 83-84.

15 RAMINELLI, Ronald. História Urbana. In: CARDOSO, Ciro Flamarion; VAINFAS, Ronaldo (Org.). *Domínios da História*: ensaios de teoria e metodologia. Rio de Janeiro: Elsevier, 1997, p. 185. 19ª reimpressão.

estudos desse período. Em outras palavras, a figura do intendente Antônio Lemos como mediador da urbanização da capital paraense durante sua administração entre 1897-1911. Não é o caso aqui tecer uma análise sobre a personalidade pública ou as memórias desse administrador público,[16] mas sim constituir uma análise crítica sobre a ideia de uma Paris nos trópicos, reflexo das aspirações lemistas. Para muitos historiadores, as transformações urbanísticas e culturais processadas na capital decorrem da administração de Lemos, se bem que rarefeitas na ótica deste livro.

Nessa perspectiva, Geraldo Coelho escreve que a intendência de Antônio Lemos proporcionou à capital paraense o contato com a modernidade, a partir das obras públicas de urbanização e de higienização planejadas e executadas pelo intendente, visando projetar uma imagem de progresso e de civilização consoante aos ideais da sociedade capitalista. Essas reformas, na condição de emblemas da civilização, eram elitistas, segregadoras e voltadas para a valorização do capital, deixando à margem uma grande parcela da população.[17]

Cabe observar que a modernização da capital é interpretada pela historiografia por meio de dois fatores: o extrativismo da goma elástica e a administração política de Antônio Lemos. Esses marcos eleitos acabam deixando de lado as tensões, as memórias e as relações entre a sociedade e a natureza em prol de um projeto político voltado para a civilização. Acredita-se que esses aspectos reordenaram a fisionomia da cidade, apesar de estarem conjugados a outros fatores, pois a configuração de uma cidade obedece a uma somatória de critérios, nem sempre articulados. Nesse sentido, Leila Mourão apresenta que as cidades são

---

16   Para uma leitura sobre a construção da memória política por trás do mito de Antonio Lemos, consultar: SARGES, Maria de Nazaré. *Memórias do "Velho Intendente" Antonio Lemos 1869-1973*. Belém: Paka-Tatu, 2002.

17   COELHO, 2002. *Op. cit.*, p. 27.

resultado da interação entre a sociedade e a natureza,[18] tratando-se de um ambiente de mudanças e de permanências.

Na tentativa de revelar a segregação espacial de uma parcela da população de Belém por meio das reformas urbanas executadas no período de 1897-1911, Jussara Derenji apresenta que essas mudanças modernizadoras efetuadas na capital tiveram como marco inicial a primeira metade do século XIX (1848), no caso a gestão de Jerônimo Francisco Coelho. Contudo, ressalta-se que foi na intendência de Antônio Lemos que o embelezamento da cidade se fez mais presente. Esse discurso é recorrente nos relatórios do Governo Municipal, sendo evidente a participação do poder público no artifício de embelezamento, de saneamento e de desenvolvimento da capital, que vivenciava um momento de opulência econômica proporcionado pela economia do látex.[19]

Notou-se na fala do presidente Jerônimo Francisco Coelho, dirigida à Assembleia Legislativa Provincial em 1º de outubro de 1848, um esforço para a construção de símbolos e de emblemas que projetassem a modernidade. Para o presidente, a cidade necessitava de edificações para consagrar o seu desenvolvimento, conforme o conteúdo do documento:

> Neste abençoado paiz a natureza faz tudo, e o homem só tem o trabalho da escolha. E pois, Senhores, a Capital desta grande Provincia deve preparar-se para vir a ser um dia em opulencia e grandesa a primeira grande Cidade do Norte, como já o é geographicamente; mas para vir a ser opulenta e grande, não basta só a riquesa natural; a natureza produz, mas não edifica; esta tarefa compete ás artes; e ao engenho humano e uma grande cidade se reco-

---

18 MOURÃO, Leila. História das Cidades da Amazônia Brasileira. In: *Revista de estudos Amazônicos*. PPHD- Programa de Pós-Graduação em História Social da Amazônia. Belém, Alves Gráfica e Editora. 2007, p. 29-43.

19 DERENJI, Jussara da Silveira. A seleção e a exclusão no meio urbano: reformas do fim do século XIX em Belém do Pará. In: D'INCAO, Maria Angélica; SILVEIRA, Isolda Maciel da. *A Amazônia e a Crise da Modernização*. Belém: Museu Paraense Emílio Goeldi, 1994, p. 269.

nhece á primeira vista pelos seus monumentos, pelas suas construções publica ou particulares. A' este respeito muito pouco ou quase nada possuimos.[20]

Diante disso, a sofisticação e o requinte almejados se justificam por meio das artes e pela atividade humana. Para Jerônimo Coelho, uma grande cidade é personificada por monumentos, por arquitetura, por obras e construções públicas/privadas, não se restringindo à natureza, uma vez que ela apenas produz e não edifica. Assim, evidencia-se que, por meio do discurso da autoridade, a capital da província deveria ser projetada através dos preceitos de racionalidade, de eficiência e de progresso. Nas aspirações do presidente, a cidade que deveria se tornar, necessariamente precisava romper o elo entre a sociedade e a natureza através de projetos e interferências urbanas.

Percebeu-se que o discurso construído pelo presidente tentou justificar a expansão da cidade e de sua urbanização através do argumento das operações antrópicas no meio urbano. Por outro lado, essa proposta tratava somente da relevância da urbanização para a cidade, criando alicerces, provavelmente, para as intervenções lemistas na transição do século XIX-XX.

Na planta da cidade de 1800 (Imagem IV), observa-se o intenso processo de urbanização marcado pelas construções e pela penetração da floresta a partir do Forte do Presépio.

---

20 PARÁ, Governo da Província do. Falla dirigida pelo Exmº Snr. Conselheiro Jeronimo Francisco Coelho Presidente da Província do Gram-Pará à Assembleia Legislativa Provincial, na abertura da Secção Ordinaria da sexta Legislatura no dia 1ª de Outubro de 1848. Pará: Typographia de Santos & Filhos, 1848. Disponível em: <www.crl.edu/areastudies/LAMP/indez.htm>. Acesso em 07 ago. 2006, p. 70.

Imagem IV – Plano do Pará, 1800

Fonte: Álbum de Belém do Pará. São Paulo, Gráfica Editora Hamburg: 1995, p. 65.

Tal constatação do presidente encontrou eco, embora funesto, na observação do naturalista inglês Alfred Russel Wallace, durante a sua primeira viagem à Amazônia em 1848, coincidindo com o ano do documento analisado. Wallace, com seu olhar europeu, descreve o estado dos prédios públicos de Belém, oscilando entre o binômio beleza/feiúra, causando uma péssima impressão aos visitantes a condição em que a cidade se encontrava. Esses sintomas projetavam uma imagem de insalubridade de Belém, estando intimamente ligada ao abandono para o observador estrangeiro. Todavia, essas impressões devem ser filtradas.[21] O relaxamento se justificava pelo clima, de acordo com o viajante:

> A impressão geral que a cidade desperta em alguém recém-chegado da Europa não é lá das mais favorá-

---

21 Para uma análise crítica sobre a visão de Alfred Wallace, consultar o texto deste autor, intitulado *Cotidiano e Alimentação sob olhares impertinentes*: Alfred Russel Wallace e suas impressões sobre Belém em 1848. Apresentado no I Encontro de Estudantes de História da ESMAC 2008.

veis. Denota-se uma tal ausência de asseio e ordem, uma tal aparência de relaxamento e decadência, tais evidencias de apatia e indolência, que chegam a produzir um impacto verdadeiramente chocante. Mas a primeira impressão desaparece quando se constata que diversas dessas características são decorrentes do clima.[22]

Na imagem produzida por Wallace, visualiza-se uma cidade diluída pela ausência de ordem e civilidade. Parece pertinente apresentar que os relatos, as crônicas e os depoimentos são produtos de um contexto e de um grupo, e atendem a uma série de interesses e de articulações forjados por uma relação de poder. Recorda-se aqui o que Marc Bloch já advertia em sua obra *Apologia da História*: "nunca se explica plenamente um fenômeno histórico fora do estudo de seu momento".[23] Não é o caso aqui levantar uma discussão metodológica dos usos das fontes, mas questionar e apresentar os limites e as potencialidades dos documentos utilizados, pois:

> O documento não é inócuo. É, antes de mais nada, o resultado de uma montagem, consciente ou inconsciente, da história, da época, da sociedade que o produziram, mas também das épocas sucessivas durante as quais continuou a viver, talvez esquecido, durante as quais continuou a ser manipulado, ainda que pelo silêncio.[24]

Em outras palavras, por meio dos documentos selecionados, podem-se identificar fragmentos da sociedade que se busca recuperar, nesta pesquisa, porém, a partir da ótica de quem produziu esses relatos. Deste modo, os documentos são uma espécie de interlocutor do

---

22 WALLACE, Alfred Russel. *Viagens pelo Rio Amazonas e Negro*. Belo Horizonte: Ed. Itatiaia; São Paulo: Ed. da Universidade de São Paulo, 1979, p. 20.

23 BLOCH, Marc. A história, os homens e o tempo. In: *Apologia da História ou o ofício do historiador*. Rio de Janeiro: Jorge Zahar, 2001, p. 60.

24 LE GOFF, Jacques. Documento/Monumento. In: *História e Memória*. 5 ed.- Campinas, SP: Editora da Unicamp, 2003, p. 537-538.

grupo que os fabricou, sendo um reflexo de suas aspirações. É, portanto, imprescindível para a pesquisa histórica questionar a ingenuidade dos documentos e perceber suas intencionalidades.

Henry Walter Bates apresenta uma leitura sobre as causas do estado da cidade de Belém oposta à de Wallace. Para Bates, a cabanagem havia provocado esse estado de desordem na cidade, e por mais que houvesse passado doze anos de sua chegada, essas marcas ainda estavam presentes, não apenas na memória da população – que havia decrescido de 24.500, em 1819, para 15.000, em 1848 – como também nos prédios e sobrados da cidade.

De acordo com o viajante, ao desembarcar na capital paraense, constatou que a cidade ainda não havia se recuperado dos efeitos da cabanagem, que para ele foi uma rebelião de caráter étnico, ou seja, pelo ódio existente naquela época entre brasileiros e portugueses.[25] Aqui o autor rompe com a proposta de determinismo climático para justificar o estado de ausência de civilidade da população, dando subsídios aos pressupostos deste capítulo.

A respeito da polifonia dos discursos dos viajantes e de relatórios, Bates – após sete anos e meio afastado de Belém, em função de suas pesquisas, retorna em 17 de março de 1859 – descreveu o crescimento demográfico e a nova fisionomia urbana da cidade:

> Encontrei a cidade do Pará grandemente mudada, para melhor. Já não tinha mais aquele aspecto de arraial, com ruas cheias de mato e casas desmanteladas, que eu ficara conhecendo em 1848. *A população tinha aumentado para 20.000*, devido ao influxo de imigrantes portugueses, madeirenses e alemãs, e *fazia alguns anos que o governo provincial vinha despendendo os excedentes de suas rendas, que eram consideráveis, no embelezamento da cidade*. As ruas, outrora sem calçamento e cheias de pedras soltas e areia, estavam agora caprichosamente pavimenta-

---

25   BATES, Henry Walter. *Um naturalista no Rio Amazonas*. Belo Horizonte: Ed. Itatiaia; São Paulo: Ed da Universidade de São Paulo, 1979, p. 21.

das; as casas feitas fora do alinhamento haviam sido demolidas e substituídas por construções mais uniformes. A maioria das casas velhas e desmanteladas cedera lugar a belos edifícios construídos acima do nível da rua, com extensas, e elegantes sacadas no primeiro andar. As grandes praças, outrora verdadeiros lodaçais, tinham sido drenadas, capinadas e plantadas com fileiras de amendoeiras e casuarinas, transformando-se em belos ornamentos para a cidade, ao invés de constituírem um triste espetáculo para os olhos, como ocorria no passado[26] (grifos nossos).

Pela descrição do viajante, um novo cenário foi montado, saindo de um falso El Dorado e dando lugar a uma Paris nos trópicos, face à arquitetura, elegância e refinamento financiados pela borracha e implantados na mentalidade da população. A tentativa de modernização de Santa Maria de Belém do Grão Pará aponta para a necessidade da Belém de outrora, sombria e carregada de preconceitos, constituir-se como "a francesinha do norte". No entanto, o custo de vida nessa cidade que emergia tinha quadruplicado, segundo o viajante, pelo fato da mão de obra e dos produtos locais serem escassos em relação à demanda, "devido o acréscimo de grande levas de novos residentes que nada produziam e às grandes importações de capital originadas pela companhia de navegação e os negociantes estrangeiros".[27]

O discurso do presidente Jerônimo Coelho, no patamar de versão oficial, apresenta a importância da reordenação do espaço urbano da capital, visando a incorporá-la aos moldes de cidade civilizada e higienizada, como a primeira do Norte, a partir das obras públicas.

Uma leitura simplória dos documentos da época pode levar à convicção de que as intenções de Bates e Jerônimo eram prioritariamente levar Belém ao desenvolvimento, à modernidade e à higienização, privilegiando as questões estéticas advindas da cultura europeia.

---

26 BATES, 1979. *Op. cit.*, p. 296.

27 *Ibidem*, p. 297.

No entanto, apenas oito anos do término da cabanagem haviam se passado, e uma análise mais crítica faz ressaltar a intenção subjacente dos escritos daqueles autores: apagar da memória da população o malfadado evento ocorrido na primeira metade do século XIX, conhecido como Cabanagem.

Embora seja anterior a Bates, converge com ele, na mesma abordagem sobre a situação e a causa da cidade de Belém, Daniel Paris Kidder, na década de 1840, ao observar esses fatos. Suas impressões sobre a província do Grão-Pará proporcionam uma reflexão além das generalizações visualizadas pelos autores anteriormente citados. Para Kidder, os resíduos e ruídos da cabanagem ainda se faziam presentes nos prédios e na memória da população. Assim, a proposta de modernização da capital nada mais era do que a superação das chagas da cabanagem, isto é, abandonar a imagem de uma cidade devastada pela *arraia-miúda*, bem como apresenta o pastor metodista:

> Percebem-se ainda no Pará os efeitos da Revolução de 1835. Quase todas as ruas têm casas pontilhadas de balas ou varadas por projéteis de canhão. Algumas foram apenas ligeiramente avariadas, outras quase que completamente destruídas. Dentre estas últimas algumas foram restauradas, outras abandonadas. O Convento de Santo Antônio ficou de tal forma exposto ao canhoneiro que ainda hoje exibe muitos sinais da bala pelas paredes. Um dos projéteis destruiu a imagem colocada num alto nicho à frente do convento.[28]

Partindo para uma interpretação parcial, que não assume integralmente a visão de Kidder sobre o evento ocorrido na província, é importante destacar que as consequências imediatas e materiais do conflito, por sua vez, justificam a necessidade de uma reforma urgente

---

28 KIDDER, Daniel Paris. *Reminiscências de Viagens e Permanências no Brasil, Compreendendo Notícias e Geografias do Império e das Diversas Províncias*. São Paulo: Livraria Martins Editora; Editora da Universidade de São Paulo, 1972, p. 168.

da capital. Sendo assim, nas medidas propostas pelo presidente, evidencia-se que o medo de uma nova Cabanagem era iminente. Por isso era necessária a construção de espaços que oferecessem segurança, além do mais, faziam-se necessárias também repartições públicas e a construção de novas estradas que viabilizassem a circulação de pessoas e de produtos, bem como lazer para a população:

> Na Capital falta-nos:
> Um chafariz ou fonte publica que tal nome mereça
> *Um mercado publico*
> *Um quartel da tropa [Provincial]*
> *Um Paço da Assembléia*
> *Uma caza para aulas publicas*
> *Um cemiterio*
> *Uma casa de prisão com trabalho*
> *Um theatro publico*
> *Um edificio para as repartições fiscaes*
>
> Não temos estradas; pois como taes não devem reputar-se as ruas de alameda, na verdade bellas, que se prolongaõ pelos arrabaldes da Cidade. Felizmente são os as nossas principaes estradas[29] (grifos nossos).

Não há como questionar, diante dessas abordagens, que os discursos alusivos a uma preocupação perante as condições de higiene, de urbanização e de saúde pública não fogem a um lugar comum, isto é, são a institucionalização de um controle social por parte das autoridades administrativas, burguesas e intelectuais, gerando uma segregação espacial na capital da província, como apresentou de forma lúcida Jussara Derenji. Assim, as reformas atendiam à noção de civilização, conferida pela sociedade detentora dos capitais, como sugere Geraldo Coelho, pois esses projetos foram pensados pela e para a elite, maquiando as imagens do cotidiano belenense, ocultando uma das faces da *belle époque* paraense.

Sobre São Paulo, Margareth Rago apresenta o processo de desodorização do espaço urbano, entre os anos de 1890 e 1930, anos da

---

29 FRANCISCO COELHO, 1848. *Op. cit.*, p. 71.

formação do mercado livre de trabalho. A autora apresenta a política higienista dos médicos sanitaristas. Conforme Margareth Rago, houve uma preocupação com a moradia dos trabalhadores pobres imigrantes, associando-a à falta de higiene e a locais de proliferação de doenças, sendo um temor para a elite paulistana desodorizada, sugerindo a invasão das casas, a segregação e a destruição das habitações (cortiços).[30]

A partir da reflexão de Margareth Rago sobre a disciplina científico-política imposta ao operário fabril pela elite da cidade, evidencia-se que é possível visualizar novos campos de investigação sobre a temática da cidade que transbordem uma perspectiva de ciclos econômicos e políticas administrativas. Nesse sentido, Matos apresenta algumas tendências metodológicas sobre o estudo da cidade, a exemplo da noção de Cidade-Questão.[31]

Para a autora, entre o final do século XIX e o início do XX, a problemática da cidade se referia à questão higiênico-sanitarista, disciplinadora de uma camada desfavorecida: pobre, negra, imigrante e mulher. De acordo com Matos, os estudos que focalizam o cotidiano urbano assumem os discursos oficiais sem crítica.

Entende-se que a cidade pode ser simultaneamente apresentada por meio de um caleidoscópio de imagens, ou seja, uma cidade multifacetada e possuidora de uma vida biológica intrínseca a ela. Cabe ao pesquisador pensar a cidade como um laboratório, não exclusivamente para os historiadores inferirem questões sobre suas transformações, condições, sociabilidades e permanências. A partir desse discurso, estabeleceu-se um ponto de convergência com a temática de Yvone Dias Avelino. Segundo a autora, a cidade possibilita ao historiador uma teia

---

30 RAGO, Margareth. A desodorização do Espaço Urbano. In: *Do Cabaré ao Lar:* A utopia da cidade Disciplinar- Brasil 1890-1930. Rio de Janeiro: Paz & Terra, 1985, p. 165-166.

31 MATOS, Maria Izilda Santos de. Cotidiano e Cidade. In: *Cotidiano e Cultura:* História, Cidade e Trabalho. Bauru, SP: EDUSC, 2002, p. 33-34.

de significados, em diversos momentos históricos, das transformações na fisionomia urbana a mentalidade.[32]

É notório que, por meio das transformações urbanas do século XIX, as cidades se tornaram objetos de estudo. A leitura de Avelino revela diversas interpretações e inúmeros vieses, estabelecendo nervuras com outras abordagens e metodologias de pesquisa. Além disso, a cidade não pode ser conjugada somente no passado, por ser ela um caleidoscópio de imagens que oferece aos pesquisadores um manancial de possibilidades de pesquisa, ou seja, inúmeras imagens, múltiplas experiências, sensibilidade, desejos, sonhos, sabores e experiências sensoriais.

Assim, Cristina Cancela aborda que a Belém nutrida com o látex da borracha foi multifacetada, isto é, uma cidade composta de outras cidades, fazendo referência às contradições provocadas pela economia da borracha, resignificando o sentido da casa que, no passado, era um espaço de sociabilidade e lazer, além de moradia, e que passa a ser o local exclusivo de moradia. Apresentando que nem tudo era belo na capital da *belle époque*, onde conviviam problemas como péssimas condições na infraestrutura da cidade, elevado valor da energia elétrica, precárias condições dos transportes, especulação imobiliária e abastecimento de água.[33] Esses problemas apresentados pela autora vão na contramão do projeto de uma Paris nos trópicos, pensada por Lemos, como se observa:

> De fato, tendo Paris como modelo, Antônio Lemos procurou transformar as feições da urbe, reformando basicamente o centro da cidade, considerando o locus econômico e cultural por onde circulava o capital, as rendas e naturalmente os seus possuidores.[34]

---

32 AVELINO, 2009. *Op. cit.*, p. 292.

33 CANCELA, Cristina Donza. Uma cidade... muitas cidades: Belém na economia da borracha. In: BELTRÃO, Jane Felipo & JUNIOR, Antonio Otaviano Vieira (orgs.). *Conheça Belém, Comemore o Pará*. Belém: EDUFPA, 2008, p. 79-81.

34 SARGES, 2002. *Op. cit.*, p. 162.

De acordo com a citação acima, fica evidente que a reordenação do espaço urbano de Belém priorizou o abandono do núcleo embrionário da cidade, optando pela valorização do centro para atender à demanda do capital internacional. As leituras sobre essas questões oferecem subsídios para refletir o objetivo deste trabalho que ora se apresenta em função desse processo de urbanização que a cidade vivencia e a introdução de novos hábitos e costumes.

A Belém do *fin de siècle* estava alinhada genericamente aos novos padrões estéticos e culturais em voga nas capitais brasileiras. O ideal político e administrativo visava a tornar Belém a "Estrela do Norte", subjacente aos moldes das sociedades europeias de forma compulsória. Pode-se perceber que essas transformações urbanas foram uma marca da modernização, embora revelando-se um paliativo do tempo insurreto da Cabanagem, das dolorosas e trágicas lembranças das epidemias de cólera,[35] febre amarela, entre outras, experimentadas no novecentos em Belém.

Nessa perspectiva, Tristão de Alencar Araripe publicou, no ano de 1886, os *Dados Estatísticos e Informações para os Imigrantes*, tendo em vista atrair esses trabalhadores europeus por considerá-los um povo civilizado e trabalhador, fundamentais para o desenvolvimento da cidade. Nessa obra, consta que a população de Belém tinha aproximadamente 100 mil habitantes. Pode-se observar ainda uma série de informações referentes aos serviços disponíveis à cidade e centralizados nas áreas de segurança, de conforto e de bem-estar da população e uma significativa infraestrutura urbana decorrente da fase áurea da borracha voltadas para os imigrantes. Assim:

> A cidade de Santa Maria de Belém é uma das mais importantes e comerciais do Império, rivalizando com as capitais de Pernambuco e Bahia; tem uma população de cerca de cem mil habitantes, é sede

---

35 Ver: BELTRÃO, Jane Felipe. *Cólera, o flagelo da Belém do Grão-Pará*. Belém: Museu Paraense Emílio Goeldi; Universidade Federal do Pará, 2004.

> do governo da província, da diocese, da assembléia provincial, da relação do distrito, de uma vigararia geral que compreende 51 paróquias, e de câmara do município, tem 11 igrejas, 3 palácios públicos, 2 batalhões de linha e um de polícia, uma tesouraria da fazenda, uma alfândega tão importante como as da Bahia e de Pernambuco, dois importantes arsenais militares e outro de guerra, diversas repartições provinciais e gerais, seis hospitais, uma companhia de bombeiros, 5 bancos, 4 companhias de seguros, muitas pontes, rampas e trapiches públicos e particulares, numerosos hotéis, cafés, e bilhares, duas importantes companhias de bonde.[36]

E ainda:

> [...] carroças, água encanada, iluminação a gás carbônico, muitos palacetes particulares, canos de esgoto, calçamento a paralelepípedos nas principais ruas da cidade, a estação central da estrada de ferro de Apehú, telégrafo submarino e terrestre, uma importante estação de telefones, quatorze praças quase todas arborizadas, 6 folhas diárias e diversos periódicos, grande número de médicos e advogados, três juízes de direito e três substitutos, muitas escolas e estabelecimentos públicos e particulares de instrução primária e secundária para ambos os sexos, muitas livrarias tipo gráficas, oficinas de encadernação, fundição etc.[37]

Contudo, é importante analisar que a proposta de imigração estava relacionada à expansão da economia da borracha (1870-1910), provocando uma grande demanda de força de trabalho para essa atividade, coincidindo com a crise escravista e a transição do trabalho escravo para

---

36 PARÁ. Presidente da Província. Tristão de Alencar Araripe. *Dados estatísticos e informações para os imigrantes*. Belém. TYP do Diário de Notícias. 1886, p. 140.

37 *Ibidem*.

o livre, no final do XIX, tornando-se foco das preocupações e debate do governo as questões da imigração de nacionais/estrangeiros.[38]

As transformações no espaço urbano, aliadas ao posto de principal cidade do Norte e grande centro econômico, promoveram novas formas de comércio e de abastecimento, em especial a importação de carne verde, prática altamente lucrativa nessa época; porém, ocasionaram sérios impactos no abastecimento de alimentos à população. A atração exercida pela economia da borracha intensificou o aumento demográfico no perímetro urbano de Belém, concentrando inúmeros trabalhadores imigrantes e nacionais que, para garantirem sua sobrevivência, converteram-se em quituteiras e vendedores ambulantes de leite, de café, de garapa, de hortaliças, de sorvetes, de aves, de vísceras e de peixe; outros conseguiram estabelecer pequenos armazéns de secos e molhados, botequins, quitandas, açougues e padarias, que por sua vez, transformaram a paisagem urbana, os hábitos e os consumos alimentares.

Certamente, uma parcela significativa desses novos ofícios alimentares ou "profissionais da comida e da bebida", como prefere Françoise Desportes,[39] praticados por imigrantes estrangeiros e nacionais, sobreviviam na clandestinidade, isso em função dos pesados impostos cobrados pela Intendência. Nas Leis e Resoluções Municipais de 1898, consta, na tabela da Recebedoria do Estado, que um vendedor de leite deveria pagar ao governo, para obter a licença para comercializar o seu produto, 50$000 réis, o de aves 20$000 réis, o de peixe 20$000 réis, o de hortaliças 20$000 réis, o de garapa 50$000 réis, de sorvete 50$000 e o de vísceras e carne de porco 20$000.[40] Cabe observar que

---

38   QUEIROZ, Jonas Marçal de. Trabalho escravo, imigração e colonização no Grão-Pará (1877-1888). In: QUEIROZ, Jonas Marçal de; COELHO, Mauro Cezar. *Amazônia*: modernização e conflito (séculos XVIII e XIX). Belém: UFPA/NAEA; Macapá: UNIFAP, 2001.p, 98.

39   DESPORTES, Françoise. Os ofícios da alimentação. In: FLANDRIN, Jean-Louis, MONTANARI, Massimo. *História da alimentação*. São Paulo: Estação Liberdade, 1996, p. 422.

40   BELÉM. *Conselho Municipal de Leis e Resoluções Municipaes*. (1898). Codificadas na Administração Municipal do Senador Antonio José de Lemos. Pará-Belém. TYP. de Tavares Cardoso &Ca. Rua Conselheiro João Alfredo-50, 1899, p. 59.

essas medidas para a regulamentação do comércio e das profissões, pelo poder público, buscavam a cobrança de impostos, enfrentando forte resistência dos comerciantes, que recorriam ao trabalho informal.

A *Folha do Norte* publicou, em 7 de janeiro de 1905, que as tentativas de regulamentação das profissões, desencadeada pelo poder executivo municipal, foi uma verdadeira Guerra Crua aos ambulantes urbanos, sob o pretexto da modernidade vivenciada em Belém. O jornal descrevia que a população recorria a seus redatores para formular suas queixas:

> O poder executivo municipal está movendo uma guerra crua a todos os pequenos ganhadores que fazem pela vida no commercio ambulante.
> O garapeiro, o cafeteiro, o engraxador são bodes expiatorios desta mania de pseudo civilisação urbana, que sacrifica o ganha pão de humildes labutadores, obrigando-os a uma dolorosa via-sacra, de Herodes para Pilatos, com exorbitantes multas se se detêm, por um rapido momento, na via publica.
> No exercicio do seu trabalho tão amargo, surprehende-os continuamente o fisco municipal com as suas reiteradas e vexatorias exigencias a essa pobre gente offerece aos nossos olhos um acabrunhador espectaculo de piedade, no seu destino de não ter um local onde pousar, caminhando sem cessar, de um lado para outro, como os judeus errantes, victimas de uma infatigavel perseguição que não encontra limite nem no sentimento de compaixão que Ella inspira a todo mundo.
> E' para este jornal que os infelizes acorrem a formular a sua queixa, mas que póde este jornal contra os que só governam perseguindo systematicamente os humildes, emquanto dispensam a mais escandalosa protecção aos poderosos que converteram a adulação numa virtude de pratica diuturna?[41]

Partiu-se do pressuposto de que as transformações ocorridas em Belém transcenderam os ideais civilizadores, modernizadores e

---
41 "Guerra crua". *Folha do Norte*. Belém, p. 1, Sábado, 7 de janeiro de 1905.

higienistas ligados à economia e à política da época. As intervenções ocorridas no final do século XIX e princípio do XX em Belém foram decorrentes das ações de grupos diversos, motivados por diferentes interesses e conflitos, gerando uma cidade multifacetada em função da superposição de projetos, de anseios e de dramas dos seus habitantes e gestores.[42]

Em uma leitura a contrapelo desses trabalhos sobre a *belle époque*,[43] compreende-se que a reordenação da malha urbana de Belém constitui parte integrante de um processo experimentado pelas diversas capitais brasileiras que buscavam a modernidade, sendo beneficiadas pela instauração do governo republicano. Outra leitura possível para o processo de urbanização ocorrido em Belém pode estar relacionada às impressões publicadas pelos viajantes que estiveram na região ao longo do XIX, obrigando os administradores municipais a embelezarem o espaço urbano na tentativa de apagar as marcas de uma suposta ausência de civilização, como também soterrar os vestígios da Cabanagem.

Na planta datada de 1905, feita na administração do intendente Antônio José de Lemos pelo desenhista municipal José Sydrin, em contraste com as plantas anteriormente apresentadas, verificaram-se significativas alterações na topografia da capital.

---

42 PAULA, João Antônio de. O processo de urbanização nas Américas no século XVIII. In: SZMRECSÁNYI, Tomás. (Org.). *História Econômica do período colonial.* 2 ed. revista. São Paulo: Hucitec/Associação Brasileira de Pesquisadores em História Econômica/Edusp/Imprensa Oficial, 2002, p. 77.

43 Ver: DIAS, Edineia Mascarenhas. *"O Declínio do Fausto, Manaus, 1890-1920."* Dissertação de mestrado em História. São Paulo: Pontifícia Universidade Católica de São Paulo – PUC/SP, 1988; Costa, Francisca Deusa Sena da. *Quando viver ameaça a ordem urbana*: trabalhadores urbanos em Manaus, 1890-1915. Dissertação de mestrado em História. São Paulo: Pontifícia Universidade Católica de São Paulo – PUC/SP, 1997; CHALHOUB, Sidney. *Trabalho, lar e botequim*: o cotidiano dos trabalhadores no Rio de Janeiro da *belle époque*. 2 ed. Campinas, SP: Editora da Unicamp, 2001; ENGEL, Magali. *Meretrizes e doutores*: saber médico e prostituição no Rio de Janeiro (1840-1890). São Paulo: Brasiliense, 2004; SANTOS, Carlos José Ferreira dos. *Nem Tudo Era Italiano* – São Paulo e pobreza (1890/1915) 3 edição. São Paulo: Annablume; Fapesp, 2008.

Um dos obstáculos para a alteração urbanística foi a topografia visualizada nas plantas já apresentadas. Na planta de 1905 (Imagem v), visualizam-se novas ruas e novas praças decorrentes do processo de aterramento e de saneamento de igarapés. Parece que a Cidade Velha permaneceu sem transformações significativas; por outro lado, ampliou-se o perímetro urbano em direção da campina, inaugurando-se novas linhas de bondes, a estrada de ferro que ligava a capital às colônias da zona bragantina, o mercado de ferro, as escolas e os prédios públicos.

Imagem v – Planta da cidade de Belém, ano de 1905

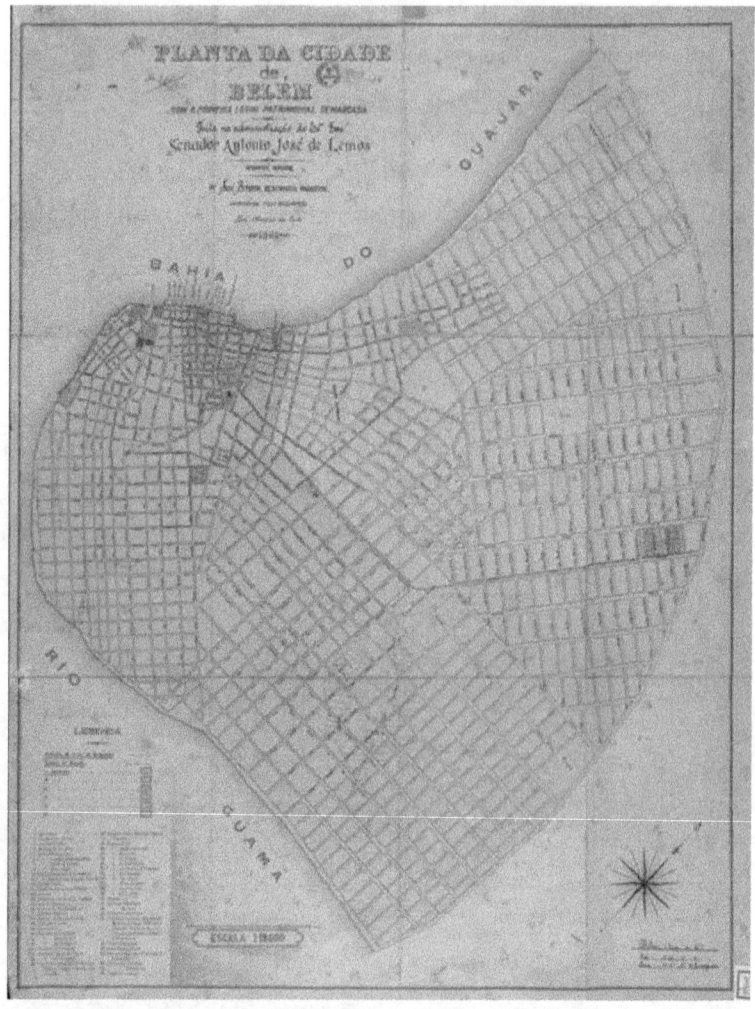

Fonte: Fundação Biblioteca Nacional. Disponível em: <http://catcrd.bn.br/scripts/odwp032k.dll?T=gs&GPR=fbn_cartografia&PR=cartografia_pr&DB=cartografia&use=kw_livre&ss=new&disp=list&sort=off&ARG=planta+da+cidade+de+bel%E9m>. Acesso em: 07 mai. 2010.

A modernidade inaugurada em Belém teve como características as tensões, as distinções sociais e a disciplina. Marshall Berman mostra que a modernidade oferece prazeres e transforma tudo o que está nos arrabaldes pela busca do novo. Por outro lado, "ameaça destruir tudo o que temos, tudo o que sabemos, tudo o que somos".[44] Logo, a modernidade almejada pela elite, pelas autoridades públicas e pelos intelectuais paraenses colocava a população pobre e a si mesma em um "turbilhão de permanente desintegração e mudança, de luta e contradição, de ambiguidade e angústia",[45] gerando rupturas nas tradições e disciplinarização das práticas sociais.

É interessante notar que a modernização belenense se materializou nas transformações urbanas e arquitetônicas, nos códigos normativos, nas referências à civilidade e na construção de espaços de sociabilidade direcionados à elite na mesma proporção em que as autoridades, em função dessa modernidade, tentavam controlar e disciplinar a população, projetando, portanto, a imagem de uma cidade artificial, onde a população pobre era apenas um apêndice das transformações.

As estruturas e os sinais dessa reordenação morfológica da malha urbana, resultante da economia da borracha, parecem ter ficado circunscritos à parte central de Belém, facilmente observado na planta (Imagem VI), tal qual apresenta Lená Menezes, acerca das reformas urbanas do Rio de Janeiro, que para a autora ficaram concentradas no centro da cidade, exalando luxo e modernidade pela elite e para ela, ocorrendo uma repressão aos costumes ditos tradicionais mascarando a pobreza e as contradições, como também, a vigilância e o controle dos grupos excluídos.[46]

---

44 BERMAN, Marshall. Modernidade: ontem, hoje e amanhã. In: *Tudo que é sólido desmancha no ar*: A aventura da modernidade. São Paulo: Companhia das Letras, 1986, p. 15.

45 *Ibidem*.

46 MENEZES, Lená Medeiros de. Rio de Janeiro - nas trilhas do progresso: Pereira Passos e as posturas municipais. In: SOLLER, Maria Angélica; MATOS, Maria Izilda S. (Orgs.). *A Cidade em debate*. São Paulo: Editora Olho d'Água, 2000, p. 111.

Imagem VI – Intervenções na área urbana de Belém de 1905

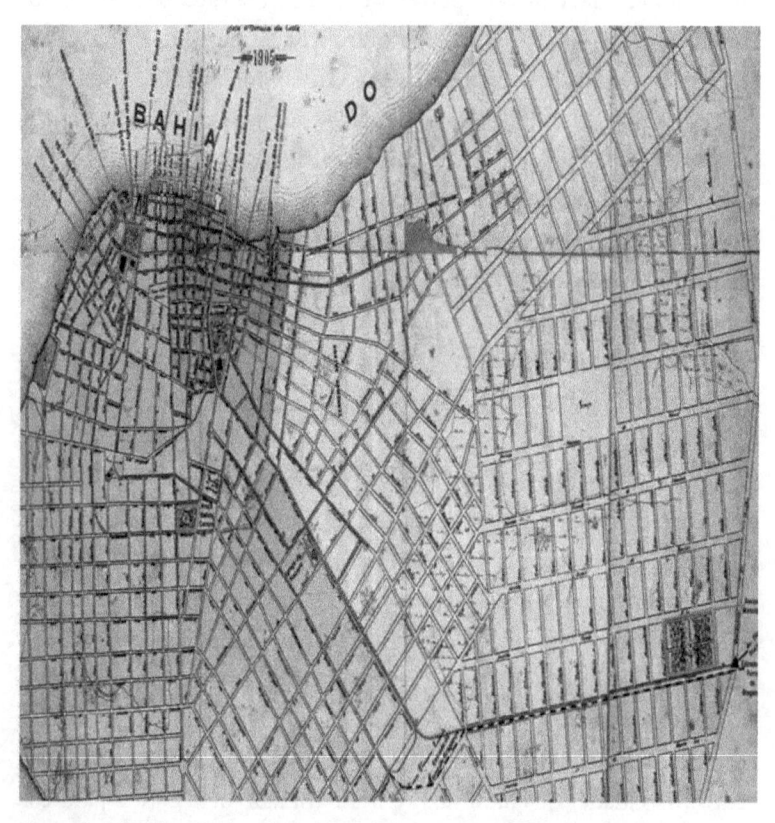

Planta adaptada pelo autor deste livro a partir da fonte: Fundação Biblioteca Nacional. Disponível em: <http://catcrd.bn.br/scripts/odwp032k.dll?T=gs&GPR=fbn_cartografia&PR=cartografia_pr&DB=cartografia&use=kw_livre&ss=new&disp=list&sort=off&ARG=planta+da+cidade+de+bel%E9m>. Acesso em: 07 mai. 2010.

Diante disso, é pertinente superar as velhas certezas sobre o conhecimento histórico da *belle époque*, pois a impressão que se tem é de uma cidade à margem dos conflitos sociais, das contradições, das tensões e das crises de abastecimento, ao mesmo tempo em que a população se tornava quase invisível diante dos novos padrões considerados modernos e civilizadores, e que passaram a ser implantados na tentativa de transformar os costumes da população. Ao revisitar essa Belém, "Paris dos trópicos", constata-se que a população se apresentava apenas na condição de estatística.

Os documentos sondados informam sobre a inauguração de diversas obras públicas, como a abertura de grandes avenidas, os serviços de transporte, a energia, os bancos e seguradoras, os restaurantes e cafés, próprios da modernidade. Essas inovações anunciavam o progresso, a civilização e a modernidade, signos da *belle époque*.

Certamente, a população sentiu intensamente, nos primeiros anos da intendência de Antônio José de Lemos,[47] as transformações urbanísticas que embelezaram a cidade e a implantação de projetos de higienização e de moralização dos espaços urbanos que anunciavam o "progresso". No entanto, a questão relacionada ao projeto civilizador e higienizador, acredita-se, foi motivado e implantado pela elite e para ela, tendo em vista regular os hábitos e os costumes da população. Esses ecos da civilização elevaram o custo de vida na capital e segregaram a população de baixo poder aquisitivo que morava nos cortiços. Essas habitações coletivas eram consideradas, na época, pelos médicos sanitaristas, como locais de proliferação de miasmas, sendo decretada a destruição desses espaços. Por outro lado, é pertinente destacar que os cortiços estavam localizados na região central de Belém, que vivenciava a crescente especulação imobiliária e onde residia a elite da borracha, que se civilizava. Portanto, a presença desses populares incomodava os moradores e os comerciantes, que solicitavam a destruição imediata dos cortiços. Desse modo:

> A atuação de médicos, engenheiros e outros profissionais na elaboração das políticas públicas sanitaristas, ao mesmo tempo que demonstrava uma preocupação legítima com melhoria das condições de saúde das pessoas, permitia por outro lado, o

---

47   Intendente Municipal de Belém entre os anos de 1897-1911.

escamoteamento dos interesses das elites, ligadas ao capital gumífero no redimensionamento do espaço urbano, no âmbito físico e cultural, através do discurso do bem comum, da saúde pública, do progresso e bem estar de todos o segmentos sociais.[48]

Acrescente-se, ainda, que os processos de construção de uma cidade moderna e disciplinada tiveram como alicerce financeiro a descentralização administrativa promovida pela república, e não somente os lucros da borracha, deixando para os governadores estaduais a receita das exportações; no caso da Amazônia, a borracha.[49]

Assim, foi possível a Antônio Lemos implantar o Matadouro Modelo (1908), Mercado de Ferro (1901), Usina de Cremação (1891), Asilo de Mendicidade (1902), Orfanato (1908), Escolas Municipais e os *Bonds* Elétricos (1907). Essas obras buscavam aproximar Belém da modernização vivenciada na Europa ao mesmo tempo em que segregava espacial e visualmente grande parcela da população urbana, não se esquecendo de que esses serviços não atendiam às necessidades reais da população.

O Mercado de Ferro foi planejado para centralizar em um só lugar comerciantes, produtos e consumidores.[50] Dessa forma, era possível para as autoridades exercer a fiscalização sobre as mercadorias e sobre os comerciantes que trabalhavam naquele local. Contudo, esse novo espaço desestruturou os pequenos comércios a retalho, distribuídos geograficamente nos bairros periféricos, afetando a população desses lugares, pois foram forçados a se deslocar até o centro da cidade para adquirir seus alimentos. Em nome da saúde pública, as quitandeiras, os peixeiros e uma série de trabalhadores ambulantes, que buscavam sua

---

48 RITZMANN, Iracy de Almeida Gallo. Saneemo-nos. In: *Belém*: cidade miasmática – 1870-1900. Dissertação de mestrado em história social da PUC-SP. 1997, p, 154.

49 WEINTEIN, 1993. *Op. cit.*, p. 90.

50 Para um estudo mais aprofundado sobre a construção de mercados municipais, ver: MARTINS, Valter. *Mercados urbanos, transformações na cidade*: Abastecimento e cotidiano em Campinas, 1859-1908. Campinas-SP: Editora da UNICAMP. 2010.

sobrevivência a partir de atividades comerciais de abastecimento, passaram a ser perseguidos pela fiscalização sanitária nas adjacências do mercado, que também determinou um horário para a compra e venda de produtos, sugerindo uma tentativa de controle sobre os comerciantes e os consumidores, além de coibir o livre comércio. Portanto, a construção desse mercado, autorizado pela lei nº 173 de 30 de dezembro de 1897[51] e concluído em 1901, promoveu significativas transformações na cidade e no abastecimento urbano, não na perspectiva da escassez de alimentos, mas na construção de uma ideia de alimentação a partir das políticas públicas e das fiscalizações sanitárias dos gêneros alimentícios.

Contudo, o início das obras para a construção desse novo emblema da civilização nos trópicos precisava da autorização do Conselho Municipal, que segundo Nazaré Sarges, foi aprovada em 24 de março de 1899, a partir da proposta de Bento Miranda e Raimundo Viana, engenheiros. A concorrência, porém, para a realização das obras, foi vencida pela firma La Rocque Pinto & Cia.[52]

Porém, isso não foi tão simples assim, pois consta no documento *Copias de Contracto* da Intendência de Belém que, em 16 de agosto de 1899, compareceram os engenheiros Bento Miranda e Raimundo Viana à Secretaria da Intendência Municipal para assinar o termo de inovação do contrato para a construção do Mercado de Ferro, "para por si, ou empreza que organisarem, lavar a effeito a construcção",[53] já aprovado pela Intendência, em sessão de 24 de março de 1899, a proposta apresentada em concorrência aberta pela Intendência em edital de 24 de janeiro de 1898, e autorizado pelo intendente Antônio Lemos pelas "Resoluções ns. 64 e 67, de 3 de Julho ultimo, do Conselho Municipal, a innovar o que em 27 de Abril ultimo haviam assignado os referidos constractantes".[54]

---

51   Álbum de Belém, 1902. *Op. cit.*, p. 71.

52   SARGES, 2002. *Op. cit.*, p. 171.

53   INTENDENCIA MUNICIPAL DE BELÉM: Copias de contracto. Typ de Pinto Barbosa. Pará 1900, p. 79-80.

54   *Ibidem*, p. 80

Em relação ao comércio de alimentos, foi estabelecido na clausula nº 2 do contrato que a parte interna do mercado seria destinada ao comércio de pescado, de verduras, de frutas, de farinha de mandioca e de outros artigos, e na parte externa era permitido o comércio de qualquer gênero alimentício.[55] As taxas cobradas no mercado para a entrada de produtos alimentícios destinados ao consumo era estabelecida em tabelas, sujeitas à aprovação da Intendência e fiscalizadas pelos agentes municipais (8.º).[56] Portanto, percebe-se que o Mercado de Ferro tinha um regulamento próprio, que objetivava disciplinar e normatizar os hábitos alimentares da população, amparado por leis e resoluções municipais.

A arquitetura cosmopolita do novo Mercado Municipal, erguido defronte ao Mercado Municipal[57] de 1860,[58] marcava a expansão urbana de Belém e a sua ascensão à metrópole da Amazônia. Observou-se no Álbum de Belém, publicado em 1902, na gestão de Antônio Lemos, que a cobertura do Mercado de Ferro era composta por telhas francesas,

---

55   COPIAS DE CONTRACTO, 1900, p. 80.

56   Ibidem, p. 81.

57   Segundo Antonio Lemos, o Mercado Municipal estava localizado "Na rua Quinze de Novembro, defrontado a travessa Sete de Setembro, era um edifício que se destaca dos demais pelo seu aspecto bizarro e especialmente por um sotão de duas compridas janellas, que se ergue na fachada. E' o Mercado Municipal, ja meio afastado da zona que lhe é propria pelo pelo accrescimo da cidade, o que não impede, entretanto, a affluencia de mercadores naquelle centro commercial". BELÉM (Pará). Intendência Municipal. *Álbum de Belém:* Pará 15 de novembro de 1902. Belém: Edição Felipe Augusto Fidanza, p. 57.

58   "A lei provincial n.º 215 de 13 de Novembro de 1850 autorisou o Governo da Província a mandar construir o Mercado Publico da Capital, em cumprimento do que foi encombido o talentoso e habil engenheiro paraense, dr. Marcos Pereira de Salles, em 1853, de organisara a planta e orçamento da obra, o que elle satisfez apresentando o seu trabalho, orçado em 100:727$185 réis em Março de 1854". Falla dirigida á Assembléa Legislativa da provincia do Pará na segunda sessão da XI legislatura pelo exm. o sr. tenente coronel Manoel de Frias e Vasconcellos, presidente da mesma provincia, em 1 de outubro de 1859. Pará, Typ. Commercial de A. J. R. Guimarães, [n.d]. "Foi entregue esta obra pelo respectivo arrematante no dia 1.º do corrente mez". Relatorio que o Ex.mo sr. dr. Antonio Coelho de Sá e Albuquerque, presidente da Província do Pará, apresentou ao Ex.mo sr. vice-presidente, dr. Fabio Alexandrino de Carvalho Reis, ao passar-lhe a administração da mesma província em 12 de maio de 1860. Pará, Typ. Commercial de A. J. Rabello Guimarães, 1860.

os forros eram cobertos com escamas de zinco, "systhema Vieille-Montagne, com travejamento de ferro e madeira";[59] o piso do mercado "é todo coberto de mosaico e, nos compartimentos exteriores, de madeira de lei com vigamento de acapú e de ferro".[60] Todo esse luxo, como se pode observar (Imagem VII), ocultava a escassez e a carestia de alimentos e a perseguição aos ambulantes na transição do século XIX para o XX.

Imagem VII – Mercado de Ferro do Ver-o-Peso

Fonte: BELÉM (Pará). Intendência Municipal. *Álbum de Belém*: Pará 15 de novembro de 1902. Belém: Edição Felipe Augusto Fidanza, p. 73.

Sendo assim, as imagens de uma cidade colonial, observada nas plantas de 1753 e 1800, foram paulatinamente sendo soterradas em função da implantação desses serviços de infraestrutura e lazer. No álbum do governador Augusto Montenegro, de 1908, observa-se que, na cidade

---

59 Álbum de Belém, 1902. *Op. cit.*, p. 72.
60 *Ibidem.*

de Belém, as praças foram "convertidas" em belos parques "com ajardinamentos caprichosos, elegantes, plantados com arte e hygiene". As ruas, em sua maioria, receberam "calçamento a parallepipedos". Houve também a abertura de inúmeras ruas para a população: "Das ruas de Belém, 70 estão já lindamente arborizadas".[61]

Ficou claro que os álbuns produzidos na época tinham como objetivo a divulgação da cidade, ressaltando, tanto no texto como nas imagens, as potencialidades da região, sua logística, sua urbanização e sua salubridade. O objetivo era incentivar a imigração estrangeira para Belém e atrair investimentos, ocultando os problemas e as tensões sociais existentes na malha urbana. Segundo Edilza Fontes, no ano de 1900, o governador dr. José Paes de Carvalho mandou organizar uma brochura, intitulada *O Pará em 1900*, em comemoração aos quatrocentos anos do descobrimento do Brasil, mas tendo como objetivo projetar uma imagem positiva da região. Para a autora, a publicação foi organizada tendo em vista divulgar o estado e desconstruir a imagem de uma região assolada por surto de epidemias e insalubridade.[62]

Na busca pela cidade ideal, implantaram-se as Leis e as Resoluções Municipais. No ano de 1900, essas leis aprofundavam as distâncias entre as camadas sociais de Belém, dispondo sobre questões de higiene e de saúde pública, de asseio da cidade, de comodidade e de garantia dos habitantes, garantias públicas, moral e bons costumes e alimentação pública. Essas leis prescreviam medidas disciplinares e de controle social dos habitantes. Ao promover a desodorização urbana e o embelezamento dos espaços públicos, visavam a controlar a população por meio da obrigatoriedade das multas e da fiscalização, o que tornava ambígua a ideia de civilização e modernidade.

---

61 PARÁ. Governo do Estado, 1901-1909. (Augusto Montenegro). *Álbum do Estado do Pará*: oito annos de Governo. Paris: Chaponet. 1908, p. 45.

62 FONTES, Edilza. O Paraíso Chama-se Pará: O álbum "Pará em 1900" e a propaganda para atrair imigrantes. In: NETO, José Maia Bezerra; GUZMÁN, Décio de Alencar. (Orgs.) *Terra Matura*: Historiografia e história social da Amazônia. Belém: Paka-Tatu, 2002, p. 58.

Assim, por exemplo, as leis dispunham sobre o comportamento da população em lugares públicos. De acordo com as Leis e Posturas Municipais, ficava proibido, no artigo 55º parágrafo V, deitar-se ou sentar-se no chão ou sobre os bancos destinados ao uso público, sob a pena de multa de 50$ réis mais os reparos.[63] No parágrafo X, consta também a proibição, sob pena de multa de 50$ réis, causar danos aos muros ou paredes de edifícios públicos, de calçadas, de pontes, de poços, de chafarizes e de qualquer outro bem público.[64] A atuação do poder público, a partir dos decretos, de leis e dos códigos direcionados para a disciplina dos hábitos, usos e costumes da população, além do caráter autoritário e segregador, procurou arrecadar divisas através das multas empregadas à população.

O artigo 110, parágrafos III e IV, proibia a realização de batuques ou sambas, tocar tambor, carimbó ou qualquer instrumento que ameaçasse a tranquilidade e o bem-estar público,[65] destacando-se ainda que os cidadãos que fossem flagrados bêbados pelas ruas seriam detidos, presos na delegacia até cessar o efeito da embriaguez e sujeitos ao pagamento da multa de 30$.[66] Os argumentos utilizados passavam uma impressão de preocupação com a moral e o bem-estar da sociedade, ao mesmo tempo em que combatia o vício das populações pobres.

Sobre os bons costumes e a moral, consta no artigo 128, parágrafo VI, a proibição de banhar-se nos poços e nas fontes públicas, ou despido, em banhos no litoral, estando sujeita a prática ao pagamento de multa de 60$ réis. Era também proibido proferir palavras obscenas nas ruas ou nos espaços públicos, também sob pena da mesma multa de 60$

---

63   BELÉM. Conselho Municipal de. *Leis e Resoluções Municipaes.* (1900). Codificado na Administração Municipal do Senador Antonio José de Lemos. Pará-Belém. Typ. de Tavares Cardoso & Cia. Rua Conselheiro João Alfredo-50, 1901, p. 38.
64   BELÉM. Conselho Municipal de. Leis e Resoluções Municipaes. (1900), *Op. cit.*, p. 40.
65   *Ibidem*, p. 55.
66   *Ibidem*, p. 56.

réis.⁶⁷ Apesar do empenho do intendente em moralizar, sanear e educar a população, essas medidas atuavam, na realidade, como uma forma de segregação social do espaço urbano.⁶⁸

Percebe-se a existência de um conjunto de medidas disciplinadoras da população a partir dos códigos de posturas e das leis municipais, ameaçando, em cada artigo, a sobrevivência da população nas ruas da cidade. A nova ordem imposta pelos preceitos de civilização e de modernização objetivava transformar os hábitos e os costumes dos pobres urbanos ao mesmo tempo em que os silenciava.

O processo de disciplinarização do espaço urbano propiciou a especulação imobiliária devido à valorização de certas áreas da cidade, onde essas medidas repressivas foram mais acentuadas. Em 1908, o valor dos aluguéis dos imóveis variava de acordo com a localização e com suas acomodações. Havia casas cujo aluguel estava em torno de 30 e 40$000 réis por mês, e também a 600$000 réis mensais. No álbum publicado pelo governador Augusto Montenegro em 1908, encontra-se a informação de que o aluguel de uma casa (Imagem VIII) para uma família de 3 a 4 pessoas estava em torno de 80$000 a 150$000 réis mensais.⁶⁹ Em relação ao assunto, Barbara Weinstein mostra que não existia no Pará, até a década de 80 do século XIX, nenhuma empresa de construção, portanto o preço dos aluguéis nas regiões centrais alcançava elevado preço.⁷⁰ Havia também as opções por hotéis, cujo valor da hospedagem variavam entre 7$000 e 15$000 réis (10 a 22 fr.) a diária por pessoa, incluindo a alimentação.⁷¹

---

67 *Ibidem*, p. 63.
68 Consultar: LEAL, Luis Augusto Pinheiro. *A política da capoeiragem*: A história social da capoeira e do boi-bumbá no Pará republicano. (1888-1906). Salvador: Editora UFBA. 2008.
69 PARÁ. Governo do Estado, 1901-1909. *Op. cit.*, p. 333.
70 WEINSTEIN, 1993. *Op. cit.*, p. 106.
71 PARÁ. Governo do Estado. *Op. cit.*, p. 333.

Imagem VIII – Casa para alugar

Fonte: PARÁ. Governo do Estado, 1901-1909. (Augusto Montenegro). *Álbum do Estado do Pará: oito annos de Governo*. Paris: Chaponet. 1908, p. 331.

3.1 A disciplina e suas normas: a higienização da carne e dos estabelecimentos e a atuação dos açougueiros

"Seu" Chico era açougueiro. [...] aquêle simpático e bigodudo cidadão português, antes de vestir a camisa curta e o avental para os misteres da "desmancha" dos quartos de boi pela madrugada e mais tarde a perícia com que dividia uma "agulha carregada" ou as fraldas da pá, ou de alcatra, convencendo a freguesia ser aquela a melhor para um guizadinho e

> até para um bife ligeiro, dado que era mole... E que elegância a de "seu" Chico no atirar, com impacto certo, a peça no prato da balança e rápido retirá-la, mal pendido o "fiél" para o lado da pesada, às vezes registrando sonora pancada sôbre o mármore do balcão... *Ao contrário da maioria dos colegas, nunca ninguém lhe vira um gesto de "pianista" nem qualquer fiscal lhe apanhara um pêso fraudado ou algum pedaço de chumbo sob o prato onde caia a "polpa" de cabeça de lombo, ou de "paulista" com a competente "cabeça de prato"* (grifos nossos)...[72]
>
> De Campos Ribeiro – "Aquêles Bizarrões e Extraviados...". In: *Gostosa Belém de outrora*... p. 40.

A introdução de hábitos civilizados – seguindo os preceitos da civilidade, sobretudo francesa – que acompanhou a remodelação e a disciplinarização do espaço urbano de Belém – ocasionou, entre a população com melhores condições de vida, a rejeição a certos produtos alimentícios, ou seja, intolerâncias alimentares.[73] Esse procedimento dos consumidores se refletiu nas medidas tomadas pelo governo, provocando maior rigor na fiscalização da distribuição e do comércio de alimentos para a população.[74]

Na construção desse projeto civilizador, Antônio Lemos adotou no seu governo uma legislação sanitária que, dentre as atribuições, fiscalizava a produção, a circulação e o consumo, submetendo qualquer gênero alimentício à inspeção das autoridades, sob o discurso de higienização e de saúde pública.[75] Pois:

---

72   De Campos Ribeiro – "Aquêles Bizarrões e Extraviados...". In: *Gostosa Belém de outrora*... p. 40.

73   SANT'ANNA, Denise Bernuzzi de. Transformações das intolerâncias alimentares em São Paulo, 1850-1920. In: *História*: Questões & Debates, n. 42. Curitiba: Editora UFPR, 2005, p. 82.

74   A Diretoria do Serviço Sanitário Municipal era composta em 1904 por: sete fiscais com sete ajudantes, oitenta guardas efetivos para a fiscalização municipal. LEMOS, Antônio José de. *O Município de Belém*: Relatorio apresentado ao Conselho Municipal. Belém na sessão de 15 de novembro de 1905 pelo Senado Intendente ANTÔNIO JOSÉ DE LEMOS. Belém do Pará, p. 100.

75   De acordo com Nazaré Sarges "O intendente Antônio Lemos, ao adotar uma política saneadora preventiva, propunha-se não somente a zelar pelo "bem-social", como também cuidar

Como qualquer cidade brasileira, Belém tinha na insalubridade, o problema mais grave, e, combatê-la era condição sine qua non na materialização do projeto de embelezamento da cidade. Para isso, impunha-se a ordenação do espaço urbano através do disciplinamento dos hábitos da população, do emprego de mecanismos de controle como a Fiscalização, a Polícia Municipal e as Leis e Posturas Municipais, tudo em nome do interesse coletivo.[76]

Convém lembrar que foi no processo de transição do regime monárquico para o republicano, e em meio a uma epidemia de febre amarela, que o governo negociava a federalização dos serviços de saúde.[77] Nessa perspectiva, Adilson Gonçalves escreve que foi na chamada primeira república que se criaram as condições necessárias e institucionais para a implementação das políticas públicas e da burocracia estatal no campo da saúde/medicina.[78] Conforme demonstra o autor, "os serviços de Saúde Pública estaduais no Brasil surgem com a Constituição de 1891 que estabelecia que todos os serviços e políticas públicas que não fossem atribuições do Governo Federal deveriam estar sob a égide dos Estados.[79]

---

de certos aspectos da vida urbana, como, saneamento, saúde pública, estética da cidade etc., para que não fossem prejudicados pelos maus hábitos de uma população indisciplinada e fétida". SARGES, 2002. *Op. cit.*, p. 171. Sobre a alimentação popular e os discursos higienistas na cidade de São Paulo durante a primeira metade do século XX, ver: RODRIGUES, Jaime. Alimentação popular em São Paulo (1920 a 1950): Políticas públicas, discursos técnicos e práticas profissionais. In: *Anais do Museu Paulista*: História e cultura material. Nova Série. Vol. 15, jul/dez. 2009.

76 SARGES, 2002. *Op. cit.*, p. 144

77 BENCHIMOL, Jaime Larry. Manguinhos. In: *Febre amarela*: doença e a vacina, uma história inacabada. Rio de Janeiro: Editora FIOCRUZ, 2001, p. 34.

78 GONÇALVES, Adilson José. Saúde pública, higienismo e sanitarismo: dinâmica e políticas públicas. In: SPES. *Saúde pública, educação e comunicação*: estratégias de sedição/sedução (1938-1969). Tese de doutorado em História. São Paulo: Pontifícia Universidade Católica de São Paulo – PUC/SP, 2001, p. 27.

79 *Ibidem*, p. 36.

Nesse clima de preocupações com a saúde pública, Nazaré Sarges escreve que o intendente Antônio Lemos criou o Departamento Sanitário Municipal e dividiu o município em quatro Distritos Sanitários.[80] Isso se confirma pelo fato do administrador publicar no *Álbum de Belém* que, até novembro de 1898, o serviço sanitário da cidade estava aquém dos demais departamentos municipais. E diante das suas denúncias, foi sancionada a lei nº 218 de 31 de dezembro de 1898, que autorizava a reforma dos serviços da Repartição Sanitaria Municipal, em funcionamento havia quatro anos na cidade, que abrangia: "augmento de pessoal technico, a fiscalisação dos mercados, matadouros, estabulos, hoteis, restaurantes, talhos esparsos no districto, necroterios, cemiterios, domicilios particulares e enfim todos os pontos onde a saúde publica podesse perigar em face do desleixo hygienico".[81] No relatório apresentado por Antonio Lemos ao Conselho Municipal em 1905, essa instituição é apresentada como "Directoria do Serviço Sanitario Municipal".[82] Essas transformações institucionais no serviço sanitário da cidade, no final do século XIX e início do XX, revelam a necessidade de enquadrar os moradores de Belém nos padrões e comportamentos de civilidade da elite da borracha, sob os discursos dos médicos sanitaristas em relação à saúde pública.[83]

---

80   SARGES, 2002. *Op. cit.*, p. 144.

81   Álbum de Belém, 1902. *Op. cit.*, p. 21.

82   LEMOS, Antônio. *O Município de Belém (1904)*: Relatório Apresentado ao Conselho Municipal de Belém na sessão de 15 de novembro de 1905 pelo Senador Intendente Antonio José de Lemos, p. 100.

83   De acordo com Alexandre Amaral: "A historiografia nacional praticamente ignora a Campanha de profilaxia, contra a febre amarela no Pará, desenvolvida pela Comissão organizada por Oswaldo Cruz, entre novembro de 1910 e outubro de 1911; mobilizou mais de 500 trabalhadores no ardor da febre amarela que dizimava inúmeras vidas de nacionais e estrangeiros em Belém. A produção acadêmica orientada pelo atual Instituto Oswaldo Cruz dedica-se, com exceções, a exaltar o patrono a partir da consolidação da medicina experimental. Apesar de ter excelente acervo e vasta documentação, como fotografias, tabelas, cartas, charges, manuscritos, correspondências e telegramas, por exemplo, na Biblioteca e Casa de Oswaldo Cruz sobre o Pará, curiosamente, faz-se um denso silêncio sobre as atividades

Essa iniciativa de sanear, de higienizar e de fiscalizar o comércio de alimentos ambicionava a cobrança de impostos, pois em 1898, o imposto cobrado pela receita do estado aos açougues[84] foi de 5% a taxa proporcional e 15$000 réis de taxa fixa, subindo em 1899 a taxa proporcional para 10% e a fixa se manteve em 15$000; nos anos de 1900 e 1901, as taxas fixas e proporcionais se mantiveram de acordo com as Leis e Resoluções Municipais destes anos.

O segundo capítulo das Leis e Resoluções Municipais versava sobre os mercados, talhos e outros estabelecimentos de venda de alimentos. Convém ressaltar que o primeiro açougue da cidade foi estabelecido em março de 1726[85] pela Câmara Municipal, a partir de um contrato com Francisco Rodrigues Pereira para o fornecimento do gado de suas fazendas do Marajó.[86] No século XIX, já havia 64 açougues em Belém, de acordo com o relatório apresentado à Assembleia do Pará pelo vice-almirante Joaquim Raimundo de Lamare em 15 de agosto de 1867,[87] e

---

desenvolvidas em Belém por médicos do Instituto Soroterápico Federal de Manguinhos, no início do século XX, que foram fundamentais na construção da imagem do Instituto quer no Brasil quer na Europa e, mais ainda, no Congresso Internacional de Microbiologia (1911), na Exposição Internacional de Higiene e Demografia, realizado em Dresden, na Alemanha, onde os resultados da Campanha no Pará tiveram destaque". AMARAL, Alexandre Souza. No ardor da febre: O Dr. Oswaldo Cruz e a febre amarela no Pará (1910-1911). In: *Vamos à vacina? Doenças, saúdes e práticas Médicos-sanitárias em Belém (1904-1911)*. Dissertação de mestrado em história social da UFPA. 2006, p, 169.

84 É pertinente ressaltar que, nas fontes consultadas, os açougues também eram chamados de talhos, tendo o mesmo significado, ou seja, um espaço destinado ao talho, retalho ou corte da carne.

85 De acordo com o *Álbum de Belém* publicado pelo intendente Antonio Lemos, nesse ano "o governador do Pará tendo em vista a exiguidade da carne verde exposta ao consumo público, quando em Marajó e em outros pontos do Estado havia gado preciso para o abastecimento á população, estabeleceu um talho em uma rua perto do convento dos Mercenarios, que por esta circunstancia passou a denominar-se – rua do Açougue". BELÉM (Pará). *Intendência Municipal. Álbum de Belém*: Pará 15 de novembro de 1902. Belém: Edição Felipe Augusto Fidanza.

86 BARATA, Manuel. *A antiga produção e exportação do Pará*: estudo histórico-econômico. Belém. Typ. Da livraria Gillet & Tavares & comp. 1915, p. 40.

87 Relatório apresentado à Assembleia Legislativa Provincial por Ex.mo Sr. vice-almirante e conselheiro de guerra Joaquim Raymundo de Lamare, presidente da província, em 15 de agosto

em 1886, passou a contar com 143 estabelecimentos.[88] As fontes disponíveis não possibilitaram constatar a quantidade de açougues existentes no período deste estudo.

Em relação aos açougues, o art. 18º das referidas Resoluções determinava que deveriam ser construídos e conservados, seguindo as normas de asseio. O não cumprimento implicava a multa de 100$ réis e o fechamento do espaço até sua limpeza e adequação às normas vigentes.[89] Os talhos ou açougues estabelecidos em casas ou quiosques[90] deviam, sobretudo, vender carne, vísceras e pescado fresco; o produto deveria ser comercializado em espaços de no mínimo 4 metros quadrados, com acesso à ventilação; as mesas e os balcões deviam ser de pedra branca polida e lavada diariamente, conforme o art. 19.[91] No Mercado de Ferro, quando da inauguração, as mesas dos açougues eram de madeira e mármore.[92]

Os ganchos de ferro ou bronze, nos quais a carne era suspensa, deviam ser higienizados diariamente, "sendo tais ganchos collocados afastados das paredes, salvo se estas estiverem forradas de panno branco limpo, renovado todos os dias, e não receberem directamente a acção solar"[93] (IV). Os instrumentos para o corte da carne, no caso os serrotes e facas, precisavam ser rigorosamente limpos, ficando proibida a utilização do machado para o corte dos ossos (v). O não cumprimento dessas

---

de 1867. Pará, Typ. de Frederico Rhossard, 1867. Disponível em: <www.crl.edu/areastudies/LAMP/indez.htm>. Acesso em 11 mai. 2006, p. 10.

88   Araripe, 1886. *Op. cit.*, p. 190.

89   BELÉM. Conselho Municipal de. Leis e Resoluções Municipaes. (1900), *Op. cit.*, p. 23.

90   Para uma leitura mais detalhada sobre o processo de implantação e de extinção dos quiosques face às transformações urbanas e novas sensibilidades, consultar o artigo: CAMARGO, Daisy de. Sob sol, chuva e moscas: os quiosques na cidade de São Paulo. (1880-1910). *Antítese.* Vol. 3, p. 1-20, jan/jul. 2010.

91   *Ibidem.*

92   Álbum de Belém, 1902. *Op. cit.*, p. 72.

93   BELÉM. Conselho Municipal de. Leis e Resoluções Municipaes. (1900), *Op. cit.*, p. 24.

condições acarretaria multa de 60$ e o fechamento do estabelecimento até o cumprimento das exigências apontadas.⁹⁴

Havia outras prescrições e proscrições no documento quanto à preservação da carne. Assim, caso os açougues ficassem muito expostos ao sol, os responsáveis pelo estabelecimento deveriam colocar toldos para proteção do calor (§ 1º). Ao lado disso, era proibido pendurar a carne nas portas ou em qualquer lugar em que recebesse sol (§ 2º). Ficavam impedidos para o exercício dos serviços de condução, preparo e venda de carne e demais alimentos pessoas portadoras de doenças contagiosas ou cutâneas e não matriculadas na Intendência, conforme a lei nº188 de 17 de março de 1898⁹⁵ (§ 4). O não cumprimento implicava

---

94   Ibidem.

95   Consta no documento do Conselho Municipal de Belém: Leis e Resoluções Municipaes de 1898, que estavam sujeitos a matrícula todos os indivíduos empregados em estabelecimentos alimentares e na produção sob pena de multas. observa-se no Art. 1 que "[...] Ficam sujeitos á matricula, na Intendencia Municipal, todos os individuos empregados em padaria, confeitarias, refinação de assucar, torração de café, restaurants, hoteis, botequins e outros estabelecimentos congeneres.
§ 1.º - A matricula será concedida sómente em vista do resultado da inspecção sanitaria feita pelos medicos da Municipalidade, em logar e hora designados pelo Intendente, mediante requerimento dos interessados, uma vez que de tal inspecção, fique evidentenão soffrer o matriculando de moléstia que o impossibilite para o serviço a que se destinar.
§ 2.º - Cada matriculado pagará pela licença, aos cofres municipaes, a quantia de dez mil réis, emquanto a lei da receita municipal não dispuzer o contrario.
§ 3.º - A matricula será sómente em que fôr feita a inspecção de saúde.
Art. 2º - Nenhum proprietario de padaria, confeitaria, estabelecimentos de refinação e torração, restaurants, hoteis, botequins e outros congeneres, poderá admitir ao seu serviço individuo que não esteja matriculado na Intendencia, sob pena de multa de cem mil réis.
Art. 3.º - O executivo municipal achar-se o matriculado affectado de molestia que o impossibilite para o serviço, ficando sujeito á multa de cem mil réis o proprietario do estabelecimento que continuar a manter em seu serviço o individuo cuja matricula tiver sido cassada.
Art. 4.º - Revogam-se as disposições em contrario.
Mando, portanto, a todos os habitantes do municipio que a cumpram e faça cumprir tão inteiramente como nella se contém.
Dada e passada nesta cidade de Belém do Pará, aos 17 de Março de 1898." BELÉM. Conselho Municipal de. Leis e Resoluções Municipaes. (1898). Codificadas na Administração Municipal do Senador Antonio José de Lemos. Pará-Belém. Typ. de Tavares Cardoso & Cia. Rua Conselheiro João Alfredo-50, 1899, p. 13-14.

em pena: "Nos casos do §§ 1.º a 3.º, multa de 60$ e inutilisação da carne encontrada nas condições supra; no caso § 4.º, multa de 100$, que será applicada repartidamente a quem empregar em seu serviço pessôas nas condições do artigo".[96]

Ainda de acordo com a legislação, outras medidas deveriam ser observadas pelos estabelecimentos destinados ao comércio das carnes, como as paredes, de até 2 metros de altura e revestidas com material impermeável, e o chão, com um pequeno declive para promover o escoamento de água e outros líquidos (§ 5). Para isso, era necessária a abundância de água (§ 6). Os detritos líquidos desses ambientes deviam ser canalizados ou acondicionados numa cisterna caso não houvesse sistema de tubulação (§ 7).[97] Ao descumprir essas normas, o proprietário estava sujeito à multa de 60$ réis em qualquer dos casos e à interdição do açougue até a adequação das exigências prescritas.[98] Consta no *Álbum de Belém*, de 1902, que havia no Mercado de Ferro, para o serviço de limpeza dos talhos, torneiras e encanamento para a distribuição da água.[99]

Era proibido, no art. 20 daquele documento, a utilização, nos talhos, açougues ou espaço destinado ao comércio de gêneros alimentícios, de recipientes de cobre ou outro metal que não fosse esmaltado ou estivesse de acordo com as normas de asseio. Bem como forrar de metal as vitrines, as prateleiras, as mesas e os balcões, pois o óxido prejudicaria a saúde, e a transgressão tinha como pena a multa de 60$ réis mais a obrigatoriedade da substituição dos recipientes e a retirada do forro, ou a interdição do espaço.[100]

---

96 BELÉM. Conselho Municipal de. Leis e Resoluções Municipaes. (1900), *Op. cit.*, p. 24.

97 Sobre a questão dos usos da água na cidade de Belém, ver: ALMEIDA, Conceição Maria Rocha de. Em meio às águas, a construção da cidade. In: *As águas e a cidade de Belém do Pará*: História, natureza e cultura material no século XIX. Pontifícia Universidade Católica de São Paulo – PUC/SP. Tese de Doutorado em História. 2010.

98 *Ibidem*.

99 BELÉM (Pará). Intendência Municipal. Álbum de Belém. 1902 *Op. cit.*, p. 72.

100 BELÉM. Conselho Municipal de. Leis e Resoluções Municipaes. (1900), *Op. cit.*, p. 24-25.

É certo que os decretos apresentados foram apenas tentativas de manutenção e de preservação do asseio dos estabelecimentos e da qualidade dos produtos, visto que essas resoluções não eram cumpridas por muitos açougueiros, sendo frequentemente acusados pela *Folha do Norte* de manipularem o peso da carne, de provocarem a carestia e a escassez através de práticas de especulação, mercado ilegal, de agredirem verbalmente os clientes e a acumulação indevida do troco referente ao pagamento da carne. Pela documentação consultada, há indícios de que esses profissionais estavam subordinados aos marchantes.

Diante dessas questões, em 25 de janeiro de 1899, a *Folha do Norte* noticiava que, no mês anterior, alguns açougueiros da Companhia Pastoril, empresa responsável pelo abastecimento de carne importada, pela construção e administração do Matadouro Modelo, além de furtarem os fregueses no peso e troco, passaram a comercializar a carne com acréscimos de 100 e 200 réis sobre o valor estipulado no bilhete utilizado para o pagamento da carne. Essa prática, segundo o jornal, desencadeou diversas reclamações, contudo, não inibiu essa atividade.[101]

As providências foram tomadas pelo poder público em parte porque, um dia antes da publicação da matéria, em função das queixas, a Intendência resolveu enviar um fiscal aos talhos de nº 4 e 5 do mercadinho da Vila Teta, constando ali, segundo o jornal, a comercialização irregular da carne ao valor de 1$800, ao invés de 1$600 réis como estava marcado no bilhete. A medida tomada pelo fiscal se limitou a retificar os valores, não multando os açougueiros, sugerindo haver favorecimento entre os personagens.[102]

A *Folha do Norte*, ao tratar dos problemas cotidianos experimentados pela população urbana desfavorecida economicamente, informava, em 21 de fevereiro, que, diante das dificuldades de acesso ao peixe, farinha, frutas e aos artigos das mercearias, os açougueiros furtavam a

---

101 "Os açougueiros". *Folha do Norte*. Belém, p. 1, Quinta-feira, 25 de janeiro de 1899.
102 *Ibidem*, p. 1.

população agora "nas pezadas chegando alguns a rir, com o mais revoltante cynismo, quando os freguezes protestam contra a esperteza".[103] Mas havia outras formas de lesar os clientes, e uma delas era a constante falta de troco por parte dos talhadores, que implicava a acumulação de capital. O freguês deveria se conformar com essas manobras ou era desacatado e não levava a carne. Conta o jornal que "sabemos de casos de famílias, cujo abastecimento quotidiano de carne é avultada, que têm mais de 30$000 em mãos de certos açougueiros, quantia essa que representa a accumulação de trocos de muitos dias e que elles recusam-se sempre a dar".[104]

O jornal declarava que, quando o redator escrevia essa notícia, recebeu uma carta, a pedido de cidadão não identificado, informando a existência do monopólio das carnes, endereçada ao:

> Sr. redactor da FOLHA DO NORTE. – No talho dos srs. Almeida Lobato & Cª. sito á travessa Benjamin Constant nº 28, ha um açougueiro que rouba constantemente os freguezes, conservando na balança onde pesa a carne, uns restos de pelles e de ossos. Hoje, afim de proceder como manda a lei em casos taes, foi chamado o fiscal do Reducto, o qual declarou que não podia ir ao referido açougue, porquanto isso competia ao fiscal da travessa da Princeza. A elle era absolutamente vedado fazer tal cousa, porquanto achava-se exclusivamente destacado no Reducto.
> Além de comprarmos carne de Marajó a 1$800, somos ainda roubados nas pesadas, de 100 a 200 grammas e não encontramos fiscal que queira impor aos infractores as penas da lei.
> Se não se tem forças para baratear a carne, se não se pode attenuar a situação precaria actual que afflinge os que são pobres, ao menos faça-se com que cessem as espetezas dos açougueiros, livrem-nos ao menos da gananica d'estes.

---

103   "Ainda os açougueiros". *Folha do Norte*. Belém, p. 1, Terça-feira, 21 de fevereiro de 1899.
104   *Folha do Norte*, 1899. *Op. cit.*, p. 1.

Parece que isto é sempre menos difficil... se ao menos para tal os marchantes derem licença.[105]

Engana-se quem pensava que a carne marajoara fosse comercializada a valor menor que o daquela vinda do Rio da Prata. Assim, em tom de lamentação, o autor da carta anônima se expressava. É necessário questionar o porquê dos elevados valores da carne produzida nas adjacências da capital. Uma das razões seria a tentativa de consolidação do fornecimento de carne platina ao mercado paraense, sob o argumento de ela ser mais barata, além de ser um alimento importado, o que implicava os aspectos de gosto, de etiqueta e de estética dos alimentos em uma sociedade que ansiava por civilidade.

Poderia também ser uma estratégia dos marchantes para visar ao controle do mercado, que ao aumentar o valor da carne que seria repassada aos açougueiros a fim de obter algum lucro ou evitar algum prejuízo, cobrava, no quilo desse gênero, preços quase inacessíveis para a população, além de deixar de dar os trocos e ainda lesar no peso. Ávidos gananciosos, seriam os açougueiros, como mostrou o jornal. Convém lembrar que a falsificação do peso da carne através da balança é anterior ao recorte deste estudo e observado em outras capitais, como o Rio de Janeiro. De acordo com Pedro Henrique, a utilização de balanças e de pesos adulterados nos açougues cariocas foi criticada pelos fregueses e alvo da vigilância dos funcionários, na primeira metade do XIX.[106]

A notícia publicada na imprensa continuava apresentando que as leis não impediam esses transtornos à população, uma vez que sugere que os fiscais faziam vista grossa para tais atitudes. No capítulo II das Leis e Resoluções Municipais de 1900, consta o Art. 19. que os açougueiros ou talhadores deveriam atender às condições estipuladas na seção 3

---

105 *Ibidem.*
106 CAMPOS, Pedro Henrique Pedreira. Nas ruas da cidade: o comércio e a cidade do Rio de Janeiro. In: *Nos caminhos da acumulação:* negócios e poder no abastecimento de carnes verdes para a cidade do Rio de Janeiro (1808-1835). São Paulo: Editora Alameda, 2010, p. 186.

do artigo, sob pena de multa de 60$ réis e o fechamento do talho ou açougue até que se preenchessem as condições impostas, sendo elas:

> III – balanças e pesos legalmente aferidos, devendo aquellas ser forradas de arame, estanho ou esmalte branco, suspensos por correntes de metal e escrupulosamente asseiados.[107]

Ao avançar na consulta desse documento, observou-se que ficavam obrigados, no capítulo III § 1.º, tanto o talhador como o açougueiro, ao asseio físico necessário, como prescreve o "II – A observar a mais escrupulosa probidade no peso do gênero";[108] e "III – A tratar a todos com cavalheirismo e cortesia",[109] a transgressão dessas normas acarretaria a multa de 100$ réis fixados nos termos da lei. Certamente essa pena não inibiu os abusos ocorridos no comércio das carnes, visto que havia inúmeras reclamações referentes às humilhações e ofensas proferidas pelos açougueiros quando eram cobrados pelos clientes os trocos e alguns gramas de carne que geralmente eram subtraídos.

De acordo com a *Folha do Norte*, além da falta de carne, do aumento do preço da farinha e das demais dificuldades de sobrevivência na capital, a população travava outra batalha contra a má vontade dos açougueiros que comercializavam esse gênero somente aos "amigos do peito".[110] E nesse momento, a carne podia ser vendida por encomenda ou nos talhos com as portas fechadas. A *Folha do Norte* ganha destaque por sua atuação contra a Intendência, denunciando as questões relativas aos negócios da carne. Continuando a notícia publicada em 8 de março de 1899: "E' um cumulo de indecencia que o fisco municipal tolera pela preferencia que

---

107 LEMOS, Antônio José de. *Leis e Resoluções Municipaes (1900)*: Codificadas na administração Municipal do Senador Antonio José de Lemos. 1901, p. 24.

108 *Ibidem*, p. 26.

109 *Ibidem*.

110 "Os açougueiros". *Folha do Norte* Belém, p. 2, Quarta-feira, 8 de março de 1899.

lhe dão na venda de carne os talhadores remissos".[111] Assim, "vá o povo vivendo entre os espinhos d'esta situação anomala!"[112]

O artigo considerava que a Intendência agia de forma passiva em relação às injustiças cometidas pelos açougueiros, não havendo punições. Isso porque existia, conforme o jornal, uma proteção para aqueles que garantissem votos. Assim, os açougueiros detinham o controle do comércio da carne, regulando sua distribuição a tal ponto que se recusavam a vender o produto mediante bilhetes ou vendiam a portas fechadas ou para os clientes de seus amigos.[113] Sendo o caso do açougue situado na rua Diogo Moía, canto da D. Romualdo, onde o seu proprietário comercializava esse gênero a portas fechadas, "porque so avia os frequezes da mercaria contigua, cujo dono é seu amigo, e os que fazem compras n'outra casa podem ir adiante, porque para estes não ha carne!"[114]

Em relação aos açougueiros que adulteravam as balanças para comercializar o quilo da carne sempre acima da quantidade real, a matéria publicava ter conhecimento de dois deles, um da vila Mac-Dowell, o furão Mello, velho conhecido, e outro do caminho de Nazaré, quando procurado para completar o peso, disparava insultos agressivos e ao término dizia, conforme o jornal, que se não rouba mais era porque ainda estava aprendendo.[115] E por fim:

> [...] supporte-se isto, sugeite-se o povo – bode expiatorio de tudo – a comprar carne má, cara e incompleta no peso.
> Ora seja tudo pelo amor de Deus.[116]

---

[111] *Folha do Norte*, 1899. *Op. cit.*, p. 2.
[112] *Ibidem*.
[113] *Ibidem*.
[114] *Ibidem*.
[115] *Ibidem*.
[116] *Ibidem*.

A campanha contra as irregularidades dos açougueiros continuou no dia seguinte, através de um novo artigo publicado na manhã do dia 9 de março de 1899. Nesse artigo consta que o talho situado na travessa Ruy Barbosa, esquina da estrada São Jerônimo, de propriedade de Ares de Petit-Roi, com frequência lesava seus fregueses no peso e troco. O jornal denunciava que ele "pinta o diabo com a frequezia, fiado na amizade que o liga ao fiscal do districto e no facto de haver apenas naquellas cercanias um açougue – que é o seu. Só avia bom a quem já reina no seu coração, e aos outros, quando serve, é por um preço de arrancar couro e cabelo".[117] Semelhante ao açougueiro do caminho de Nazaré, Ares de Petit-Roi agredia verbalmente aqueles que por ventura reclamassem dos seus cortes.

"Até quando esse monopólio durará?" Esta pergunta, segundo o jornal, foi de um reclamante, e a resposta foi a seguinte: " Durará até quando, na intendencia, houver um homem de honorabilidade e critério administrativo".[118]

No dia 10 de março de 1899, a *Folha do Norte*, diante da impressionante frequência de queixas sobre os açougueiros, fez crer que a população estava sendo lesada por conta da escassez do gênero. E diante desse monopólio, chegava até o jornal uma denúncia de um cidadão não identificado, informando que, no Largo da Trindade, canto da Rua Bailique, o sr. José se recusava a vender-lhe carne pelo motivo de ter reclamado, havia dois dias, da falta de 600 gramas de carne nos 3 quilos comprados naquele estabelecimento. Acreditando ser o dono do poder, insultou o informante do jornal, e não satisfeito, decretou não vender mais carne ao reclamante.[119]

Ainda no dia 10, o periódico noticiava que, em um talho localizado na Rua São João, próximo da Avenida 16 de Novembro, a carne estava

---

117 "Os açougueiros". *Folha do Norte*. Belém, p. 1, Quinta-feira, 9 de março de 1899.
118 *Ibidem*.
119 "Ainda os açougueiros". *Folha do Norte*, p. 2, Sexta-feira, 10 de março de 1899.

sendo comercializada a 3$000 reis o quilo. Somando-se a adulteração do peso, quanto sairia o valor do quilo da carne, perguntava o articulista.[120] Considera-se, portanto, que as autoridades faziam vista grossa para não atrapalhar os interesses do governo.

Sob o título "Sempre os açougueiros", a Folha do Norte publicava novamente o problema do superfaturamento do preço da carne através da adulteração do peso e do acumulo de troco dos clientes.[121] Independentemente de suas articulações políticas, dos interesses empresariais e comerciais, que projetavam uma imagem negativa da administração do intendente Antônio Lemos, o jornal, ao tentar constantemente dar visibilidade aos problemas existentes no mercado das carnes, naturalizou a ideia de escassez e da carestia desse gênero a partir da sua repetição, promovendo o esquecimento dos significados políticos do abastecimento de carne verde e da estrutura desse mercado. O jornal sugeria a adesão da população aos seus questionamentos, através do envio de suas queixas à redação; inclusive havia uma coluna diária intitulada "Reclamações do povo", que publicava dramas da população acerca dos problemas enfrentados na capital. É evidente que esse discurso objetivava sensibilizar os leitores, mas isso não é suficiente para se concluir que, de fato, a população enviava cartas aos redatores do jornal. É preciso se questionar sobre quem era o público leitor daquele periódico.

Em 12 de março de 1899, um pai de família da Vila Teta reclamava do talhador situado na Estrada de São Jerônimo, canto da 22 de Junho, e em tom de denúncia à redação, afirmava ser ele um sorvedouro, pois "Lesa a freguezia no peso da carne e, por cima, fila-lhe uns tantos vintens em cada troco, a titulo de gratificação por se dignar servil-a com o caxingó de cada dia".[122] O jornal indicava que o talhador, a troco de

---

120 Ibidem.
121 "Sempre os açougueiros". Folha do Norte, p. 1, Domingo, 12 de março de 1899.
122 Ibidem.

algumas gramas de carne, recebia favores para "passar de porco a porqueiro, quer dizer, de simples açougueiro a socio da Pastoril".[123]

Um ponto importante nesse quadro pintado pela *Folha do Norte* foi a publicação do dia 28 de março de 1899, em que os srs. A. F. de Oliveira, negociantes de carne, informavam ao público que, a partir daquele dia, o quilo do seu produto seria comercializado nos seus açougues, localizados no Mercado Público, ao valor de 1$600. Essa carne havia sido importada do Rio da Prata por conta do Estado.[124] Convém lembrar que esse marchant havia se candidatado na malfadada concorrência de 7 de dezembro, apresentada no capítulo anterior. Pode-se supor, então, que a venda da carne a esse valor seria uma forma de protesto contra os contratos clandestinos entre o governo e outros negociantes, em especial a Companhia Pastoril? É bem provável, mas o certo é que a carne comercializada a esse preço provocaria flutuações na estrutura do mercado erguida pelos marchantes, ou seja, foi um duro golpe no seu monopólio, que naquele momento nivelava a oferta e a demanda de gêneros alimentícios à população.

As notícias sobre a adulteração das balanças pelos açougueiros que faziam "mão baixa em tantas grammas de carne em cada kilo"[125] continuaram em 1900.[126] A *Folha do Norte* descreveu mais uma denúncia na coluna intitulada "Reclamações do povo", sobre um estabelecimento localizado na Travessa 14 de Março, canto da Antonio Barreto. De acordo com a notícia:

---

123 *Ibidem*.
124 "A carne". *Folha do Norte*. Belém, p. 2. Terça-feira, 28 de março de 1899.
125 "Reclamações do povo". *Folha do Norte*. Belém, p. 1. Sexta-feira, 16 de fevereiro de 1900.
126 No ano de 1900, publicações a respeito da questão das carnes parecem ter sido ofuscadas por outra polêmica em torno da alimentação. A *Folha do Norte* passou a dar atenção ao monopólio da farinha e, em meio a essas denúncias, observa-se o nome de Gracie Filho, um dos candidatos ao abastecimento de carne importada da Argentina. Seria interessante analisar as relações entre oferta, demanda e escassez no abastecimento de farinha no contexto do monopólio da carne verde. No entanto, ocupa-se somente do estudo da carne verde.

> já não ha ninguem, sr. redactor – escrevem nos – dos que lá se aviam, que não tenha sido forçado pelo imperio das circumstancias, como disse o finado imperador do Brasil, a pagar esse ponderoso tributo que, afinal, vem a fazer falta senão á bocca de nossos filhos, siquer a dos nossos cachorros.[127]

Em 12 de março de 1901, a *Folha do Norte* publicava que o sr. Antônio Pontes, provavelmente nesse mesmo dia, passaria a vender a carne a 1$600 réis em seus oito talhos localizados no Mercado Público. Tal anúncio provocou a ira dos outros marchantes, que trataram logo de boicotar a proposta. Dizia o jornal que o suposto "redentor" da população encontrava dificuldades para talhar seu gado, não apenas pelos marchantes, mas também pelo administrador do Matadouro.[128] Fica clara a disputa entre os marchantes pelo controle do abastecimento do mercado das carnes e dos pontos de venda.

No dia seguinte, a *Folha do Norte* trazia na primeira página um artigo intitulado "Surpresas ao Zé Povo – Carne para todos".[129] O Zé Povo ou Povinho da *Folha do Norte* era um personagem humorístico, que representava os dramas enfrentados pelo povo, atuando como um fiscal da população, defendendo-os da ganância e das irregularidades cometidas pelos açougueiros e marchantes em relação ao comércio das carnes, semelhante ao Zé Povo da revista *Fon-Fon*, pesquisado por Marcos Silva.[130] Assim, o jornal destacava, diante da atitude de Antônio

---

127 *Ibidem*.
128 "A carne a 1$600". *Folha do Norte*. Belém, p. 1. Terça-feira, 12 de março de 1901.
129 "Surprezas ao Zé Povo – carne para todos". *Folha do Norte*. Belém, p. 1. Quarta-feira, 13 de março de 1901.
130 Marcos Silva estudou o Zé Povo da revista carioca *Fon Fon!* de 1908. Segundo o autor, esse personagem foi produzido por diversos artistas nos periódicos nacionais. Tentando saber quem era o Zé Povo paraense, observou-se o que Marcos Silva escreve para análogo do Rio de Janeiro: "Zé Povo foi apresentado como lugar de despoder e outras carências, consciente de estar fora de um poder que invejava e aspirava para si, mesmo sabendo de sua responsabilidade na manutenção de um quadro geral de problemas que o afligia". SILVA, Marcos A. da. Rir do despoder – Zé Povo em *Fon-Fon!*. In: *Projeto História: Revista do Programa de Estudos*

Pontes, que o Zé Povinho havia ido no dia anterior ao mercado para "abastecer-se do pão nosso de cada dia teve uma surpreza: a carne, que ha um horror de tempos estava firmada na casa dos dois mil réis, era offerecida, ex-abrupto, a… 1$600".[131] Através desse trecho, percebe-se a necessidade dos despossuídos, representados pelo Zé povo, explorados pelos marchantes.

Nesse caminho, o jornal considerava que, diante de tal situação, os marchantes passaram a se unir para pôr um fim na concorrência. Contudo, a população ficava em plano secundário nessa polêmica, pois os marchantes não tinham a pretensão de favorecer a população ao reduzir os preços da carne; por outro lado, queriam fazer frente à proposta de Antônio Pontes, que para a *Folha do Norte*:

> […] sr. coronel Antonio Pontes que abatera o seu gado para talhal-o por 1$600, no louvável intuito de beneficiar a pobreza que não tivesse pituitas para o gado nortista do Piauhy, que é o que para cá nos vem em abundancia.[132]

Nesse trecho, a tomada de partido do jornal fica clara, principalmente quando publicou que o sr. Antônio Pontes visava a beneficiar o povo comercializando a carne ao valor de 1$600 réis, sendo que esse produto era proveniente das fazendas do Piauí, na época considerado de qualidade inferior em relação ao do Rio da Prata, vendido por outros negociantes como Nunes Ferreira. Provavelmente, Antônio Pontes quis realizar uma queima do seu estoque de animais pelo fato de haver uma demanda muito grande por esse gênero alimentício na cidade. A *Folha do Norte* procurou desenhar uma imagem de benfeitor do sr. Pontes à população. Essa visão certamente camuflou o jogo de interesses e as

---

Pós-Graduandos em História e do Departamento de História da PUC-SP. São Paulo, nº 8/9. Mar. 1992, p. 30.
131 *Folha do Norte*, 1901. *Op. cit.*, p. 1.
132 *Ibidem*.

disputas existentes pelo controle do mercado das carnes, do qual esse marchante objetava fazer parte.

Portanto, acredita-se que o monopólio da carne verde estava consolidado, já que, conforme o jornal, "a marchanteria paraense póde e deve vender carne por menos do preço actual da tarifa, e só não vende porque não quer e porque ninguém lhe vae ás mãos por isso".[133] Assim, os negociantes de carne que não faziam parte desse monopólio lutavam a seu modo para penetrar no mercado da carne, como foi o caso de Antônio Pontes. A sua carne foi comercializada nos açougues nº 49, 51, 53, 55, 57, 59, 61 e 63.

Retornando ao Zé Povinho e à sua peregrinação em busca de seu alimento ordinário, o jornal apresentava em tom satírico a questão da carestia da carne, a fim de desacreditar e de combater a administração pública sobre o desfecho desse personagem, criticando a flutuação do preço da carne:

> Abriu com o preço de 1$600.
> O Zé Povinho, porém, chegava, olhava, torcia o nariz e ia adiante.
> Desceu para 1$200.
> — Agora vae tudo raso! Está a 1$200! Encosta, rapaziada! — berrou um talhador tagarella.
> Mas o Zé Povo era como se não ouvisse.
> O chamariz não attrahia.
> O povinho engrossava para os talhos onde, pelo mesmo preço, tinha o divino Apis com melhor aspecto.
> — Está a 1$200! Está a 1$200! Pois não vae nada?
> Uma mulata respondeu por todos:
> — Eu mesmo não quero!
> Era preciso descer mais. Desceu-se para 800 réis.
> Mas, ainda assim, sobejaram 187 kilos.
> — Hoje é que a rosa respira.
> O sr. Pontes abre a 1$000 e os outros a 1$500.
> Vá tomando nota o povo.[134]

---

133 *Folha do Norte*, 1901. *Op. cit.*, p. 1.

134 *Ibidem*.

O jornal concluía o artigo informando que o sr. Pontes não havia encontrado nenhuma dificuldade para talhar sua carne no matadouro, tendo até apoio do administrador da instituição, sendo interessante questionar os motivos para a mudança de postura em relação a esse negociante. O fato é que, nessa briga entre os marchantes da cidade, Antônio Pontes deixou sua marca, e como conta o Zé Povinho, esse negociante vai abrir o pregão da carne a 1$000 réis, causando mais transtornos no mercado dos outros marchantes. Por outro lado, beneficiou a população com a descida do preço do quilo da carne.

No dia seguinte, a *Folha do Norte* continuava seus ataques à política do intendente Antônio Lemos. Agora, Zé Povinho, o caricato personagem do jornal, combatia os monopólios da carne. Ele representava e vivenciava as desconfianças e os dramas da população para com os administradores e negociantes da carne.

A notícia apresentada sobre o valor de 1$600 réis para o quilo da carne, certamente ganhou repercussão nas ruas da cidade. Em decorrência disso, citava o jornal: "Com que satisfacção os nossos 32 dentes não trincam no boi platino por menos 400 réis!"[135] Não se deve negar que essa tensão entre os marchantes alegrava o Zé Povinho, uma vez que os valores despencavam e a população tinha acesso ao gênero.

Desse modo, o sr. Pontes iniciou suas vendas com o mesmo preço da carne platina, baixando depois para 1$200, chegando até $800 réis. Por outro lado, a carne comercializada era do gado vindo do Piauí, tida como inferior. Apesar disso, o jornal colocava que a carne platina também poderia ser de uma precedência inferior, ou seja:

> O platino, por forças da concorrencia que, a bem dizer não era nenhuma, porque não é um boi anemico, dos campos agrestes do norte do Piauhy, como ae presume que seja o do caso, que póde, briosamente, hombrerar com um burrão de boi platino, atacado de banha até aos olhos, desceu tambem,

---

[135] "Gaudios ao Zé Povo". *Folha do Norte*, p. 1. Quinta-feira, 14 de março de 1901.

mas já tarde, e para liquidar, para 1$000. Foi polvora tambem – mais polvora do que o outro.
Quem vae lucrando com isso é o Zé Povo, e oxalá mil concorrentes appareçam para que, ao menos assim, se possa ter carne barata.[136]

O sr. Pontes se tornava, nesse enredo, uma figura de destaque, provavelmente amado pela população e odiado pelos demais marchantes. Ou, quem sabe, mãe dos pobres e pai dos ricos. A *Folha do Norte* escreveu em 15 de março daquele ano que: "Humanisou-se, graças a Deus e ao sr. Pontes".[137] Fazendo referência à permanecia do preço do quilo da carne vendida na capital por valor acessível à população, o jornal contava que o Zé Povo encontrou a carne a 1$600 até as 11h30, e com a aproximação do fechamento dos talhos, o preço baixou para 1$500 e 1$000. Esses valores atraíram uma grande quantidade de pessoas, visando a garantir esse alimento para o dia seguinte e, consequentemente, escasseando o estoque do sr. Pontes. O gado platino, negociado por outros açougueiros, não foi totalmente comercializado.

Certamente, um dos momentos mais esperados pela população que se dirigia aos açougues eram os pregões da carne, isto é, o momento em que os ponteiros do relógio se aproximavam das 12 horas, pois o valor da carne despencava, favorecendo a população. Esse mecanismo de queima de estoque era visto com bons olhos pelo jornal. Tal prática foi favorecida pelo Art. 19.º § 3º, referente aos mercados, açougues e demais estabelecimentos de comércio de alimentos das Leis e Resoluções Municipais, que decretava que, "depois do meio-dia não é permittida a venda de carne verde",[138] objetivando garantir esse produto com qualidade, visto que a carne é muito perecível no calor amazônico.

A *Folha do Norte* informava ainda que:

---

136   Ibidem.
137   "O bife". *Folha do Norte*. Belém, p. 1. Sexta-feira, 15 de março de 1901.
138   BELÉM. Conselho Municipal de. *Leis e Resoluções Municipaes.* (1900), *Op. cit.*, p. 24.

> O gado do sr. Pontes, afinal, é – pondo de lado a contentação das banhas do platino – tão bom como este.
> Lembra o nosso marajoara, de carne escorrete, mas estimada.
> Dizem uns que não é o boi caxingó que come carrapato no Piauhy; teimam outros – doidos pelo caldo grosso, coalhado de gordura – qué.[139]

Um dos mecanismos utilizados pelos marchantes para evitar a prosperidade crescente do sr. Pontes foi tentar tocar na imaginação dos fregueses, associando a carne vendida por esse atravessador às más condições sanitárias. Uma delas faz referência à alimentação desses animais vindos do Piauí, que por ser uma região de agreste e com escassez de alimentos, seus animais consumiam carrapatos. Isso de fato provocaria uma repulsa imediata em uma elite que almejava civilizar-se. Porém, em um primeiro momento, o Zé Povinho torceu o nariz e não olhou para essa carne:

> [...] no segundo, olhou e comprou e no terceiro varreu tudo, de modo que ás 11 e meia, 1$800, já o sr. Pontes tinha a sua carne toda vendida.
> Bemaventurada concorrencia![140]

"Parabéns ao Zé Povinho", esse foi o título da matéria do dia seguinte. De acordo com a publicação, o sr. Pontes foi beneficiado pelo caricato herói que "lhe compra toda a carne da melhor vontade".[141] Diante disso, comprometia-se a garantir o fornecimento da carne à população ao valor de 1$500 réis. Para isso, estava instalando o seu escritório na Rua 13 de Maio, com a possibilidade de inaugurar novos açougues, além dos oito estabelecimentos de sua propriedade localizados no Mercado, em Batista Campos, Rua da Trindade, próximo a Conselheiro Furtado, na Travessa Rui Barbosa e Pratinha e nas proximidades do 2º Corpo de Bombeiros. Para isso, ele aguardava a concessão da licença que já havia solicitado.

---

139 *Folha do Norte*, 1901. *Op. cit.*, p. 1.

140 *Ibidem*.

141 "Parabens ao Zé Povinho". *Folha do Norte*. Belém, p. 1. Sábado, 16 de março de 1901.

Ficou evidente que esses açougues estavam distribuídos geograficamente, conforme se vê (Imagem IX), na área central da capital, dificultando o acesso da população que morava nos bairros afastados.

Imagem IX – Distribuição dos açougues no perímetro urbano

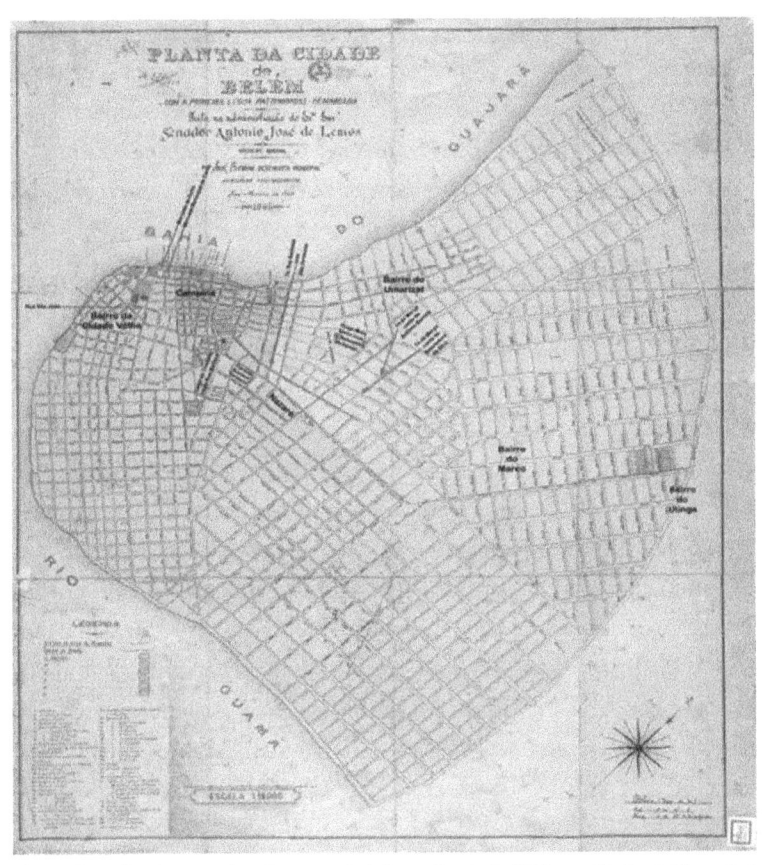

Planta adaptada pelo autor deste livro a partir da fonte: Fundação Biblioteca Nacional. Disponível em: <http://catcrd.bn.br/scripts/odwp032k.dll?T=gs&GPR=fbn_cartografia&PR=cartografia_pr&DB=cartografia&use=kw_livre&ss=new&disp=list&sort=off&ARG=planta+da+cidade+de+bel%E9m>. Acesso em: 07 mai. 2010.

Os projetos de Antônio Pontes contaram com o apoio do intendente para a sua execução, revelando que as críticas de Antônio Lemos a respeito dos marchantes escamoteavam os seus interesses por esses negociantes. Conforme o jornal, dificilmente seria negada a licença ao sr. Pontes. Além do preço pelo qual comercializava seu gado, ele era amigo e correligionário do intendente.[142]

Com o valor inicial de 1$500, baixando posteriormente para 1$000 réis, foi obrigado a encerrar a venda nos seus açougues às 11h30 da manhã, pois a população arrematou toda a carne do marchante, sr. Pontes, como havia feito anteriormente. Já os marchantes concorrentes, abriram a venda de seu produto ao valor de 1$600, e às 11h30, resolveram baixar para 1$200 réis. Diante dessa situação, o jornal questionava como terminou a venda da carne argentina desses marchantes. O artigo concluía informando que o sr. Pontes costumava vender sua carne ao valor de 800$ a 900$ réis o quilo durante os ano de 1901.[143]

Um ex-açougueiro do bairro do Utinga escreveu ao redator da *Folha do Norte* pedindo que a imprensa tomasse providência contra as ações de outro açougueiro, do Marco da Légua,[144] em 17 de março de 1901. Sobre essa questão, é notório que o jornal assumiu para si a pretensão de defender a população por meio de suas publicações e de suas denúncias. Quem sabe até que ponto essas reclamações encaminhadas à redação ocorreram de fato? É provável que a *Folha do Norte* tenha tentado demarcar um tema em suas colunas e manchetes, de fácil distribuição e com grandes tiragens. Convém questionar quem era o público leitor da imprensa paraense. Diante das poucas instituições de ensino existentes na cidade,[145] pode-se pressupor, ainda, que os leitores dos

---

142 *Ibidem.*

143 *Ibidem.*

144 "Talhador do Marco". *Folha do Norte.* Belém, p. 1. Quarta-feira, 17 de abril de 1901.

145 De acordo com Augusto Montenegro: "A instrucção publica primaria no Pará é administrada em: 37 grupos escolares, com a frequencia de 8.714 alumnos. 111 escolas isoladas no interior do Estado com 5.108 matriculas. 57 escolas municipaes de Belém, das quaes 25 nocturnas com

jornais da época eram os grupos abastados muito em função também dos valores das assinaturas e da pouca tiragem dos exemplares.

Além disso, o jornal publicava que esse "industrioso", no caso o açougueiro do Bairro do Marco, não contente com a falsificação do peso da carne através das correntes da balança, conseguia vender 950 gramas como se fosse um quilo e ainda exigia por ele 1$700 réis, justificando tal prática como único ganho que lhe ofereciam os srs. D. Nunes Ferreira & Cia., seus patrões. O jornal suplantava o argumento apresentado pelo açougueiro referente aos preços elevados e à manipulação do peso da carne, pois esses negociantes vendiam constantemente esse alimento para Pinheiro e Mosqueiro, ao valor de 1$500, apesar da dificuldade de transporte para esses distritos.[146] Por fim, o artigo criticava a atuação da Intendência em relação a essas irregularidades, mas isso não traria resultados, pois tanto o açougueiro como a população eram correligionários do intendente.[147]

Em uma tentativa de impedir que Antônio Pontes se firmasse no comércio das carnes, Nunes Ferreira fixou, conforme a publicação do dia 17 de junho de 1901, o preço do quilo da carne platina ou marajoara a 1$000 réis, tanto para a população como para os proprietários de hotéis e de vapores, ampliando o fornecimento da sua carne.[148] Portanto, a estratégia dos marchantes de forçar a descida do preço da carne, buscando anular a competitividade dos concorrentes, indica uma relativa abundância desse gênero no mercado.

2.132 matrículas. 5 Institutos (internatos) com 1.128 alumnos. 1 internato municipal 'Orfanato Antonio Lemos' com 120 educandas". Fonte: PARÁ. Governo do Estado, 1901-1909. (Augusto Montenegro). *Álbum do Estado do Pará: oito annos de Governo*. Paris: Chaponet. 1908, p. 288. Sobre esse assunto ver: SOUZA, Celita Maria Paes de. *Traços de compaixão e misericórdia na história do Pará*: instituições para meninos e meninas desvalidas no século XIX até o início do século XX. Tese de doutorado em História. São Paulo: Pontifícia Universidade Católica de São Paulo – PUC/SP, 2010.

146 *Ibidem*.
147 *Ibidem*.
148 "A 1$000 o kilo de carne". *Folha do Norte*. Belém, p. 4. Segunda-feira, 17 de junho de 1901.

Ficou evidente que o monopólio das carnes verdes, por ser controlado por alguns marchantes, não permitia uma concorrência livre nesse mercado. Contudo, em alguns momentos diante da rivalidade entre eles, a população foi favorecida com preços abaixo do normal. Tal prática precisa ser analisada como um mecanismo que provocava a elevação do preço da carne, e não a abundância, uma vez que, terminada a concorrência entre os marchantes, eles fixavam um preço máximo por deter o monopólio do fornecimento do gênero e as ligações com as autoridades políticas da época.

Nessa perspectiva, a *Folha do Norte* escrevia que, para a alegria do Zé Povinho e da população, a carne que outrora não se conseguia, diante dos valores e da ação dos marchantes, desceu de 1$600 para 1$000 réis, e "se Deus e o sr. Nunes Ferreira quizerem, ha descer ainda mais",[149] e continuava: "Vamos lá com Deus! Nem o diabo é tão feio como o pintam".[150]

Segundo o jornal, em alguns momentos a carne chegou ao valor de 2$000 réis em função da ambição dos marchantes, caindo para 1$800, facilitando a vida da população quando passou a custar 1$600. Contudo, os habitantes da cidade se tornaram reféns do sr. Pontes, que expôs, nesse contexto, a sua carne a 1$000 réis. Para o articulista do jornal *Folha do Norte*, esses valores eram como pólvora, a carne podendo voltar a ser vendida aos preços de 1$800 e 2$000, em uma cidade atacada por varíola, falta de água e dinheiro. Para o jornal, "será o novo inferno",[151] para a população desafortunada. Por outro lado, segundo essa matéria, havia pessoas que compravam carne a "dez tostões",[152] representado um instrumento de distinção social e refinamento.

---

149 "Carne baratinha". *Folha do Norte*. Belém, p. 1. Quarta-feira, 19 de junho de 1901.

150 *Ibidem*.

151 *Folha do Norte*, 1901. *Op. cit.*, p. 1.

152 *Ibidem*.

O povo foi surpreendido, um dia antes da publicação do artigo, por volta das 8 horas da manhã, à porta do açougue, como vítimas dos interesses dos marchantes. Pela narrativa do artigo, observou-se que o redator tentou apresentar o Zé Povinho com traços e feições de penúria, pois, segundo a notícia, ele estava com o prato na mão, pois foi informado que a carne havia subido de 1$000 para 1$600 réis o quilo. Mesmo revoltado, Zé Povo cedeu à pressão dos marchantes por não haver alternativa, comprando apenas meio quilo daquela carne, que não era suficiente.[153] O jornal apresentava esse personagem ao leitor aparentemente impotente diante da vitória dos marchantes. Evidenciava-se, deste modo, a dominação sobre a população.

Ao ser definido como vítima da política e dos marchantes, o jornal explorou a condição de pobreza do Zé Povinho, refletindo os problemas do povo. Nessa construção, consta que a carne comercializada a 1$000 réis correspondia, na realidade, a um agrado passageiro, prevenindo o Zé Povo contra os possíveis aumentos, quem sabe a 2$000 réis, mesmo com estoque de carne.[154]

No dia 31 de janeiro de 1902, a *Folha do Norte* publicou uma reclamação popular referente ao não cumprimento, por parte dos açougueiros do Bairro do Umarizal, em especial dos que trabalhavam em um mercadinho localizado nesse bairro, da redução do preço da carne, ao longo da manhã, proposta pelos marchantes. De acordo com o jornal, entre as 9h30 e 10h da manhã, os caixeiros dos marchantes ordenaram aos açougueiros que o valor do quilo da carne baixasse de 1$600 para 1$000 réis. Contudo, os açougueiros aumentavam o preço para 1$200 réis no momento em que os caixeiros saiam do estabelecimento.[155]

---

153 "Subiu para 1$600". *Folha do Norte*. Belém, p. 1. Quarta-feira, 26 de junho de 1901.
154 *Folha do Norte*, 1901. Op. cit., p. 1.
155 "A carne verde e os talhadores". *Folha do Norte*. Belém, p. 1. Sexta-feira, 31 de janeiro de 1902.

É interessante observar que, em determinado momento, a *Folha do Norte* se opunha àquelas práticas, e em outros, justificava-as ante os negociantes da carne. Nesse caso, ela tratava do resultado da ganância daqueles açougueiros, que desrespeitavam as ordens dos marchantes, provocando sérios problemas não apenas para as famílias pobres, que aguardavam ansiosas o momento em que os preços da carne cairiam, mas aos marchantes, que não conseguiam o escoamento de toda a carne verde, tendo que salgá-la pelo descumprimento das decisões propostas pelos comerciantes.

Algum tempo depois, no dia 23 de junho de 1902, foi publicada uma pequena nota referente à possível venda de carne ao valor de 800$ réis nos açougues da cidade. Assim, a *Folha* escreveu que, tanto o cronista Diognes como o Zé Povinho estavam com sorte.[156]

Em 1906, foi propagado na *Folha do Norte*, a pedido do talhador Nogueira, localizado na Travessa 14 de Março, canto da Boaventura da Silva, que ele continuaria a comercializar ao público o quilo da carne ao valor de 1$300 réis. Esse açougueiro se considerava feliz por poder ajudar a população nessa ocasião; contudo, não eram os açougueiros que regulavam os preços da carne, mas sim os marchantes, que geralmente eram os proprietários desses estabelecimentos.[157] Revendiam e determinavam o preço da carne aos açougueiros, e estes, para não arcarem com prejuízos, elevavam o preço da carne ou falsificavam o peso, sendo constantemente acusados pela *Folha do Norte* de promoverem a carestia da carne.

Acreditava-se que a ausência de concorrência no mercado das carnes provocaria a escassez deste produto pela concentração do comércio nas mãos de alguns marchantes, que conseguiam arrematar os contratos de importação junto ao governo, o que lhes assegurava o controle da circulação e o constante reajuste dos preços desse alimento,

---

156 "Carne a 800 réis". *Folha do Norte*. Belém, p. 4. Segunda-feira, 23 de junho de 1902.
157 "A carne". *Folha do Norte*. Belém, p. 1. Sexta-feira, 4 de maio de 1906.

podendo forçar a subida do preço, revelando a existência de um monopólio no mercado do abastecimento. Na tentativa de verificar os elevados valores da carne para os anos iniciais do Novecentos, elaborou-se um quadro comparativo (Tabela VIII) entre os preços da carne e os salários dos trabalhadores urbanos, a partir do *Álbum do Pará*, de Augusto Montenegro, de 1908, e do jornal a *Folha do Norte*, do mesmo ano.

Cabe ressaltar que os cálculos da tabela foram gerados a partir das somas entre o maior e o menor valor dos salários de cada profissional e entre o menor e o maior preço do quilo da carne, ou seja, extraiu-se a média aritmética para fundamentar a tabela seguinte:

Tabela VIII – Comparação entre os salários e o valor da carne

Profissionais	Menor salário	Maior salário	Salário médio	Menor preço por quilo da carne	Maior preço por quilo da carne	Preço médio por quilo da carne	Equivalência entre o preço médio do quilo da carne e o salário médio
Maquinista	9$000	20$000	14$500	1$000	1$300	1$150	7,93 %
Foguista	3$000	6$000	4$500	1$000	1$300	1$150	25,55 %
Carvoeiro	3$000	4$000	3$500	1$000	1$300	1$150	32,86 %
Marceneiro	6$000	12$000	9$000	1$000	1$300	1$150	12,78 %
Carpinteiro	5$000	9$000	7$000	1$000	1$300	1$150	16,43 %
Entalhador	5$000	12$000	8$500	1$000	1$300	1$150	13,53 %
Serralheiro	8$000	12$000	10$000	1$000	1$300	1$150	11,5 %
Ferreiro	6$000	10$000	8$000	1$000	1$300	1$150	14,37 %
Sapateiro	4$000	7$000	5$500	1$000	1$300	1$150	20,91 %
Tipógrafo	7$000	9$000	8$000	1$000	1$300	1$150	14,37 %
Impressor	7$000	10$000	8$500	1$000	1$300	1$150	13,53 %
Encanador	5$000	8$000	12$500	1$000	1$300	1$150	9,2 %
Alfaiate	5$000	9$000	7$000	1$000	1$300	1$150	16,43 %
Funileiro	4$000	7$000	5$500	1$000	1$300	1$150	20,91 %
Pintor de edifícios	8$000	10$000	9$000	1$000	1$300	1$150	12,78 %
Pintor decorador	12$000	18$000	15$000	1$000	1$300	1$150	7,67 %
Pedreiro	5$000	7$000	6$000	1$000	1$300	1$150	19,17 %
Servente de obras	2$000	4$000	3$000	1$000	1$300	1$150	38,33 %
Trabalhador agrícola	2$000	3$000	2$500	1$000	1$300	1$150	46 %
Trabalhador de estrada de ferro, movimento de terras etc.	3$000	5$000	4$000	1$000	1$300	1$150	28,75 %

Fonte: tabela desenvolvida a partir dos dados contidos na: "Carestia da vida – Inquilinos e proprietarios". *Folha do Norte*. Belém, p. 1. Segunda-feira, 30 de março de 1908; PARÁ, Governo do Estado, 1901-1909 (Augusto Montenegro). *Álbum do Estado do Pará: oito annos de governo*. Paris: Chaponet, 1908, p. 328-329.

A tabela acima revela um dado interessante no sentido de mostrar o quanto o profissional pintor decorador era valorizado, pois, pelos dados gerados, o maior salário médio entre os profissionais citados é justamente o desse trabalhador, que era muito requisitado no período da *belle époque* por ser o profissional especializado em ostentar o glamour parisiense. Não obstante esse episódio, durante a pesquisa notou-se também que um cozinheiro poderia ganhar salários de 80$000, 150$000 e 200$000.[158] Já uma criada que tivesse as habilidades de cozinhar, de lavar e de engomar, tinha oferta de salários entre 45$000 e 60$000.[159] Tais dados são importantíssimos na medida em que revelam que os hábitos alimentares e de higiene/asseio com as vestimentas eram aspectos de distinção social, além de disseminar os costumes europeus que se instalavam em Belém no período estudado pela dissertação.

Outro dado importante na tabela apresentada é o salário do trabalhador agrícola, que recebia o menor ordenado (quem sabe não fosse o Zé Povo) entre os profissionais citados, e para quem, pelos dados gerados, 1 quilo de carne representava 46% do seu salário. No entanto, isso não quer dizer que eles não consumiam carnes, pois esses profissionais e outras pessoas de poder aquisitivo menor tinham o hábito de criar porcos e galinhas em suas propriedades, contrariando as normas de higiene impostas pelos códigos de posturas vigentes; porém, de maneira estratégica, era a única solução para que os mesmos pudessem consumir carnes.

A oscilação do preço da carne elevava o custo de outros alimentos e a carestia de vida na cidade. A *Folha do Norte*, no artigo publicado em 30 de março de 1908, destacava que os atravessadores, ao comprarem o alqueire da farinha a 1$200 e 1$500 réis, o revendiam à população pelo valor de 3$500 e 4$500. Esses valores dificultavam a

---

158 PARÁ, Governo do Estado, 1901-1909 (Augusto Montenegro). *Álbum do Estado do Pará*: oito annos de governo. Paris: Chaponet, 1908, p. 332.

159 *Ibidem*.

sobrevivência da população, em Belém, refletidos nos preços da carne seca, que custava entre 1$200 e 1$300; do feijão, que valia 600 réis; do açúcar, que estava em torno de 750 e 800 réis; do café moído, que era comercializado a 1$000; e do litro da farinha, a 200 réis.[160] Por fim, é provável que muitos desses produtos pudessem ser desviados e comercializados de forma clandestina.[161]

---

[160] "Carestia da vida – Inquilinos e proprietarios". *Folha do Norte*. Belém, p. 1. Segunda-feira, 30 de março de 1908.

[161] De acordo com Valter Martins, os atravessadores diminuíam a oferta de alimentos e a arrecadação de tributos no Mercado de Campinas. Para o autor, "o principal e mais comum recursos utilizado pelos atravessadores para conseguirem os gêneros alimentícios para seu ilícito comércio era espreitar as estradas que davam acesso à cidade. Longe das vistas do fiscal e do inspetor, seu trabalho ficava mais fácil e consistia em interceptar carregamentos de alimentos conduzidos por agricultores e tropeiros, antes que chegassem ao Mercado. Muitas vezes conseguiam comparar os gêneros por preços bastante baixos, utilizando-se de expedientes também bastante baixos, como espalhar notícias na estrada sobre recrutamento militares ou epidemias de bexigas na cidade. Apavorados, os agricultores vendiam seus cereais e hortaliças por qualquer preço e retornavam as suas propriedades, evitando ir à cidade por algum tempo. De posse desses produtos, os atravessadores se dirigiam ao Mercado e os revendiam com bom lucro". MARTINS, 2010. *Op. cit.*, p. 235.

CONCLUSÃO

CONCLUSÃO

Acredita-se que os objetivos deste livro foram alcançados na medida em que o leitor pôde compreender, ao longo do desenvolvimento do texto, que o abastecimento de carne verde requer atenção dos historiadores, face aos poucos estudos específicos. Nessa perspectiva, este trabalho se propôs a ser uma tentativa de lançar novas questões e problematizações sobre o tema.

Assim, tentou-se apresentar os usos políticos da ideia de escassez e de carestia de carne verde na cidade de Belém, que legitimou a funcionalidade das intervenções do poder público e dos marchantes. Essas intervenções no mercado de víveres, ao longo dos anos selecionados, tinham como justificativa o discurso de regularização do fornecimento de carne a preços justos à população, mas tal prática favorecia, na realidade, o controle dos marchantes do negócio das carnes, sendo constantemente acusados de promoverem a escassez e a elevação do preço desse gênero pelos jornais opositores.

Em um primeiro momento, buscaram-se revelar a produção, o desenvolvimento e a decadência da pecuária local, situando a Ilha do Marajó como o grande núcleo fornecedor de gado para o consumo da população de Belém até meados do século XIX. Sendo possível concluir-se que a concorrência com outros produtores, a falta de investimentos de infraestrutura, as precárias formas de transportes dos animais, o roubo de gado e as doenças não foram os responsáveis por essa "decadência" propalada nos documentos. Esses fatores deixam à margem as questões políticas e a atuação dos marchantes no mercado, que passavam a controlar a produção, a distribuição e o consumo, em um complexo emaranhado de relações econômicas. O governo recorreu à proposta de insuficiência no provimento de carne como argumento necessário para a importação do gado de outras regiões, em parcerias com marchantes.

Procurou-se, ainda recuperar as implicações nos hábitos e práticas alimentares da população a partir da expansão econômica da borracha, do aumento demográfico da população urbana, do acelerado processo de urbanização de Belém e do novo regime político inaugurado, o Republicano. Desse modo, observou-se que o intendente Antônio Lemos tentou regular os hábitos citadinos por meio das preocupações em relação às fiscalizações sanitárias no comércio de alimentos, norteado-se pelos preceitos de modernidade.

Tentou-se dar visibilidade às intervenções e às estratégias de controle das autoridades no comércio das carnes e na formação de um monopólio da carne verde. Ficou claro que tal iniciativa dos governos municipais e estaduais servia para a manutenção das relações de poder e de estratégias de controle de mercado. Aceitar que essas intervenções garantiriam o fornecimento de carne aos moradores da capital paraense seria mascarar as tensões, as negociações e as divergências, não se esquecendo das implicações políticas da distribuição da carne, das estratégias de distribuição e das intervenções das autoridades, verificando-se que essas práticas não mudaram com a instalação do governo republicano.

Portanto, as ações do poder público e dos marchantes no mercado do abastecimento de carne verde construíram e legitimaram formalmente um estado de escassez desse gênero alimentício na transição do século XIX para o XX. Através de estratégias como redução da oferta de carne nos açougues, falsificação do peso, elevação do preço do quilo e pregões da carne, formalizaram-se a demanda e a insuficiência desse alimento, como também permitiu uma autonomia econômica aos marchantes.

Este estudo não ignora a existência de alternativas alimentares à população nessa época, mas acredita que a escassez e a carestia da carne verde fizeram com que o seu consumo fosse reduzido, tornando-se um símbolo de prestígio social a quem pudesse consumi-la. Por outro lado, "A comida de uma sociedade reflete seu meio ambiente, mas não é totalmente determinada por ele."[1]

Por fim, entende-se que o abastecimento de carne foi conduzido por diversas tramas e negociações entre fazendeiros, políticos, marchantes e açougueiros, e que a escassez de carne atendia às suas aspirações e anseios. Eles inventaram algo que já existia e agregaram novos sentidos e significados ao problema de fornecimento da carne.

---

1 FREEDMAN, Paul. Uma nova história da culinária. In: FREEDMAN, Paul (Org.). *História do sabor*. São Paulo: Editora Senac, 2009, p. 8.

BIBLIOGRAFIA

FONTE PRIMÁRIA

Fontes impressas

• Viajantes e naturalistas

AGASSIZ, Luiz; AGASSIZ, Elizabeth Carry. *Viagem ao Brasil-1865-1866*. São Paulo: Companhia Editora Nacional, 1938.

AVÉ-LALLEMANT, Robert. *No Rio Amazonas (1859)*. Belo Horizonte: Ed. Itatiaia; São Paulo: Ed. da Universidade de São Paulo, 1980.

BAENA, Antônio L. M. *Ensaio Corográfico sobre a Província do Pará*. Brasília: Senado Federal; Conselho Editorial, 2004.

BATES, Henry Walter. *Um naturalista no Rio Amazonas*. Belo Horizonte: Ed. Itatiaia; São Paulo: Ed. da Universidade de São Paulo, 1979.

BIARD, F. *Dois anos no Brasil*. Série 5ª. volume 244. São Paulo: Companhia Editora Nacional, 1945.

DARWIN, Charles. *A origem das espécies*. Rio de Janeiro: Ediouro, 2004.

D'ORBIGNY, Alcide. *Viagem pitoresca através do Brasil*. Belo Horizonte: Ed. Itatiaia; São Paulo: Ed. da Universidade de São Paulo, 1976.

KIDDER, Daniel Paris. *Reminiscências de Viagens e Permanências nas Províncias do Norte do Brasil*. Belo Horizonte; São Paulo: Editora Itatiaia; Editora da Universidade de São Paulo, 1980.

_____. *Reminiscências de viagens e Permanências no Brasil*. (Rio de Janeiro e Províncias de São Paulo). Brasília: Senado Federal; Conselho Editorial, 2001.

MAWE, John. *Viagens ao interior do Brasil*. Belo Horizonte: Ed. Itatiaia; São Paulo: Ed. da Universidade de São Paulo, 1978.

NERY, Frederico José de Santana, Barão de Santa-Anna. *O País das Amazonas*. Belo Horizonte: Editora Itatiaia; São Paulo: Editora da Universidade de São Paulo, 1981.

SPIX, J. B; VON MARTIUS, C. F. *Viagem pelo Brasil (1817-1820)*. Vol. III. Belo Horizonte: Itatiaia; São Paulo: Edusp, 1976.

WALLACCE. Alfred Russel. *Viagens pelos rios Amazonas e Negro*. Belo Horizonte: Ed. Itatiaia; São Paulo: Ed. da Universidade de São Paulo, 1979.

- **Biblioteca Nacional**

ALMEIDA, Tito Franco. *A ordem do dia*: a questão das carnes verdes ou apontamentos sobre a criação de gado na ilha do Marajó. Pará: Typ. de Santos e Filho, 1956.

- **Arquivo Público do Estado do Pará**

LEMOS, Antônio. Conselho Municipal de Belém. *Leis e Resoluções Municipaes* (1898) do Senador Antonio José de Lemos. 1899.

LEMOS, Antônio José de. *Leis e Resoluções Municipaes* (1899): Codificadas na administração Municipal do Senador Antonio José de Lemos. 1900.

LEMOS, Antônio José de. *Leis e Resoluções Municipaes* (1900): Codificadas na administração Municipal do Senador Antonio José de Lemos. 1901.

LEMOS, Antônio José de. *Leis e Resoluções Municipaes* (1901): Codificadas na administração Municipal do Senador Antonio José de Lemos. 1902.

LEMOS, Antônio José de. *O Município de Belém*: Relatorio apresentado ao Conselho Municipal. Belém na 1ª reunião ordinária do anno de 1903.

LEMOS, Antônio. *O Município de Belém*: Relatório apresentado ao Conselho Municipal. Belém na 4ª reunião ordinária do anno de 1903.

LEMOS, Antônio. *O Município de Belém* (1904): Relatório Apresentado ao Conselho Municipal de Belém na sessão de 15 de novembro de 1905 pelo Senador Intendente Antonio José de Lemos.

- **Fundação Cultura do Pará "Tancredo Neves"**

Seção de obras raras

PARÁ, Governo do Estado, 1899 (José Paes de Carvalho) *Álbum do Estado do Pará*: na administração de sua Ex.ª o sr. dr. José Paes de Carvalho. Belém: Edição Felipe Augusto Fidanza, 1899.

PARÁ. Presidente da Província. Tristão de Alencar Araripe. *Dados estatísticos e informações para os imigrantes*. Belém: Typ. do Diário de Notícias, 1886.

BARÃO DE MARAJÓ, José Coelho da Gama e Abreu. *A Amazonia:* As provincias do Pará e Amazonas e o Governo central do Brazil pelo Barão do Marajó. Lisboa: Typographia Minerva, 1883.

_____. *As regiões Amazonicas*: Estudos chorographicos dos Estados do Gram Pará e Amazonas. Lisboa: Imprensa de Libanio da Silva, 1895.

BARATA, Manuel. *A antiga produção e exportação do Pará*: estudo histórico-econômico. Belém: Typ. da livraria Gillet & Tavares & Cia., 1915.

BELÉM (Pará). Intendência Municipal. *Álbum de Belém*: Pará 15 de novembro de 1902. Belém: Edição Felipe Augusto Fidanza, 1902.

MOURA, Ignacio. *Annuario de Belém em Commemoração do seu Tricentenario 1616-1916:* Historico, Litterario e Commercial. 1915.

PARÁ, Governo do Estado, 1901-1909 (Augusto Montenegro). *Álbum do Estado do Pará*: oito annos de governo. Paris: Chaponet, 1908.

INTENDENCIA MUNICIPAL DE BELÉM: COPIAS DE CONTRACTO. Pará: Typ. de Pinto Barbosa, 1900.

GOVERNO DO PARÁ. *O Pará em 1900*. Belém: Imprensa de Alfredo Augusto Silva, 1900.

Seção de Microfilmes – jornais

Folha do Norte (1897-1908)

O Holophote (1897)

O Binoculo (1898)

A Província do Pará (1899)

• Relatórios dos presidentes da província e outros documentos de natureza administrativa

Relatório apresentado à Assembleia Legislativa Provincial do Pará no dia 15 de agosto de 1857, por ocasião da abertura da segunda sessão da 10ª legislatura da mesma Assembleia, pelo presidente Henrique de Beaurepaire Rohan. [n.p.]. Typ. de Santos & Filhos, 1857. Disponível em: <www.crl.edu/areastudies/LAMP/indez.htm>. Acesso em: 07 ago. 2006.

Relatório lido pelo ex.^{mo} sr. vice-presidente da província, dr. Ambrosio Leitão da Cunha, na abertura da primeira sessão ordinária da XI legislatura da Assembleia Legislativa Provincial no dia 15 de agosto de 1858. Pará: Typ. Commercial de Antonio José Rabello Guimarães, 1858. Disponível em: <www.crl.edu/areastudies/LAMP/indez.htm>. Acesso em: 07 ago. 2006.

Fala dirigida à Assembleia Legislativa da província do Pará na segunda sessão da XI legislatura pelo ex.^{mo} sr. tenente coronel Manoel de Frias e Vasconcellos, presidente da mesma província, em 1 de

Nas tramas da "escassez" 297

outubro de 1859. Pará: Typ. Commercial de A.J.R. Guimarães. [n.d.]. Disponível em: <www.crl.edu/areastudies/LAMP/indez. htm>. Acesso em: 07 ago. 2006.

Relatório que o ex.^{mo} sr. dr. Antonio Coelho de Sá e Albuquerque, presidente da província do Pará, apresentou ao ex.^{mo} sr. vice-presidente, dr. Fabio Alexandrino de Carvalho Reis, ao passar-lhe a administração da mesma província em 12 de maio de 1860. Pará: Typ. Commercial de A. J. Rabello Guimarães, 860. Disponível em:<www.crl.edu/areastudies/LAMP/indez.htm>. Acesso em: 07 ago. 2006.

Relatório apresentado à Assembleia Legislativa da provincia do Pará na primeira sessão da XIII legislatura pelo ex.^{mo} sr. presidente da província, dr. Francisco Carlos de Araujo Brusque, em 1º de setembro de 1862. Pará: Typ. de Frederico Carlos Rhossard, 1862. Disponível em: <www.crl.edu/areastudies/LAMP/indez.htm>. Acesso em: 07 ago. 2006.

Relatório dos negócios da província do Pará. Pará: Typ. de Frederico Rhossard, 1864. At heard of title: Dr. Couto de Magalhães, presidente do Pará, 1864. Cover title: Relatório dos negócios da viagem ao Tocantins até a Cachoeira e as Bahias do Rio Anapú, pelo secretário da Província, Domingos Soares Ferreira Penna, da exploração e exame do mesmo rio até acima das últimas cachoeiras depois de sua junção com o Araguaya, pelo capitão-tenente da armada, Francisco Parahybuna dos Reis. Disponível em: <www.crl.edu/areastudies/ LAMP/indez.htm>. Acesso em: 07 ago. 2006.

Relatório apresentado à Assembleia Legislativa Provincial pelo presidente João Alfredo Corrêa de Oliveira em 17 de abril de 1870. Disponível em: <www.crl.edu/areastudies/LAMP/indez.htm>. Acesso em: 07 ago. 2006, p. 51.

Relatório apresentado à Assembleia Legislativa Provincial na segunda sessão da 17.ª legislatura pelo dr. Abel Graças, presidente da província. Pará: Typ. do Diário do Gram-Pará, 1871, Disponível em: <www. crl.edu/areastudies/LAMP/indez.htm>. Acesso em: 07 ago. 2006.

Relatório apresentado à Assembleia Legislativa Provincial pelo presidente Bonifacio de Abreu em 5 de novembro de 1872. Disponível em: <www.crl.edu/areastudies/LAMP/indez.htm>. Acesso em: 07 ago. 2006.

Relatório apresentado à Assembleia Legislativa Provincial na 2ª sessão da 22ª legislatura em 15 de fevereiro de 1881 pelo Exmo sr. dr. José Coelho da Gama e Abreu. Pará: Typ. do Diário de Notícias de Costa & Campbell, 1881. Disponível em: <www.crl.edu/areastudies/LAMP/indez.htm>. Acesso em: 07 ago. 2006.

Fala com que o ex.^{mo} sr. general Visconde de Maracajú, presidente da província do Pará, pretendia abrir a sessão extraordinária da respectiva Assembleia no dia 7 de janeiro de 1884. Pará: Diário de Notícias, 1884. Disponível em: <www.crl.edu/areastudies/LAMP/indez.htm>. Acesso em: 07 ago. 2006.

Relatório com que o ex.^{mo} sr. general Visconde de Maracajú passou a administração da província ao 2º vice-presidente, ex.^{mo} sr. dr. José de Araujo Roso Danin, no dia 24 de junho de 1884. Pará: Typ. de Francisco da Costa Junior, 1884. Disponível em: <www.crl.edu/areastudies/LAMP/indez.htm>. Acesso em: 07 ago. 2006.

Fala com que o ex.^{mo} sr. Conselheiro Tristão de Alencar Araripe, presidente da província do Pará, abriu a 1.ª sessão da 25ª legislatura da Assembléa Provincial no dia 25 de março de 1886. Belém: Typ. do *Diario de Noticias*, 1886. Disponível em: <www.crl.edu/areastudies/LAMP/indez.htm>. Acesso em: 07 ago. 2006.

PARÁ, Governo da Província do. Mensagem do Presidente José Paes de Carvalho no dia 5 de Fevereiro de 1900. Disponível em: <www.crl.edu/areastudies/LAMP/indez.htm>. Acesso em: 07 ago. 2006.

PARÁ, Governo da Província do. Mensagem do Presidente José Paes de Carvalho no dia 1 de Fevereiro de 1901. Disponível em: <WWW.crl.edu/areastudies/LAMP/indez.htm>. Acesso em: 07 ago. 2006.

PARÁ, Governo da Província do. Mensagem do Presidente Augusto Montenegro no dia 10 de Setembro de 1901. Disponível em: <www. crl.edu/areastudies/LAMP/indez.htm>. Acesso em: 07 ago. 2006.

Sites

http://www.ibge.gov.br/estatistica/populaçao/estimativa2010/POP2010-DOU.pdf

www.crl.edu/areastudies/LAMP/indez.htm

http://brazil.crl.edu

http://catcrd.bn.br/scripts/odwp032k.dll?T=gs&GPR=fbn_cartografia&PR=cartografia_pr&DB=cartografia&use=kw_livre&ss=new&disp=list&sort=off&ARG=planta+da+cidade+de+bel%E9m

http://catcrd.bn.br/scripts/odwp032k.dll?T=gs&GPR=fbn_cartografia&PR=cartografia_pr&DB=cartografia&use=kw_livre&ss=new&disp=list&sort=off&ARG=planta+da+cidade+de+bel%E9m

http://www.imazon.org.br/novo2008/sobreamazonia_ler.php?idpub=677.

• **Monografias**

BARBOSA, Leonila Teixeira. *A política de abastecimento de carne verde em Belém 1902-1908*. TCC. Caixa 10 nº 163. 1990. Universidade Federal do Pará.

CARDOSO, Claudia do Socorro C. *O abastecimento de carne verde em Belém na década de 1870-1880*. TCC. 1987. Universidade Federal do Pará.

FERREIRA, Alex Gaia. *"Descaminhos das canas"*: usos e discursos sobre a aguardente na Amazônia colonial (1700-1750). Belém: Monografia de graduação (História) – UFPA, 2008.

SILVA, Fabrício Herberth Teixeira da. *Escassez e Carestia*: A política de abastecimento de alimentos em Belém nos anos de 1880-1890. Ananindeua. Belém, PA, 2008. Monografia (Conclusão de Curso). Escola Superior Madre Celeste – ESMAC.

• **Dissertações**

BARROS, Michelle Rose de Menezes de. *"Germes de grandeza"*: Antonio Landislau Monteiro Baena e a descrição de uma província do norte durante a formação do Império brasileiro (1823-1850). Universidade Federal do Pará. Instituto de Filosofia e Ciências Humanas. Programa de Pós-Graduação em História Social da Amazônia. (Dissertação de Mestrado). 2006.

BATISTA, Luciana Marinho. *Muito além dos seringais:* elites, fortunas e hierarquias no Grão-Pará, c. 1850 – c. 1870. Rio de Janeiro: Programa de Pós-Graduação em História Social do Instituto de Filosofia e Ciências Sociais da Universidade Federal do Rio de Janeiro, 2004. Dissertação de Mestrado em História.

BURLAMARQUI, Ruth. *Transformações Demográficas numa economia extrativa*: Pará 1872-1920. Curitiba, 1984. (Dissertação) Programa de Pós-graduação em História da Universidade Federal do Paraná.

COELHO, Anna Carolina de Abreu. *Santa-Anna Nery:* Um propagandista "Voluntário da Amazônia" (1883-1901) Belém, 2007 Dissertação de Mestrado, Programa de Pós-Graduação em História Social da Amazônia. Universidade Federal do Pará.

COSTA, Francisca Deusa Sena da. *Quando viver ameaça a ordem urbana:* trabalhadores urbanos em Manaus, 1890-1915. Dissertação de mestrado em História. São Paulo: Pontifícia Universidade Católica de São Paulo – PUC/SP, 1997.

CUNHA, Ana Paula Macedo. *Engenhos e engenhocas:* atividade açucareira no Estado do Maranhão e Grão-Pará (1706-1750). Belém: Dissertação de Mestrado (História), UFPA, 2009.

DIAS, Edineia Mascarenhas. *"O Declínio do Fausto, Manaus, 1890-1920."* Dissertação de mestrado em História. São Paulo: Pontifícia Universidade Católica de São Paulo – PUC/SP, 1988.

FERRAZ, Dayseane: *Além da pedra e cal:* a (re) construção do Forte do Presépio (Belém do Pará, 2000-2004). Belém. Dissertação de Mestrado (História) Universidade Federal do Pará, 2007.

GREGÓRIO, Vitor Marcos. *Uma face de Jano:* A navegação do rio Amazonas e a formação do Estado brasileiro (1838-1867). São Paulo, Universidade de São Paulo-USP. Dissertação de mestrado em História, 2008.

LIMA, Carolline Carvalho Ramos de. *Os viajantes estrangeiros nos periódicos cariocas (1808-1836).* São Paulo. Universidade Estadual Paulista Julio de Mesquita Filho- Unesp/Franca. Dissertação em História, 2010.

LIMA, Eli de Fátima Napoleão de. *Produção de alimentos e extrativismo*: Belém e seus núcleos subsidiários (Ilha do Marajó e Zona Bragantina) – 1850/1920. Universidade Federal Rural do Rio de Janeiro. Instituto de Ciências Humanas e Sociais – Departamento de Letras e Ciências Sociais – Curso de Pós-Graduação em Desenvolvimento Agrícola, 1987.

LOPES, Rodrigo Freitas. *Nos currais do Matadouro Público:* O abastecimento de carne verde em Salvador no século XIX. (1830-1873).

Universidade Federal da Bahia-UFBA/Salvador. Dissertação em História, 2009.

MACÊDO, Sidiana da Consolação Ferreira de. *Daquilo que se come:* uma história do abastecimento e alimentação em Belém (1850-1900). Belém: Instituto de Filosofia e Ciências Humanas, Programa de Pós-Graduação em História Social da Amazônia, Belém, 2009. Dissertação de Mestrado em História.

MONTELEONE, Joana. Sabores urbanos: *Alimentação, sociabilidade e consumo (São Paulo 1828-1910).* São Paulo, Universidade de São Paulo-USP. Dissertação de mestrado em História, 2008.

NEVES, Maira Wanderley. *O mundo binoquiano:* narrativas, mulheres e modernidade em Belém do Pará. Belém: Instituto de Filosofia e Ciências Humanas, Programa de Pós-Graduação em História Social da Amazônia, Belém, 2010. Dissertação de Mestrado em História.

SAMPAIO, Antonio Carlos Jucá de. *Magé na crise do escravismo:* sistema agrário e evolução econômica na produção de alimentos. (1850-1888). Universidade Federal Fluminense-UFF/Niterói. Dissertação em História, 1994.

SILVA, Francisco Alves da. *"Abastecimento em São Paulo (1835-1877):* estudo histórico do aprovisionamento da província via Barreira de Cubatão." Dissertação de mestrado. São Paulo, FFLCH-USP, 1985.

SILVEIRA, Nedaulino Viana da. *Santa Maria de Belém do Grão-Pará:* Problemática do abastecimento alimentício durante o período áureo da borracha (1850-1920). Dissertação de Mestrado em História. Universidade Federal de Pernambuco, Recife, 1989.

SOARES, Eliane Cristina Lopes. *Roceiros e vaqueiros na Ilha Grande de Joanes no período colonial.* Belém: NAEA/UFPA, 2002. (Dissertação de Mestrado).

• Teses

ALMEIDA, Conceição Maria Rocha de. *As águas e a cidade de Belém do Pará:* História, natureza e cultura material no século XIX. Tese de doutorado em História. São Paulo: Pontifícia Universidade Católica de São Paulo – PUC/SP, 2010.

ANDRADE, Fabiano Homobono Paes de. De *São Braz ao jardim público – 1887-1931:* um ramal da estrada de ferro de Bragança em Belém do Pará. Tese de doutorado em História. São Paulo: Pontifícia Universidade Católica de São Paulo – PUC/SP, 2010.

CARRARA, Angelo Alves. *Agricultora e pecuária na capitania de Minas Gerais (1674-1807).* Tese (Doutorado em História). Universidade Federal do Rio de Janeiro, 1997.

GONÇALVES, Adilson José. SPES. *Saúde pública, educação e comunicação:* estratégias de sedição/sedução (1938-1969). Tese de doutorado em História. São Paulo: Pontifícia Universidade Católica de São Paulo – PUC/SP, 2001.

MARQUES, Fernando Luiz Tavares. *Modelo da Agroindústria Canavieira Colonial no Estuário Amazônico:* Estudo Arqueológico de Engenhos dos Séculos XVIII e XIX. Pontifícia Universidade Católica de Porto Alegre. Instituto de Filosofia e Ciências Humanas. Departamento de História/Programa de Pós-Graduação em História. (Tese de Doutorado), 2004.

SILVA, Francisco Carlos Teixeira da. *A morfologia da escassez:* crises de subsistência e política econômica no Brasil colônia (Salvador e Rio de Janeiro, 1680-1790). Tese (Doutorado em História). Universidade Federal Fluminense, Niterói, 1990.

SOARES, Eliane Cristina Lopes. *"Família, compadrio e relações de poder no Marajó (séculos XVIII e XIX)".* Tese de Doutorado em História. São Paulo: Pontifícia Universidade Católica de São Paulo – PUC/SP, 2010.

SOUZA, Celita Maria Paes de. *Traços de compaixão e misericórdia na história do Pará*: instituições para meninos e meninas desvalidas no século XIX até o início do século XX. Tese de doutorado em História. São Paulo: Pontifícia Universidade Católica de São Paulo – PUC/SP, 2010.

Referências Bibliográficas

ABREU, Capistrano de. *Capítulos da história colonial – 1500-1800*. 7 ed. Ver. anotada e prefaciada por José Honório Rodrigues. Belo Horizonte: Itatiaia; São Paulo: Publifolha, 2000 (Grandes nomes do pensamento brasileiro).

ABREU, Martha; SOIHET, Rachel; GONTIJO, Rebeca. (Orgs.). *Cultura política e leituras do passado:* historiografia e ensino de história. Rio de Janeiro: Civilização Brasileira, 2007.

AGUIAR, Pinto de. *Abastecimento:* crises, motins e intervenção. Rio de Janeiro: Philobblion, 1985.

AMANAJÁS, Wilson. *Engenhos de açúcar e de aguardente no Pará*. Brasil Açucareiro. Vol. 80, nº 2 (1972).

ALGRANTI, Leila Mezan. Aguardente de cana e outras aguardentes: por uma história da produção e do consumo de licores na América portuguesa. In: VENANCIO, Renato Pinto; CARNEIRO, Henrique. *Álcool e drogas na história do Brasil*. São Paulo: Alameda; Belo Horizonte: Editora PUC-Minas, 2005.

AVELINO, Yvone Dias. Uma Universidade Católica em São Paulo (1946-1984). In: AVELINO, Yvone Dias; FLÓRIO, Marcelo (Orgs.) *Polifonias da Cidade:* memória, arte e ciência. São Paulo: Editora D'Escrever, 2009.

BARBOSA, Mário Médice. Sete de Janeiro da Cabanagem: As efemérides cabanas e as dissonâncias sociais em Belém (1985-2002). In: NEVES, Fernando Arthur de Freitas; LIMA, Maria Roseane Pinto (Orgs.). *Faces da História da Amazônia*. Belém: Paka-Tatu, 2006.

BARREIRO, José Carlos. *Imaginário e viajantes no Brasil do século XIX:* cultura e cotidiano, tradição e resistência. São Paulo: Editora da Unesp, 2002.

BARROSO, Vieira. Marajó: *Estudo Etnográfico, Geográfico e Histórico sobre a grandiosa Ilha da foz do Amazonas.* Rio de Janeiro: Ministério da Guerra – Biblioteca do Exercito; Companhia Editora Americana. 1954.

BATISTA, Luciana Marinho. As formas de acumulação e a economia da Borracha no Grão-Pará, 1840-1870. In: FIGUEIREDO, Aldrin Moura de; ALVES, Moema de Barcelar (Org.). *Tesouros da Memória:* História e Patrimônio no Grão-Pará. Belém: Ministério da Fazenda – Gerencia Regional de Administração no Pará; Museu de Arte de Belém, 2009.

BELTRÃO, Jane Felipe. *Cólera, o flagelo da Belém do Grão-Pará.* Belém: Museu Paraense Emílio Goeldi; Universidade Federal do Pará, 2004.

BENCHIMOL, Jaime Larry. *Febre amarela:* doença e a vacina, uma história inacabada. Rio de Janeiro: Editora FIOCRUZ, 2001.

BLOCH, Marc. *Apologia da história ou ofício do historiador.* Rio de Janeiro: Jorge Zahar, 2001.

BOURDIEU, Pierre. *A distinção:* critica social do julgamento. 1ª reimpr. São Paulo: Edusp; Porto Alegre: Zouk, 2008.

BRAGA, Isabel M. R. Mendes Drumond. *Sabores do Brasil em Portugal:* Descobrir e transformar novos alimentos (séculos XVI-XXI). São Paulo: Editora Senac: SP, 2010.

BRESCIANI, Maria Stella M. *Londres e Paris no século XIX:* O espetáculo da pobreza. São Paulo: Brasiliense, 2004.

CAMARGO, Daisy de. *Sob sol, chuva e moscas:* os quiosques na cidade de São Paulo: Londrina: Editora UEL, 1880-1910. Antítese. Vol. 3, p. 1-20, jan/jul. 2010.

CAMPOS, Pedro Henrique Pedreira. *Nos caminhos da acumulação:* negócios e poder no abastecimento de carnes verdes para a cidade do Rio de Janeiro (1808-1835). São Paulo: Editora Alameda. 2010.

CAMPOS RIBEIRO. José Sampaio: *Gostosa Belém de outrora.* 2 ed. Belém: SECULT, 2005.

CAMPORESI, Piero. *Hedonismo e exotismo:* a arte de saber viver na época das luzes. São Paulo: Editora da Universidade Estadual Paulista, 1996.

CARNEIRO, Henrique. *Comida e Sociedade:* Uma história da alimentação. 4ª reimpressão. Rio de Janeiro: Elsevier, 2003.

CASCUDO, Luis da Câmara. Açaí, a bebida do Pará. In: CASCUDO, Luis da Câmara (Org.). *Antologia da Alimentação no Brasil.* Rio de Janeiro: Livros Técnicos e Científicos, 1977.

CASTRO, Hebe. História Social. In: CARDOSO, Ciro Flamarion & VAIFAS, Ronaldo (Orgs.). *Domínios da História:* ensaios de teoria e metodologia. Rio de Janeiro: Elsevier, 1997.

CASTRO, Fábio F. de. Cartografias da modernidade de Belém. In: *Belém da saudade*: a memória da Belém do inicio do século em cartões postais. 2 ed. Belém: Secult, 1998.

CARVALHO, José Murilo. *Os Bestializados:* O Rio de Janeiro e a República que não foi. São Paulo: Companhia das Letras, 1987.

CHALHOUB, Sidney. *Trabalho, lar e botequim:* o cotidiano dos trabalhadores no Rio de Janeiro da *belle époque.* 2 ed. Campinas: Editora da Unicamp, 2001.

CHAMBOULEYRON, Rafael. *Povoamento, ocupação e agricultura na Amazônia colonial (1640-1706).* Belém: Ed. Açaí; Programa de Pós-Graduação em História Social da Amazônia (UFPA); Centro de Memória da Amazônia, 2010.

COELHO, Geraldo Mártires. *No coração do Povo*: O monumento à República em Belém 1891-1897. Belém: Paka-Tatu, 2002.

_____. História e identidade cultural na Amazônia. In: D'INCAO, Maria Angélica e SILVEIRA, Isolda Marciel da (Orgs.) *A Amazônia e a crise da Modernização*. Belém: Museu Paraense Emilio Goeldi, 1994.

COELHO, Mauro Cezar. Diários sobre o Cabo Norte: interesses de Estado e relatos de viajantes. In: QUEIROZ, Jonas Marçal de; COELHO, Mauro Cezar. *Amazônia: modernização e conflito (séculos XVIII e XIX)*. Belém: UFPA/NAEA; Macapá: UNIFAP, 2001.

COUTO, Cristina. *Arte de cozinha: alimentação e dietética em Portugal e no Brasil (séculos XVII-XIX)*. São Paulo: Editora Senac São Paulo, 2007.

CRUZ, Heloiza; CUNHA PEIXOTO, Maria do Rosário. Na oficina do historiador: conversas sobre história e imprensa. In: *História e imprensa – Revista Projeto História*. nº 35. São Paulo: EDUC, dez. 2007.

DAOU, Ana Maria. *A belle époque amazônica*. Rio de Janeiro: Jorge Zahar Editor, 2000.

DESPORTES, Françoise. Os ofícios da alimentação. In: FLANDRIN, Jean-Louis, MONTANARI, Massimo. *História da alimentação*. São Paulo: Estação Liberdade. 1996.

DIAS, Maria Odila Leite da Silva. Prefácio. In: *Tropas da moderação: o abastecimento da Corte na formação política do Brasil – 1808-1842*. São Paulo: Símbolo, 1979.

_____. História e identidade cultural na Amazônia. In: D'INCAO, Maria Angélica. *Quotidiano e poder em São Paulo no século XIX*. Prefácio Ecléa Bosi. 2 ed. São Paulo: Brasiliense, 1995.

_____. *A interiorização da metrópole e outros estudos*. São Paulo: Alameda, 2005.

ENGEL, Magali. *Meretrizes e doutores: saber médico e prostituição no Rio de Janeiro (1840-1890)*. São Paulo: Brasiliense, 2004.

ELLIS, Myriam. *Contribuição ao estudo do abastecimento das zonas mineradoras do Brasil no século XVIII.* In: Revista de História. São Paulo, n. 36, p. 429-467, 1958.

FENELON, Déa Ribeiro. Cultura e história social: historiografia e pesquisa. In: *Revista Projeto História*, n° 10. São Paulo: EDUC, dez. 1993.

FILHO, Afonso de Alencastro Graça. *A princesa do Oeste e o mito da decadência de Minas.* São Paulo: Annablume, 2003.

FONTES, Edilza. A batalha da borracha, a imigração nordestina e o seringueiro: A relação história e natureza. In: NEVES, Fernando Arthur de Freitas; LIMA, Maria Roseane Pinto (Orgs.). *Faces da História da Amazônia.* Belém: Paka-Tatu, 2006.

FOUCAULT, Michael. *A ordem do discurso:* aula inaugural no collège de France, pronunciada em 2 de dezembro de 1970. 19 ed. São Paulo: Editora Loyola, 2009.

FREEDMAN, Paul (Org.). *História do sabor.* São Paulo: Editora Senac, 2009.

GINZBURG, Carlo. *O queijo e os vermes:* o cotidiano e as idéias de um moleiro perseguido pela inquisição. São Paulo: Companhia das Letras, 1997.

_____. *O fio e os rastros:* verdadeiro, falso, fictício. São Paulo: Companhia das Letras, 2007.

GONÇALVES, Aurelio Restier. Carnes verdes em São Sebastião do Rio de Janeiro. In: *Revista do Arquivo do Distrito Federal.* Rio de Janeiro, volume II, 1952.

GUTIÉRREZ, Horacio. Fazendas de gado no Paraná escravista. In: *Revista Topoi* 9, vol. 5, jul-dez. 2004.

HALLER, Agnes. *O cotidiano e a história.* São Paulo: Paz e Terra, 2008.

IGLÉSIAS, Francisco. Prefácio. In: LINHARES, Maria Yedda; SILVA, Francisco Carlos Teixeira da. *História da agricultura brasileira*: combates e controvérsias. São Paulo: Editora Brasiliense, 1981.

JÚNIOR, Caio Prado. *Formação do Brasil contemporâneo:* colônia. 7 reimp. 23 ed. São Paulo: Brasiliense. 2004.

JÚNIOR, Durval Muniz de Albuquerque. *História:* a arte de inventar o passado – ensaios de teoria da história. Bauru, SP: EDUSC, 2007.

JURANDIR, Dalcídio. *Belém do Grão-Pará.* Belém: EDUFPA; Rio de Janeiro: Casa Rui Barbosa, 2004.

LACERDA, Franciane Gama. "Reclamações do Povo": Luta por direitos na cidade, seringais e núcleos coloniais da Amazônia brasileira (séculos XIX e XX). In: *História e Direito – Revista Projeto História,* nº 33. São Paulo, EDUC, dezembro 2006.

_____; SARGES, Maria de Nazaré. De Herodes para Pilatos: violência e poder na Belém da virada do século XIX para o XX. In: *História e Violência – Revista Projeto História.* nº 38. São Paulo, EDUC, jun. 2009.

_____. *Migrantes cearenses no Pará:* faces da sobrevivência (1889-1916). Belém: Açaí/ Programa de Pós-Graduação em História Social da Amazônia (UFPA), 2010.

LAPA, José Roberto do Amaral. *O antigo sistema colonial.* São Paulo: Brasiliense, 1982.

LE GOFF, Jacques. *História e Memória.* 5 ed. Campinas, SP: Editora da Unicamp, 2003.

LENHARO, Alcir. *Tropas da moderação*: o abastecimento da Corte na formação política do Brasil – 1808-1842. São Paulo: Símbolo, 1979.

LEAL, Luis Augusto Pinheiro. *A política da capoeiragem:* A história social da capoeira e do boi-bumbá no Pará republicano (1888-1906). Salvador: Editora UFBA, 2008.

LIMA, Eli Napoleão de. As crises de subsistência, o Estado e a agricultura no Pará. In: SILVA, Francisco Carlos Teixeira da; MATTOS, Hebe Maria; FRAGOSO, João (orgs.). *Escritos Sobre História e Educação:*

Homenagem à Maria Yedda Leite Linhares. Rio de Janeiro: Editora Mauad; FAPERJ, 2001.

LIMA, Tânia Andrade. Pratos e mais pratos: Louças domésticas, divisões culturais e limites sociais no Rio de Janeiro, século XIX. In: *Anais do Museu Paulista*. Nova Série. Vol. 5, jan/dez. 1995.

LINHARES, Maria Yedda. *História do Abastecimento*: uma problemática em questão (1500-1918). Brasília: Binagri, 1979.

_____; SILVA, Francisco Carlos Teixeira. *História da agricultura brasileira:* combates e controvérsias. São Paulo: Brasiliense, 1981.

LISBOA, Karen Macknow. *A nova Atlântida de Spix e Martius:* natureza e civilização na Viagem pelo Brasil (1817-1820). São Paulo: Hucitec, 1997.

MAGALHÃES, Sônia de. *A mesa com Mariana*: produção e consumo de alimentos em Minas Gerais (1750-1850). São Paulo: Annablume; Fapesp, 2004.

MARCONDES, Renato Leite. *O abastecimento de gado do Rio de Janeiro:* 1801-1810. Ribeirão Preto, SP: USP/FEA, 2000.

_____. Formação da rede regional de abastecimento do Rio de Janeiro: a presença dos negociantes de gado. In: *Revista Topoi*. 02, jan-jun, vol. 2, 2001.

MARIN, Rosa Acevedo. As alianças matrimoniais na alta sociedade paraense no século XIX. In: *Revista Estudos Econômicos*. 15 (N.º Especial), São Paulo: Instituto de Pesquisas Econômicas da Faculdade de Economia e Administração da Universidade de São Paulo (IPE-USP), 1985.

MARTINS, Valter. *Mercados urbanos, transformações na cidade:* Abastecimento e cotidiano em Campinas, 1859-1908. Campinas-SP: Editora da UNICAMP. 2010.

MAUAD, Ana Maria. Imagem e auto-imagem do segundo reinado. In: *História da Vida no Brasil*: Império – a corte e a modernidade nacional. Coordenador geral da coleção Fernando Novais; organizador do 2º vol. Luiz Felipe de Alencastro. São Paulo: Companhia das Letras, 1997.

MATOSO, Kátia. *Bahia, a cidade de Salvador e o seu mercado no século XIX*. São Paulo: Hucitec, 1978.

MENESES, José Newton Coelho. *O continente rústico:* abastecimento alimentar nas Minas Gerais setecentistas. Diamantina/MG: Maria Fumaça, 2000.

MENESES, Ulpiano T. Bezerra de; CARNEIRO, Henrique. A História da Alimentação: balizas historiográficas. In: *Anais do Museu Paulista*. Nova Série. Vol. 5, jan/dez. 1997.

MONTANARI, Massimo. (Org.) *O mundo na cozinha:* história, identidade, trocas. São Paulo: Estação Liberdade; Senac, 2009.

_____. *Comida como cultura*. São Paulo: Editora Senac SP, 2008.

MORAES, Cleodir da Conceição. Gabriel José Quaresma: mulato, escravo e vaqueiro. In: NEVES, Fernando Arthur de Freitas; LIMA, Maria Roseane Pinto. (Org.). *Faces da História da Amazônia*. Belém: Paka-Tatu, 2006.

NAXARA, Márcia Regina Capelari. *Cientificismo e sensibilidade romântica:* em busca de um sentido explicativo para o Brasil no século XIX. Brasília: Editora Universidade de Brasília, 2004.

PAULA, João Antônio de. O processo de urbanização nas Américas no século XVIII. In: SZMRECSÁNYI, Tomás (Org.). *História Econômica do período colonial*. 2 ed. São Paulo: Hucitec; Associação Brasileira de Pesquisadores em História Econômica; EDUSP; Imprensa Oficial, 2002.

PETRONE, Maria Thereza Schorer. *O Barão de Iguape:* um empresário da época da independência. São Paulo: Editora Nacional, 1976.

QUEIROZ, Jonas Marçal de. Trabalho escravo, imigração e colonização no Grão-Pará (1877-1888). In: QUEIROZ, Jonas Marçal de; COELHO, Mauro Cezar. *Amazônia:* modernização e conflito (séculos XVIII e XIX). Belém: UFPA/NAEA; Macapá: UNIFAP, 2001.

ROCHE, Daniel. *História das coisas banais:* nascimento do consumo no séc. XVII-XIX. Rio de Janeiro: Rocco, 2000.

ROCQUE, Carlos. *Antonio Lemos e sua época:* história política do Pará. 2 ed. revista e ampliada. Belém: Cejup, 1996.

RODRIGUES, Jaime. Alimentação popular em São Paulo (1920 a 1950): Políticas públicas, discursos técnicos e práticas profissionais. In: *Anais do Museu Paulista:* História e cultura material. Nova Série. Vol. 15, jul/dez. 2009.

ROMAGNOLI, Daniela. *Guarda no sii vilan*: as boas maneiras à mesa. In: FLANDRIN, Jean-Louis, MONTANARI, Massimo. *História da alimentação*. São Paulo: Estação Liberdade, 1996.

SANTOS, Carlos José Ferreira dos. *Nem Tudo Era Italiano* – São Paulo e pobreza (1890/1915). 3 ed. São Paulo: Annablume; Fapesp, 2008.

SANTOS, Roberto Araújo de Oliveira. *História econômica da Amazônia* (1880-1920). São Paulo: T. A. Queiroz, 1980.

SANTOS, Carlos Roberto Antunes dos. *História da alimentação no Paraná*. Curitiba: Fundação Cultural, 1995.

_____. Alimentação e seu lugar na história: Os tempos da memória gustativa. In: *Revista História: Questões & Debates*. Curitiba, UFPR, n. 42, 2005.

SANTUCCI, Jane. *Cidade rebelde: As revoltas populares no Rio de Janeiro no início do século XX*. Rio de Janeiro: Casa da Palavra, 2008.

SARGES, Maria de Nazaré. Belém: Um outro olhar sobre a "Paris nos trópicos" (1897-1911). In: SOLLER, Maria Angelica; MATOS, Maria

Izilda Santos de. (Org.). *A cidade em debate*. São Paulo: Editora Olho d'Água, 2000, p. 54-55.

_____. *Belém:* Riquezas produzindo a *belle époque* (1870-1912). Belém: Paka-Tatu, 2002.

_____. *Memórias do "Velho Intendente" Antonio Lemos (1869-1973)*. Belém: Paka-Tatu, 2002.

SAVARIN, Brillat. *A fisiologia do gosto*. Trad. Paulo Neves. São Paulo: Companhia das Letras, 1995.

SILVA, Flávio Marcus da. *Subsistência e poder:* a política do abastecimento alimentar nas Minas setecentistas. Belo Horizonte: Editora UFMG, 2008.

SILVA, Fabrício Herbeth Teixeira da. Uma delicia diária! Transformação nos hábitos alimentares e distinções a partir da manteiga importada em Santa Maria de Belém do Grão-Pará do século XIX. In: *Patrimônio e Cultura Material – Revista Projeto História*. nº 40. São Paulo, EDUC, jun. 2010.

SILVA, Francisco Carlos Teixeira da. Pecuária, agricultura de alimentos e recursos naturais no Brasil-Colônia. In: SZMRECSÁNYI, Tomás (Org.). *História econômica do período colonial*. 2 ed. revista. São Paulo: Hucitec; Associação Brasileira de Pesquisadores em História Econômica; Editora da Universidade de São Paulo; Imprensa Oficial, 2002.

SILVA, Marcos A. da. Rir do despoder – Zé Povo em *Fon-Fon!*. In: *Projeto História:* Revista do Programa de Estudos Pós-Graduandos em História e do Departamento de História da PUC-SP. São Paulo, nº 8/9, mar. 1992.

SILVEIRA, Rose. *Histórias invisíveis do Teatro da Paz:* da construção à primeira reforma, Belém do Grão-Pará (1869-1890). Belém: Paka-Tatu, 2010.

SOUSA, Inglês de. *O Missionário*. 2 ed. São Paulo: Ática, 1991.

SCHWARCZ, Lilia Moritz. *O espetáculo das raças:* Cientistas, instituições e questão racial no Brasil (1870-1930). São Paulo: Companhia das Letras, 1993.

THOMPSON, E. P. *A miséria da teoria ou um planetário de erros.* Rio de Janeiro: Jorge Zahar, 1981.

_____. *A formação da classe operária inglesa* I: A árvore da liberdade. Vol. 1, 4 ed. Rio de Janeiro: Paz e Terra, 1987.

_____. *A formação da classe operária inglesa* III: A força dos trabalhadores. Vol. 3, 3 ed. Rio de Janeiro: Paz e Terra, 1987.

_____. *Costumes em comum:* estudos sobre a cultura popular tradicional. São Paulo: Companhia das Letras, 1998.

TOCANTINS, Leandro. O açaí e o tacacá. In: *Santa Maria de Belém do Grão Pará:* Instantes e evocações da cidade. 2 ed. Rio de Janeiro: Civilização Brasileira; Brasília; INL, 1976.

_____. *O Rio comanda a vida:* uma interpretação da Amazônia. 8 ed. Rio de Janeiro: Record, 1988.

TOLEDO-PIZA, Mônica. *Peixes do Rio Negro:* Alfred Russel Wallace. São Paulo: Editora Universidade de São Paulo; Imprensa Oficial do Estado; 2002.

VÊNANCIO, Renato Pinto; CARNEIRO, Henrique. *Álcool e drogas na história do Brasil.* São Paulo: Alameda; Belo Horizonte: Editora PUC-Minas, 2005.

VIEIRA, Maria do Pilar et al. *A pesquisa em História.* São Paulo: Ática, 1989.

WEINSTEIN, Barbara. *A borracha na Amazônia:* Expansão e decadência. (1850-1920). São Paulo: Hucitec; Edusp, 1993.

UGARTE, Auxiliomar Silva. *Margens míticas:* a Amazônia no imaginário europeu do século XVI. In: DEL PRIORE, Mary; SANTOS, Flávio dos (org.). Os senhores dos rios: Amazônia, margens e história. Rio de Janeiro: Campus-Elsevier, 2003.

ZEMELLA, Mafalda. O abastecimento da capitania das Minas Gerais no século XVIII. 2 ed. São Paulo: Hucitec; Edusp, 1990.

AGRADECIMENTOS

A Deus Pai Todo Poderoso, graças eu Te dou por todas as bênçãos que me concedeu nesse momento da minha vida.

Este livro é aparentemente um trabalho individual. Aparentemente, digo, pelo fato do apoio dispensado pela minha família, professores e amigos para a sua conclusão. Agora é o momento de agradecer aqueles que, com palavras, com gestos e com carinho, tornaram esse sonho uma realidade. Sei que as palavras não têm o peso real e suficiente para descrever tamanha gratidão e sentimento, contudo, vou tentar registrar o meu carinho e o meu respeito às pessoas que estenderam a mão e incentivaram este estudo.

Inicialmente, agradeço a Heloiza, minha mãe, que sempre acreditou nos meus sonhos até mais do que eu. A ela sou grato pelo incentivo e pela coragem para superar e me lançar nesse mar de desafios, que, aliás, estava acima das minhas forças. A conclusão deste trabalho carrega muito das suas preocupações e de suas esperanças. Obrigado! A Raimunda Teixeira da Silva, minha avó, sou grato pelo carinho, pela paciência, pelo amor e pelas muitas alegrias que me proporciona. A senhora sempre se dedicou em me ver feliz, mesmo em momentos difíceis da minha vida. Sua presença é imprescindível para a minha vida. E a Jorge Nunes, Meu avô obrigado por todo o incentivo e apoio. Te amo.

Agradeço a minhas irmãs Helivânia e Helizana por todo o carinho e torcida. Amo vocês! A Heloiza e Marcelo, meus amados sobrinhos que trouxeram muitas alegrias nesse momento da minha vida. Para os meus bebês: Hellen Aparecida, Bruna, Tiago, Cláudio, Carlo, Rafaela, Laura Amélia, Nicolly Cardoso, Nicolly Bitencourt, Kettely Bitencourt e Eloah.

As minhas tias e tios que sempre estiveram ao meu lado, em especial: tia Nice que leu meu texto. A tia Nená, tia Loca, tia Nádia, tia Erica, tia Dores, tia Jane, tia Dedi, tia Lourdes, tia Ruth, tia Socorro, tia Rutinha, tia Sônia, tia Odineia e a tia Tony. Aos tios: Jorge, que não se furtou a transportar meus livros, a tio Big, tio Jairo, tio Carlinho e tio Teco. Obrigado pelo carinho, preocupação e confiança. Agradeço ao meu cunhado Marcelo por todo o respeito e à amizade dos meus primos e primas.

Devo um agradecimento todo especial a minha orientadora, a professora Estefânia Knotz Canguçu Fraga, que com paciência, com críticas sólidas e com rigor acadêmico conduziu minhas inquietações e iluminou meus pressupostos iniciais. A professora foi mais que uma orientadora. Com seu carinho, respeito e amizade, fez eu me sentir protegido.

A professora Yvone Dias Avelino, agradeço pelo incentivo acadêmico estabelecido logo nos primeiros dias da disciplina História e Cidade ministrada por ela. Por ela ouvi que eu tinha muitas mães na PUC/SP. Jamais esquecerei o que a senhora fez por mim. O seu apoio me fez seguir adiante em tempos de incerteza. Meu eterno agradecimento.

A todos os professores do Programa de História da PUC/SP, pelas grandes contribuições e desafios, em especial a Estefânia Fraga, Yvone Avelino, Fernando Londõnho, Maria Izilda, Heloiza Faria Cruz, Olga Brites, Antônio Rago Filho e a Maria Odila. Aos professores Luis Camargo Soares e Yvone Avelino, sou profundamente grato pelas preciosas sugestões e críticas durante a qualificação e a defesa.

A Henrique Carneiro, pelas conversas e indicações bibliográficas, muito obrigado. Agradeço ainda o incentivo do professor Valter Martins para publicação deste texto.

Agradeço ao professor Maurício Costa, meu orientador dos tempos da graduação e leitor atento do projeto inicial deste livro. Pude contar com a sua sensibilidade e com o seu rigor acadêmico na leitura do meu texto, ainda na etapa da escrita deste trabalho, quando nos encontramos em São Paulo. Em Belém, pude contar novamente com seu apoio e com sua amizade, o que permitiu que eu chegasse a concluir este trabalho com certa tranquilidade e segurança. Diante disso e por acreditar no meu potencial, sou-lhe profundamente grato.

As professoras Danielle Moura, Isabel Augusto, Luana Guedes, Amélia Bemerguy, Marzane Pinto, Roseli Souza, Dayse Ferraz, Michelle Barros, Catia Macedo, Franciane Lacerda, Luciana Marinho, Maura Imazio, Elis Oliveira, Márcio Couto, Ipojucan Campos, Maurício Costa e Renato Gimenes, obrigado pelo carinho, amizade e convívio intelectual. A Juliene Dias e Henrique Sozinho, meus amigos do tempo da graduação, obrigado pela torcida e amizade.

Isabel Augusto, minha arguidora da monografia de Conclusão da Graduação, hoje amiga. Ela iluminou muitas questões desenvolvidas neste livro. Entre um gole de café e outro, ela me fez enxergar que muitas das vezes o óbvio não é tão óbvio assim, e suas sugestões me obrigaram a repensar algumas afirmações. Obrigado pelas dicas, preocupação e por estar ao meu lado na qualificação e na defesa. Isso me deu força.

Aos amigos do tempo do Forte do Presépio: Raimundo Amilson, Leonardo Castro, Nonato, Paulo Cézar, Fabrício e Fabiano. Obrigado! Ao Leonardo e ao Beto, sou grato pelas intervenções digitais nos mapas utilizados nesta pesquisa. Aos amigos do Museu Paraense Emílio Goeldi: Renata Valente, Tay Gama, Cristiane Martins, Allan e Luiz.

Raimundo Amilson, amigo e irmão. Você sempre teve a capacidade de me tranquilizar. Mesmo quando tudo parecia perdido, você acreditou nos meus pressupostos e incentivou o desenvolvimento deste livro. Sua amizade nesse momento foi o meu porto seguro. Muito obrigado.

Aos amigos do mestrado: Elizeu de Miranda Corrêa, Isabel (Bebel do Sal), Paulo Cristelle, Cícero Barbosa, Régis, Cleber, Horácio, Felipe, Beatriz Ramsthsler e Lílian, sou grato pelas contribuições e discussões em sala. Agradeço ainda aos amigos Nátanael, José Junior e Rose Silveira.

Descobri aqui em São Paulo duas famílias onde pude me sentir em casa, isso graças a todo o carinho e o amor dedicado a mim. Dona Agda e senhor José Barbosa, conviver com vocês me fizeram sentir parte integrante da sua família, e como tal, foi um privilégio para mim. A vocês sou grato pela paciência, amizade e carinho no período de adaptação em São Paulo. Obrigado por entender minhas angústias e distância.

Agradeço à dona Amélia de Miranda Corrêa pelo carinho de mãe e a paciência com que suportou minha ansiedade e o meu problema com o "bendito sono". Não tenho palavras para agradecer todo amor e proteção dedicados a mim. Dona Amélia, com toda sua experiência de vida, me fez enxergar que não só de carne vive o homem, existem alternativas alimentares. Por tudo, muito obrigado!

Martinha, amiga! Obrigado pelo carinho, torcida, incentivo e pelos pães da Chips. Ao Emerson Cardoso pelo gravador e carinho. A Renata pelo carinho que sempre me recebeu nas visitas à Belém.

Aos amigos: Leonardo Gó, Sérgio Augusto, Renato Ribeiro, Jonathas Tavares, Paulo Eduardo, Sebastião Gilberto, Michel, Guilherme Bastos, Edwin Luís, Pedro Zilasio, Jaú Alberto, Paulistinha e Everaldo, agradeço os momentos de alegrias. Leonardo Gó, fiel amigo! Agradeço o privilégio e o convívio de uma amizade de vinte anos.

Ao professor Franciel Paz, sou grato pelo apoio, respeito e por ter me liberado para realizar a viajem para São Paulo em pleno período letivo, quando eu era professor do Colégio Conexão. Agradeço também aos funcionários dos arquivos e das bibliotecas aos quais visitei, em especial ao Vitor Viveiro de Castro Etrusco, Maria do Socorro Henriques e Luiza Helena da Fundação Cultural Tancredo Neves-Centur, em particular os do setor de microfilmagem.

Amizade, sentimento, respeito e admiração. Isso move minha amizade com Elizeu de Miranda Corrêa, uma conquista nas terras paulistas. O que tornou o Elizeu meu amigo não foram os seus elogios, mas os seus atropelos e as suas broncas. Sua franqueza me fez pensar e repensar algumas atitudes e posturas, tanto acadêmicas como pessoais. Foi cúmplice, leitor e crítico feroz do meu texto, me deu muita segurança e ensinamento. Por tudo isso, amigo-irmão, você é indispensável à minha vida.

A Capes e ao CNPq pelas bolsas de estudo, fatores indispensáveis para a permanência em São Paulo e a conclusão deste livro. Muito obrigado!

Por fim, pude concluir, nesse período dedicado ao mestrado, que nessa jornada nem tudo foram flores e que as rosas não exalam somente perfume. Elas têm espinhos. E eles ferem. No entanto, me abasteceram de energia para que eu continuasse a seguir firme e forte com os meus objetivos.

Esta obra foi impressa em São Paulo no inverno de 2013. No texto foi utilizada a fonte Arno Pro, em corpo 11 e entrelinha de 15 pontos.